Certificação Linux Lpic 101 - Administrator

Guia Para o Exame LPIC-101 – Versão Revisada e Atualizada

Uirá Ribeiro

ISBN 978-17-125772-6-4

Esta cópia deste Livro está licenciada exclusivamente para:

Amazon Reader

Please do not share

CERTIFICAÇÃO
LINUX LPIC-1
Edição Atualizada e Revisada 5.0

Agradecimentos

O paradoxo dos agradecimentos é quase impossível de ser completo e aceitavelmente breve.

No sagrado mistério da vida, cada coração possui no Infinito a alma gêmea da sua, companheira divina para a viagem à gloriosa imortalidade. Agradeço à minha alma de minhalma Carla Cruz, por tecer-me a felicidade em sorrisos de esplendor.

Ao meu "pequeno" grande amigo, meu filho, Arthur. Que torna todos os momentos mais doces e engraçados.

Ao amigo Jon "Maddog" Hall, que tão gentilmente me honrou ao escrever o prefácio deste livro.

Aos milhares de programadores e pessoas que dão o melhor de si ao desenvolverem soluções OpenSource adequadas, tornando a vida em sociedade cada vez melhor.

Ao companheirismo e apoio das diversas pessoas que foram cruciais em diversas ocasiões, a minha gratidão.

A Deus, pela força, pela saúde, pelo pão nosso de cada dia e pela fé.

Uirá Endy Ribeiro

Belo Horizonte, 06 de Setembro de 2019

Sobre o Autor

Uirá Endy Ribeiro é formado em processamento de dados, pós-graduado em telecomunicações e Mestre em Sistemas Distribuídos.

Uirá é especialista em telecomunicações, redes de comutação de pacotes, Voz sobre IP, gateways de acesso remoto, gatekeepers, ATM, Roteadores Mid-Range, MAX TNT e APX8000. Também é fluente em sistemas UNIX SCO, Sun, Linux, Cisco OS, Firewall-One, nos protocolos TCP/IP, BGP-4, H.323, SS7, H.248, Megaco e em desenvolvimento de aplicações em C#, C++, PHP, Python, Unixshell, MySQL e Oracle.

Trabalhou como Engenheiro na Lucent Technologies com centrais de tecnologia Softswitch de voz sobre IP. Responsável pelo primeiro teste de voz sobre IP na Telefonica em São Paulo utilizando protocolos G.729, G.723, Fax sobre IP e convergência de dados em redes de comutação. Também participou do consórcio de interoperabilidade de redes voz sobre IP entre a Lucent e Alcatel no Chile e em NY nos Estados Unidos.

Foi diretor da Ecobusiness School, escola de pós-graduação em meio ambiente, quando desenvolveu uma plataforma de ensino a distância integrada com controle acadêmico.

Foi diretor acadêmico da Universidade Salgado de Oliveira, campus Belo Horizonte, responsável por 16 cursos de graduação e uma equipe de 170 professores. Também trabalhou como diretor de TI de todo o grupo Salgado de Oliveira, responsável pela informática de 9 unidades de ensino espalhadas pelo Brasil. Hoje dirige o campus de Belo Horizonte, com 10 cursos e 90 professores.

Há 15 anos mantém o site www.certificacaolinux.com.br com vários cursos OpenSource e preparatório para os exames da LPI e CompTIA, com mais de 9 mil alunos.

Também é autor do livro "Sistemas Distribuídos: desenvolvendo aplicações de alta performance no Linux", "Metodologia Científica: teoria e prática", "TCC – Trabalho de Conclusão de Curso", "Certificação Linux" e "37 Hábitos dos Professores Altamente Eficazes".

Prefácio

Saudações,

Se você está lendo estas palavras, é porque você, provavelmente, tomou várias decisões.

Em primeiro lugar, você, provavelmente, conhece algo sobre o movimento de Software Livre no Brasil, e sua importância para a economia de seu país. Você, provavelmente, já percebeu que existe uma disponibilidade de código-fonte de projetos como GNU e o Linux Kernel, através dos quais você pode adequar o sistema operacional para melhor se enquadrar às suas necessidades ou às necessidades de seu empregador.

Em segundo lugar, você pode estar usando Linux em seu PC em casa, ou talvez você seja um administrador de um sistema como Solaris, AIX, HP/UX, ou algum outro sistema de propriedade Unix e, logo, você começou a usar Linux no trabalho. Ou ainda, você se sente pronto para trabalhar em uma empresa que trabalha com o sistema Linux em tempo integral.

Em terceiro lugar, você pode ter olhado em um jornal e percebeu que alguns anúncios de emprego já estão exigindo que o candidato tenha "Certificação de LPI", e você deseja saber o motivo de tal requisito. Afinal de contas, você já sabe como manter um sistema de Linux!

Quando eu comecei em informática, trinta e cinco anos atrás, as coisas eram muito, mas muito mais simples do que elas são hoje. Um programador só precisava saber como perfurar cartões e como escrever na linguagem FORTRAN (ou COBOL). Não havia Internet ou vírus, somente interfaces gráficas pobres, e a memória principal era medida em kilobytes, nada de megabytes ou gigabytes. Na realidade, nem sequer existia algum título oficial para o cargo que temos hoje de "administrador de sistemas", uma vez que cada sistema era executado por "operadores" que se preocupavam com uma máquina específica, e não com a interatividade de várias máquinas que trabalham em conjunto.

Hoje, nós temos que nos preocupar com segurança, tráfego de rede e tabelas de rotas, subnets, e demais assuntos de rede. Temos que controlar migração de dados e de programas de um sistema para o outro, e a interoperabilidade de várias redes e protocolos. Nós temos que ser capazes de planejar o crescimento, além de resolver problemas. É a partir dessas necessidades que se originaram as tarefas e o título de "Administrador de Sistemas."

Em reconhecimento ao crescimento fenomenal do sistema operacional GNU/ Linux, o Linux Professional Institute, uma organização sem fins lucrativos sediada no Canadá, estipulou uma série de qualificações que um administrador de sistemas Linux deve possuir. Eles também criaram testes com o intuito de verificar se essas atribuições são dominadas pelo administrador em questão.

Assim, se o administrador dominar uma média predefinida desses requisitos, então ele, provavelmente, possui o conhecimento necessário para administrar sistemas de GNU/Linux. Mantendo o espírito de Software Livre, o instituto publicou os objetivos dos testes em seu site, de modo que diferentes métodos de estudo podem ser desenvolvidos.

Este livro é um exemplo de um método de treinamento para lhe ajudar a alcançar este nível de conhecimento.

O conhecimento de sistemas de GNU/Linux por si só não desenvolve um mestre em administração de sistemas, mas, para o gerente que está contratando, ter alguém que passou no teste LPI lhe dá a segurança de que o mesmo está contratando um administrador com um desempenho adicional e medido através da certificação.

Claro que o contratante também pode conferir o potencial do candidato com seus ex-empregadores ou professores. E por que também não verificar as realizações prévias do empregado como listado em seu currículo? Mas o fato do candidato ter sido aprovado nos exames de LPI assegura para o empregador que o candidato em questão, com certeza, se trata de um BOM administrador de sistemas GNU/Linux.

Para aqueles que desejam estudar e desenvolver uma carreira em Administração de Sistemas, por favor, sinta-se seguro ao utilizar os objetivos listados para cada um dos exames LPI e os veja como um bom guia de estudo com as informações que você deve saber. Pois eles foram desenvolvidos para administradores de sistemas e por administradores de sistemas. Assim, mesmo que você não tenha a intenção de fazer os exames de LPI formalmente, saiba que este material lhe tornará um melhor administrador de sistemas.

Finalmente, dê as boas-vindas a este livro, pois se trata de um guia relativamente barato para estudar e alcançar a sua meta de se tornar um administrador de sistemas GNU/Linux certificado.

Não será o fim de sua aprendizagem, mas um BOM começo.

Meus cumprimentos,

Jon "Maddog" Hall

Diretor executivo Linux International

Como aproveitar este livro o máximo

Este livro possui uma série de exemplos de comandos. Convencionou-se que os comandos que iniciam com "$" são aqueles que podem ser executados com um usuário comum no Linux.

Já os comandos que iniciam com "#", são aqueles que precisam de permissões do super-usuário root para serem executados. Portanto, se você for testar estes comandos, você precisa estar logado como root, ou então usar o comando "sudo" antes do comando indicado no exemplo.

Alguns comandos podem aceitar algum parâmetro ou opção como opcional. Quando isso acontecer, o livro vai apresentar o parâmetro entre chaves [ ] para indicar que é opcional.

É possível que ao tentar rodar um determinado comando ou ver o conteúdo de um determinado arquivo você depare com algum erro. Isto é porque nem todos os comandos ou arquivos podem estar instalados como padrão na distribuição Linux que você escolheu para estudos. Isto não significa que o livro está errado, ou que o comando não existe, mas simplesmente que o comando ou arquivo em questão não está instalado. Então você deve instalar o software usando o gerenciador de pacotes adotado pela distribuição que você está utilizando.

Também é possível que haja pequenas variações nos caminhos dos arquivos indicados no livro. Isto é um problema oriundo da distribuição que você escolheu que não seguiu o padrão definido pelo Linux Standard Base (LBL).

Como a prova da LPI é neutra, ela segue naturalmente o padrão Linux Standard Base, que é o indicado para as distribuições seguirem. Este livro usa as convenções adotadas pela LPI e a Linux Stardard Base.

Para os amantes do Ubuntu, lamento dizer, mas o ele é muito bom em não seguir a risca o Linux Standard e trocar as coisas de lugar.

Este livro também tem vídeos sobre os comandos exemplificados, para você ver o uso do comando em questão em ação. Para ver os vídeos use seu celular com o aplicativo da câmera ou aplicativo de ler QR-Code.

Sumário

Introdução

"A ciência da computação não é mais sobre computadores, da mesma forma que a astronomia não é mais sobre telescópios."
-- E. W. Dijkstra

Sempre existiu e vai existir uma lacuna no mercado de TI: os profissionais que saem das faculdades nem sempre estão preparados para aquilo que o mercado quer e precisa. Ainda mais no mercado de TI, onde a velocidade é muito grande e as tecnologias mudam e se aprimoram a cada 6 meses.

Desta maneira, a indústria de TI, formada por grandes empresas, como IBM, HP, SuSe, Microsoft, Cisco, Intel, RedHat, Apple, dentre outras, se reuniram através de associações ou programas próprios de certificações para preencher essa lacuna no mercado de profissionais capazes de trabalhar com eficácia nas suas plataformas, equipamentos e tecnologias.

Duas grandes organizações reconhecidas mundialmente para cumprir esse papel de certificar os profissionais de TI são a CompTIA e a LPI.

A LPI surgiu em 1999 com o objetivo de criar uma certificação independente da distribuição Linux, de forma que seus profissionais certificados estão aptos a trabalhar com qualquer versão de Linux. O LPI conta com três níveis de certificação: LPIC-1, LPIC-2 e LPIC-3. Cada nível pretende certificar um profissional apto a desempenhar tarefas que devam ser executadas com um crescente grau de dificuldade e complexidade.

A CompTIA tem um programa de certificação há 25 anos mais abrangente, que abraça diversas tecnologias, não só o Linux.

Em 2012, essas duas organizações resolveram unir suas forças no mundo Linux para criar uma certificação dupla, de forma que o profissional que se certificava no CompTIA Linux+ Powered by LPI, recebia o certificado da CompTIA, e também o certificado da LPI, LPIC-1. Isso fui muito bom para o mercado de Linux até outubro de 2019. Nesta data este acordo foi dissolvido, e a CompTIA criou seu próprio exame de Linux+, composto por uma só prova, o exame XK0-004, que não é abordado neste livro.

A Certificação, além de ser um grande incentivo, garante a entrada e sustentabilidade dos técnicos no mercado de trabalho capazes de realizar tarefas no Linux. Desta forma, as duas provas da LPI 101 e 102 foram desenvolvidas para certificar a competência do sistema de administração usando o sistema operacional Linux e suas ferramentas associadas. Foi desenvolvido para ser neutro em termos de distribuição, seguindo o Linux Standard Base entre outros padrões e convenções relevantes.

As provas da certificação LPI seguem com nome de LPIC-101 e LPIC-102, na sua versão 5. Para ser certificado nível 1 da LPI é necessário ser aprovado em ambos os exames.

Se você está lendo esse livro, com certeza quer ter uma certificação de peso reconhecida internacionalmente no seu currículo e no seu cartão de visitas. O mercado de software livre está em crescimento e à procura de profissionais certificados. E isso é ótimo para você, sua carreira e também seu bolso.

A primeira edição deste livro, publicado em 2005, foi aclamada como o melhor livro de estudos para a certificação LPI pela comunidade do BR-LINUX. Este sucesso é fruto de muito trabalho e empatia da comunidade Linux. Este livro é a continuação deste esforço, já na sua 5 edição.

Este é um livro de Linux objetivo, didático e focado nos temas das provas da LPI nível LPIC-101, na última versão da prova. Você irá encontrar exatamente aquilo que precisa estudar e na medida certa para o exame. Há um outro volume deste livro disponível com os temas da prova LPIC-102.

E, para cumprir com os objetivos, é preciso que você saiba todos os tópicos das provas 101 e 102.

Os tópicos de cada prova da certificação da LPIC nível 1 são:

PROVA 101:

- Tópico 101 – Arquitetura do Sistema;
- Tópico 102 – Instalação do Linux e Administração de Pacotes;
- Tópico 103 – Comandos GNU e UNIX;
- Tópico 104 – Dispositivos, sistemas de arquivos Linux, padrão de hierarquia do sistema de arquivos.

PROVA 102:

- Tópico 105 – Shell e Shell Scripts;
- Tópico 106 – Interface de Usuário e Desktop;
- Tópico 107 – Tarefas Administrativas;
- Tópico 108 – Serviços Essenciais do Sistema;
- Tópico 109 – Fundamentos e Serviços de Rede;
- Tópico 110 – Segurança e criptografia

Ambos os exames tem 90 minutos de duração e aproximadamente 60 questões. Cerca de 75% das questões são de múltipla escolha onde existe somente uma opção correta. Algumas irão apresentar um cenário onde alguma medida administrativa precisa ser tomada e em outras se pergunta qual o comando apropriado para uma determinada tarefa.

Outros 10% das questões são de múltipla escolha com mais de uma opção correta. Este tipo de questão é sem dúvida mais difícil porque apenas uma opção incorreta invalida toda a questão.

Este exame irá testar seu conhecimento teórico, comandos e suas opções comuns, localização de arquivos importantes, sintaxe de configurações e procedimentos mais usados. Uma vez que você tenha conseguido solidificar os conceitos básicos do sistema operacional, esta não será uma prova difícil e geralmente não existem questões com respostas ambíguas ou maldosas.

Os exames não tem a intenção de fazer perguntas de dupla interpretação e nem maldosas, mas os tópicos abordados são mais complexos e exigem maior experiência do candidato.

Uma atenção especial deve ser dada nos tópicos relativos a segurança.

Como Marcar a Prova?

Há duas maneiras de se prestar os exames da LPI: uma com exames em papel, com hora e local definidos pelo aplicador da prova. Outra com exame aplicado no computador, com hora e local definidos pelo candidato. Pessoalmente eu prefiro marcar a prova em computador, em um centro Pearson Vue. Primeiro porque quase sempre existirá um centro de aplicação próximo de você e é você quem agenda a prova.

Onde encontrar um Centro PearsonVue?

Escolha pelo site deles: http://www. pearsonvue.com. Selecione "TEST TAKERS". Depois Digite LPI no Box que irá aparecer. Então você poderá clicar no botão "Find a Test Center" e digitar o nome da sua cidade.

Como é o ambiente da prova?

A prova feita pelo computador é simples. Este computador fica em uma pequena sala fechada e isolada do som e distrações, como um biombo pequeno. Você não pode levar nada. Deve deixar celular, agenda, papel, tudo guardado. Eles vão te dar papel, lápis e um dicionário inglês-português se a prova for em inglês. Qualquer movimentação estranha eles anulam seu teste. Você também será filmado por uma webcam durante o exame para garantir que ele foi devidamente aplicado e nada anormal ocorreu. Os exames aplicados pela PearsonVue foram reconhecidos mundialmente por sua segurança e por serem à prova de fraudes.

Outro detalhe importante da prova em computador é que, se você errar alguma questão de algum tópico, o computador seleciona mais questões do mesmo tópico para testar ainda mais seus conhecimentos sobre o tema. Isto tem um lado bom e outro ruim. O lado bom é que, se você tiver errado de "bobeira", terá outra chance de redimir seu erro. Mas se você de fato não estiver devidamente preparado para o tema, estará lascado.

A Importância de Fazer Exercícios

O cérebro é um "músculo". Quanto mais exercitado, mais forte e resistente ele fica. Mais conexões sinápticas ele será capaz de fazer e responder ao ambiente de forma apropriada. Portanto, faça muitos exercícios sobre os tópicos. Exercite os comandos. Veja suas opções e argumentos. Teste as funcionalidades de cada um deles.

Muitas pessoas me perguntam sobre qual distribuição de Linux é a mais adequada para a certificação, testar os comandos, etc. Eu sempre respondo: aquela que você gostar mais. Diferentemente das outras certificações de Linux, LPI preza pela independência das distribuições e neutralidade. A prova é focada em LINUX, seja ele qual for.

De forma que toda configuração e manejo do servidor são feitos com comandos no Shell e diretamente nos arquivos de configuração. Isto é muito bom porque o profissional fica experiente em qualquer Linux e não fica viciado em alguma ferramenta amigável.

Mas existe alguma que eu indico? Sim. Mas se trata de minha opinião pessoal. Eu gosto do Open-SuSE. É uma distribuição muito estável, feita por alemães que prezam muito pela obediência completa aos padrões do Linux Standard Base. Os comandos, arquivos e estrutura são exatamente como manda o figurino.

Só um detalhe importante: você precisará se familiarizar com os gerenciadores de pacote Debian e RedHat. E geralmente uma distribuição adota um OU outro. E para preparar-se para a prova é bom você estar afiado nos dois modelos. Portanto, escolha uma distribuição baseada em Debian e outra em RedHat.

Aprendendo de Acordo com o Funcionamento do seu Cérebro

Você também precisa se conhecer um pouco para que o aprendizado seja efetivo. Nossa mente trabalha basicamente com 3 tipos de estilos de aprendizagem: físico, visual e linguístico/sonoro. Como você fixa melhor aquilo que aprendeu?

Veja como são estes estilos e tente se identificar neles:

Físico

As pessoas com estas características são os inquietos, são os fuçadores, os desmontadores de equipamentos e brinquedos, os que querem saber como funciona e ver por dentro, os que não conseguem ficar sossegados em seu lugar.

Eles são pessoas que não conseguem ficar sentadas por muito tempo. Eles simplesmente raciocinam melhor quando seus corpos estão em movimento, balançando o corpo entre uma perna e outra, para frente e para trás. Eles interagem melhor com o mundo através do contato manual e corporal. Os "Aprendizes" físicos adoram esportes, inventar, construir e dançar.

Quando estão aprendendo ou adquirindo capacitação acadêmica, essas pessoas se beneficiarão mais com atividades de expressão corporal, manipulando e tocando objetos, realizando exercícios, etc.

Dicas para você aprender melhor:

• Realize seus estudos com montagens e construções de objetos e simulações;
• Inclua aulas virtuais em computadores;
• Alterne seções teóricas e práticas durante o estudo.

Linguístico / Sonoro

São aquelas pessoas que vivem cantando ou entoando algum som mesmo com a boca fechada, os cantores e aqueles descritos com tendo um ouvido musical. Veem sons em tudo.

Eles podem não ser os melhores cantores ou músicos, mas eles têm uma habilidade natural para interagir e entender os sons, musicais ou não.

Sua relação com o mundo é através dos sons e ritmos sonoros. As atividades que podem ser mais proveitosas para elas são ouvir músicas, tocar instrumentos, interpretar sons e cantar.

Quando estão aprendendo ou adquirindo capacitação acadêmica, essas pessoas se beneficiarão mais escrevendo letras e canções para músicas, tocando instrumentos para acompanhar seus trabalhos ou de outros, ou desenvolvendo projetos de multimídia.

Dicas para você aprender melhor:

- Tente transformar aquilo que você está aprendendo em música;
- Grave aquilo que está aprendendo para escutar depois;
- Utilize música agradável durante os estudos.

Visual

Estas pessoas são os modernos Picassos e Renoirs, os grafiteiros e rabiscadores, e indivíduos que têm um talento natural para as cores e para harmonizar ambientes. Os indivíduos Visuais parecem ter um senso artístico que faz com que tudo que criem pareça agradável aos olhos. Sua relação com o mundo é através de pinturas e imagens. As atividades que podem ser mais proveitosas para elas incluem pintura, escultura e a criação de artes gráficas.

Quando estão aprendendo ou adquirindo capacitação acadêmica, essas pessoas se beneficiarão mais com desenho e criação de diagramas, inclusive gráficos, leitura cartográfica, criação de mapas ou realizando demonstrações.

Dicas para você aprender melhor:

- Crie apresentações multimídia;
- Utilize interpretação de mapas, diagramas e gráficos;
- Use e abuse de ilustrações, gráficos, slides, filmes etc.

Uma vez que você tenha se identificado em pelo menos um destes estilos, faça uso das potencialidades do seu cérebro. Isso facilita seu aprendizado.

Mapas Mentais

Você talvez possa conhecer esse artifício de estudos chamado Mapa Mental, ou esquema de espinha de peixe. Ele é muito útil, pois além de ser visual, ajuda a organizar as idéias de uma forma muito prática para memorização. Na entrada dos capítulos será apresentado um esquema de mapa mental dos temas daquele tópico.

Figura 1 – Esquema Espinha de Peixe

Como exercício, execute cada comando de cada tópico pelo menos mais de uma vez, exercitando as possíveis situações. Faça as seguintes perguntas para cada comando estudado:

- Para que serve este comando?
- Como ele é usado?
- Quando ele é usado?
- Quais arquivos ele afeta?

Eu sugiro que você faça um esquema de espinha de peixe para os comandos, de forma que você trabalhe com todas as potencialidades de aprendizado do seu cérebro: visual, físico, e leia o texto em voz alta para também exercitar o lado sonoro.

Neste tipo de esquema atente a pelo menos dois tipos de estilo de aprendizagem: o físico pois você está fazendo movimentos ao escrever; visual pois você está fazendo um diagrama. Também ajuda na lógica e memorização pois você está categorizando a informação em COMO, O QUE, QUANDO e ARQUIVOS. Se possível compre fichas pautadas 10x15cm que são excelente para fazer consultas rápidas e podem te ajudar na memorização.

Tente imaginar as situações em que os comandos são usados e teste os diversos tipos de opções que eles têm. Isto é importante porque uma opção de um comando pode inverter o resultado.

Por exemplo, o comando "grep uira texto.txt" vai filtrar todas as ocorrências da palavra "uira" no arquivo texto.txt. Já o grep com a opção "-v" inverte, de forma que o comando irá mostrar todas as linhas que não têm a palavra "uira" no texto.txt.

Você pode recorrer aos manuais "MAN" dos comandos de cada tópico. Eles têm informações importantes que o programador que desenvolveu o software deixou ali de forma especial para você. Vários comandos também tem os vídeos demonstrando seu uso, que podem ser acessados através do QR-CODE.

Você Precisa Fazer Simulados!

Este item é um complemento do anterior, mas é tão importante que resolvi separá-lo para que você dê mais atenção a ele.

Um simulado vai te dar uma ideia exata do tipo de questões das provas com que você vai se deparar pelo caminho. Há questões que são maldosamente formuladas para que você caia na vala do senso comum.

Veja que existem questões que vão priorizar pela simples memorização, outras vão exercitar sua capacidade de análise em entender um problema do "mundo real" e sua capacidade de transpor para o "mundo computacional"; outras vão exercitar seu julgamento diante de um problema em questão e outras vão te apresentar um problema e a solução e você deverá avaliar se a solução é a correta ou não e por que.

A prova é feita para não ser fácil. E isto é de suma importância para atestar a qualidade das pessoas que são certificadas. Se qualquer um com pouco preparo pode ser certificado, de que adianta exibir este título no currículo? Mas se é para os poucos que realmente se dedicaram e estudaram a fundo, ora, é uma certificação de peso.

No site www.certificacaolinux.com.br, se você se matricular no curso preparatório para LPIC-1, você terá acesso a mais de 499 questões de simulado. Uma versão gratuita do simulado também está disponível no site, com 180 questões.

Localizando Ajuda na Internet

Existem boas páginas Internet Nacionais e Internacionais sobre o GNU/Linux e assuntos relacionados com este sistema. Elas trazem documentos e explicações sobre configuração, instalação, manutenção, documentação, suporte, etc.

http://www.tldp.org : Este site mantém a documentação do Linux Documentation Project – LDP. É sem dúvida o local ideal para encontrar informações sobre o Linux;

http://www.linux.org : Página oficial do GNU/Linux. Documentação, livros, cursos, links para distribuições e download de aplicativos podem ser encontrados neste site;

http://www.ibiblio.org/software/linux: O ponto de referência mais tradicional de softwares GNU/Linux. Você pode encontrar desde dicas, documentação How-Tos e até algumas distribuições GNU/Linux.

http://refspecs.linuxfoundation.org/lsb.shtml : É a referência do Linux Standard Base, que é o padrão das especificações de como deve ser uma distribuição Linux.

http://refspecs.linuxfoundation.org/fhs.shtml : É a referência do Filesystem Hierarchy Standard, que é o padrão de hierarquia de arquivos e diretórios do Linux.

Curso Certificação Linux

O treinamento para certificação LPI que ofereço no site www.certificacaolinux.com.br é a distância, com aulas totalmente multimídia e com garantia de 95% de aprovação, desde que você assista as aulas e faça os simulados. Você pode assistir as aulas quando desejar, quantas vezes quiser, de qualquer lugar, pois o curso é individualizado, dinâmico, gostoso de fazer e muito prático.

Além das aulas, o curso conta com 6 tipos de servidores Linux virtuais para você treinar os comandos, em diversas situações. O curso também conta com laboatórios práticos para você treinar situações de resolução de problemas.

Os cursos preparatórios abordam todos os tópicos das provas LPIC-1 e LPIC-2, sempre atualizados. Convido o leitor a fazer o Simulado Gratuito para a prova e baixar o Mapa Mental no site. E se desejar complementar o estudo do livro com aulas multimídia, tem um desconto especial na aquisição do curso para quem já tem o livro.

Aulas dos Comandos

Este livro contém diversos Qr-Codes que apontam para pequenas video-aulas sobre os comandos citados. São mais de 8 horas de aula no total. Assim, esperamos que ao ler sobre os comandos, você também possa ver um vídeo de uso do comando. Desta forma, você não fica com dúvidas e ainda exercita os 3 modelos de aprendizado: visual, linguistico e físico. Para usar o QR-CODE, basta usar o App de câmera ou App de leitura de QR-CODE no seu celular, apontar para o QR-CODE e curtir a aula.

Figura 2 – Usando o QR–CODE

Um Linux para você na Web

Também disponibilizamos para você um Terminal Linux Fedora via navegador para você treinar todos os comandos do livro, de forma fácil e descomplicada.

Para usar esta máquina virtual você precisa abrir o link usando um navegador de Internet atualizado como Firefox, Chrome ou Safari. O Linux Fedora vai rodar no seu navegador, em uma máquina virtual executada localmente no seu computador, em segundos.

http://bit.ly/labvirtuallinux

"Amarás o Senhor teu Deus de todo o teu coração, e ao próximo, como a ti mesmo." -- Jesus - Mateus, 22: 36 a 40

Exame 101

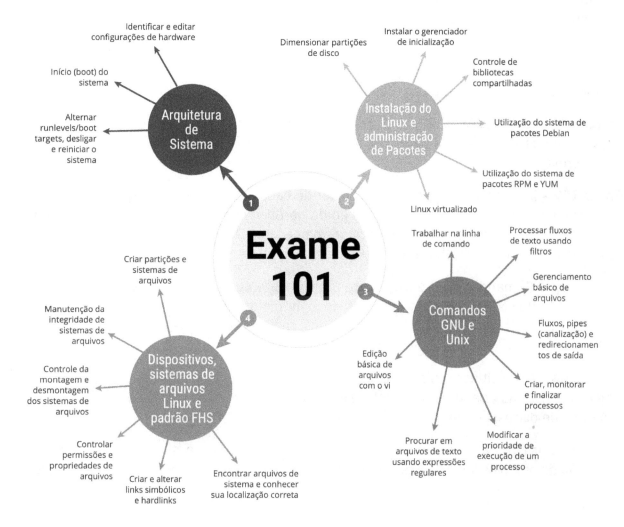

> "Penso que o destino é dono da metade de nossas ações, mas deixa a
> outra metade a nossos cuidados." -- Nicolau Maquiavel

O exame 101 tem 90 minutos de duração e aproximadamente 60 questões. Cerca de 75% das questões são de múltipla escolha onde existe somente uma opção correta. Algumas irão apresentar um cenário onde alguma medida administrativa precisa ser tomada e em outras se pergunta qual o comando apropriado para uma determinada tarefa. Outros 10% das questões são de múltipla escolha com mais de uma opção correta.

Atualmente existem quatro tópicos chaves para o exame 101:

Tópico 101 - Arquitetura do Sistema: Este tópico aborda determinar e configurar o hardware, periféricos, sistema de boot e mudar níveis de execução de runlevel. Representa 14% da prova.

Tópico 102 - Instalação do Linux e Gerenciador de Pacotes: Neste tópico faz-se saber como proceder com o layout de disco, a instalação do gerenciador de boot, o gerenciamento de bibliotecas compartilhadas, usar o gerenciador de pacotes Debian e Red Hat, e conceitos de Virtualização e contêineres. Representa 18% da prova.

Tópico 103 - Comandos GNU e Unix: Este tópico cobre comandos usados no dia a dia da administração do sistema, sintaxe dos comandos, filtros de texto, processos, prioridades de processos, gerenciamento de arquivos e diretórios, redirecionamentos, expressões regulares e trabalhar com o vi. Representa 43% da prova.

Tópico 104 - Dispositivos e Sistemas de Arquivos: Os objetivos deste tópico incluem criar partições e sistemas de arquivos, controlar e manter integridade do sistema de arquivos, montagem de discos, permissões e links simbólicos. Representa 25% da prova.

Este exame irá testar seu conhecimento teórico, comandos e suas opções comuns, localização de arquivos importantes, sintaxe de configurações e procedimentos mais usados.

101 - Arquitetura de Sistema

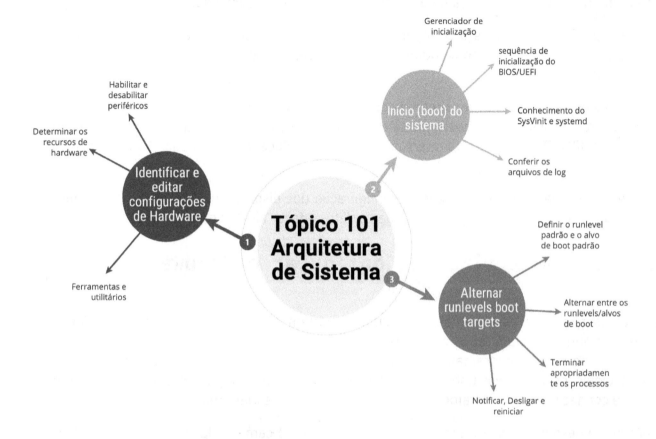

"Escolhe o trabalho que gostas e não terás de trabalhar um único dia
em tua vida."
-- Confúcio

Este tópico aborda o conhecimento de arquitetura de hardware de um PC, bem como os requerimentos necessários para uma instalação do Linux bem-sucedida.

Neste capítulo abordaremos a configuração de BIOS, IRQs, portas de entrada e saída (I/O) para alguns dispositivos como modems, placas de rede, placas SCSI, portas paralelas, portas seriais e dispositivos USB.

Ajustar estes dispositivos à placa-mãe do computador pode requerer alguma configuração na BIOS. Outros dispositivos, especialmente os mais antigos, podem requerer configurações de portas I/O, IRQ, DMA através de interruptores especiais localizados na sua placa chamados jumpers.

É importante que você conheça bem a configuração dos dispositivos do sistema para saber identificar e corrigir possíveis problemas de conflitos e fazer ajustes caso seja necessário.

101.1 – Determinar e Configurar o Hardware

De forma simplista os sistemas operacionais podem ser entendidos como programas especiais que controlam todos os recursos do computador e fornecem toda a base para a execução de outros programas e aplicações. No início, quando não existiam os sistemas operacionais, os aplicativos tinham de cuidar de tudo. Era preciso que o programador tivesse grande conhecimento da plataforma em que seus programas iriam rodar.

Para que o desenvolvimento fosse facilitado, criou-se uma camada de software que iria lidar com o hardware e fornecer uma interface amigável para os programadores interagirem com a máquina e cujo objetivo era oferecer funções simples para as diversas tarefas que um computador pode fazer, tais como somar, ler um dado, gravar algo, imprimir etc.

No início, os primeiros sistemas operacionais eram simples e monoprogramados, com um único programa de usuário em execução. A necessidade de mais programas serem executados ao mesmo tempo fez com que eles evoluíssem para a multiprogramação, suportando a execução de múltiplos programas de usuários de forma concorrente.

Isso foi possível porque o tempo do processador foi distribuído entre os programas em execução. Cada programa é executado em uma fatia de tempo, ou até que um evento solicite a troca do controle do processador. Esse processo de troca de controle do processador pelos diversos programas é chamado de escalonamento e a parte do sistema responsável por decidir qual deles vai ser executado primeiro é chamada de escalonador.

O escalonamento dos primeiros sistemas baseados em cartões perfurados e unidades de fita era simples. A regra era executar o próximo processo na fita ou na leitora de cartões. Nos novos sistemas multiusuário de tempo compartilhado o algoritmo de escalonamento é mais complexo.

Imagine que cada processo é único e imprevisível. Alguns passam a maior parte do tempo esperando por leitura e gravação de arquivos, enquanto outros utilizam a CPU por horas, se tiverem chance. Desta forma, quando o escalonador inicia a execução de um processo, ele nunca sabe com certeza quanto tempo esta demanda vai demorar.

Para que a execução de um processo não demande tempo demais, os computadores possuem um mecanismo de relógio que causam interrupções periódicas. A cada interrupção de relógio o sistema operacional assume o controle e decide se o processo pode continuar executando ou se já ganhou tempo de CPU suficiente.

O escalonamento altera a prioridade em função do tipo de espera a que o processo estava submetido. Desta forma um processo que exige muito processamento tende a ter mais prioridade que a de um processo que exige muita leitura e gravação. Este esquema permite balancear o uso do processador entre todos os tipos de processos.

A eficiência dos sistemas operacionais modernos está na forma em que o escalonamento e a gerência de memória estão implementados.

Existem ainda os sistemas operacionais conhecidos como de tempo real. Eles são usados para controlar um dispositivo em uma aplicação dedicada, como controle de experimentações científicas, imagens médicas, controle industrial, robótica, aviação, dentre outros. Sua principal característica é a necessidade do tempo de resposta aos eventos ser crítica.

Kernel dos Sistemas Operacionais

Sem dúvida o Kernel é a parte mais importante de qualquer sistema operacional sendo considerado o núcleo do sistema. Ele é responsável pelas funções de baixo nível, como gerenciamento de memória, gerenciamento de processos, subsistemas de arquivos, rede, suporte aos dispositivos e periféricos conectados ao computador. Os núcleos dos sistemas operacionais podem ser implementados de duas formas básicas: Kernel monolítico e o microkernel.

Kernel Monotítico

O Kernel monolítico é estruturado em um único arquivo binário, um único processo que executa inteiramente em modo protegido. Ele possui desempenho superior na passagem de mensagens, mas apresenta inúmeras desvantagens como a dificuldade de alterações no núcleo e o desperdício de recursos, pois os drivers de dispositivos permanecem constantemente em memória, mesmo quando os dispositivos não estão sendo utilizados.

As implementações de Kernel Monolítico por não ter diversos componentes espalhados, tem imunidade maior contra vírus e outros programas maliciosos.

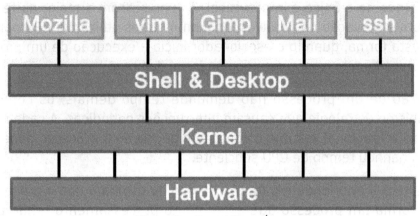

Figura 3 – Kernel Monolítico

Microkernel

No microkernel apenas uma pequena parte do núcleo executa em modo protegido para acessar diretamente o hardware, como também é responsável pela comunicação entre processos e gerência de memória.

O restante do sistema roda em modo usuário, uma vez que executa tarefas que não necessitam acessar diretamente o hardware, e seus serviços clássicos são assegurados por processos servidores.

Na teoria este conceito torna o kernel mais responsivo, uma vez que mais código é executado no espaço do usuário e aumenta a estabilidade, pois há menos código no espaço do kernel. Ainda, como o sistema possui partes que são executadas como pequenos serviços, este tipo que implementação tira proveito das arquiteturas multiprocessadas. Mas em contrapartida exige grande esforço de design de seus desenvolvedores.

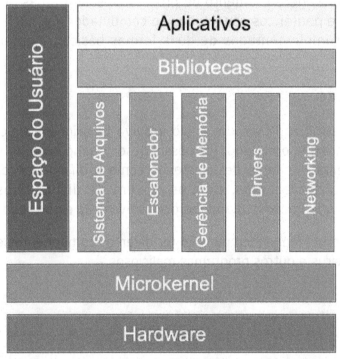

Figura 4 – Microkernel

Os recursos do sistema são acessados através de um protocolo cliente/servidor, e para incluir um novo serviço basta acrescentar um novo servidor.

O microkernel possui um desempenho inferior ao modelo monolítico, mas podem-se alterar suas partes sem a necessidade de reiniciar a máquina permitindo a expansão para um sistema distribuído de forma mais fácil.

Pode-se entender o microkernel paralelo como um conjunto de microkernels locais cooperativos, um em cada nó da máquina paralela. O ponto crucial é a comunicação entre processos sobre um mesmo processador ou em processadores diferentes, de acordo com um protocolo cliente/servidor. O módulo responsável pela comunicação possui as funções básicas para receber mensagens originárias de outros processadores, receber resultados de operações executadas remotamente e enviar mensagens destinadas a outros processadores.

Sua organização é baseada no modelo cliente/servidor, onde os serviços do sistema são implementados por servidores especializados. Os Clientes, que são programas de aplicação, solicitam os serviços ao sistema operacional que os encaminham aos processos servidores. Estes recebem a solicitação e a executam, enviando o resultado de volta ao microkernel e então à aplicação.

O Kernel do Linux possui um robusto sistema de reconhecimento de hardware e suporte a diversos dispositivos. Este sistema foi implementado principalmente através do sysfs, udev e do d-bus.

SYSFS

O sysfs é um recurso do Kernel para exportar informações úteis sobre o sistema para os processos (programas) dos usuários através de um sistema de arquivo em memória.

O sysfs organiza as informações do Kernel em diretórios de forma rigorosa e baseada na organização interna das estruturas de dados do Kernel.

Os arquivos que são criados neste sistema de arquivos são principalmente em ASCII (texto puro) com um valor por arquivo. Estas características asseguram que as informações passadas pelo sysfs aos programas sejam precisas e utilizadas facilmente.

Uma vez que a estrutura do sysfs é composta de diretórios, arquivos e links simbólicos, a navegação dentro dele é fácil e intuitiva. O sysfs geralmente é montado no diretório /sys.

Os principais diretórios do sysfs são: block, bus, class, devices, firmware, fs, kernel, module e power.

BLOCK

O diretório block contém subdiretórios para cada sistema de arquivos de bloco (discos rígidos, principalmente) existentes no sistema. Dentro dos diretórios dos dispositivos, há diversos arquivos que indicam, ente outras coisas, o tamanho do dispositivo, status etc .

BUS

Este diretório contém subdiretórios para cada tipo de barramento suportado pelo Kernel. E cada subdiretório contém os diretórios devices e drivers. O primeiro contém uma lista de todos os dispositivos encontrados que são do tipo de barramento indicado. O segundo contém os drivers de dispositivos daquele tipo de barramento.

CLASS

O diretório class contém representações de cada classe de dispositivo que está registrado no Kernel. As classes indicam o tipo de dispositivo que elas representam. Por exemplo: classe de impressoras, classe de discos etc . Cada subdiretório de classe terá um diretório para cada tipo de dispositivo encontrado pertencente àquela classe. Por exemplo: a classe "net" contém os dispositivos "eth0" e "eth1". E, dentro de cada diretórios de dispositivo, são encontrados arquivos e diretórios associados ao tipo de dispositivo a que ele pertence.

DEVICES

O diretório devices contém a hierarquia global dos dispositivos encontrados e suportados pelo Kernel. Sua hierarquia de diretórios obedece a organização dos dispositivos em qual tipo de conexão elétrica eles estão conectados. Apenas dois dispositivos são a exceção da regra: dispositivos de plataforma (platform) e de sistema (system). O primeiro diretório é relativo aos dispositivos periféricos inerentes à plataforma de processamento e barramento do hardware. Por exemplo: dispositivos inerentes a portas de entrada e saída, controladores seriais e paralelos, etc. Já o system representa os dispositivos não periféricos que não se encaixam em qualquer outra classificação. Por exemplo: CPUs, APICs, temporizadores etc.

FIRMWARE

O diretório firmware contém interfaces para verificar e atribuir objetos específicos de firmware. Firmware são códigos executados durante o processo de carga da máquina, como software da BIOS.

MODULE

O diretório module contém subdiretórios com todos os módulos de Kernel carregados para a memória. Os módulos são pedaços de programas que podem ou não fazer parte do Kernel, de forma que são lidos e executados de acordo com a necessidade do usuário. Por exemplo: se você não utiliza com frequência o drive para um HD externo USB, pode optar por carregar o módulo que habilita suporte a discos externos somente quando for fazer uso deste tipo de mídia. Este tipo de arquitetura modular permite que o Kernel fique mais leve, ocupando menos memória e também menos processamento, deixando a CPU mais tempo livre para executar os programas dos usuários. Um Kernel enxuto permite que o sistema tenha uma eficiência melhor, mas não impede que outras funcionalidades sejam agregadas sob demanda na forma de módulos do Kernel. É importante saber que todos os diretórios de módulo contém um arquivo chamado refcnt que conta o número de referências ou número de usuários que fazem uso do módulo específico.

POWER

O diretório power representa o subsistema de gerenciamento de energia. Possui alguns arquivos que representam o método que o sistema irá utilizar para entrar em modo de suspensão ou economia de energia.

É importante você saber que as informações contidas neste sistema de arquivos são organizadas de forma que diversos programas e utilitários fazem uso delas para interagir melhor com o Kernel.

HALD

O hald é um programa que fica em execução em modo de servidor (daemon) que mantém um banco de dados sobre os dispositivos conectados ao sistema, em tempo real. Este programa fica conectado no Kernel através do D-BUS escutando as mensagens referentes aos dispositivos e provê uma biblioteca de programação API para que outros programas possam descobrir, monitorar e fazer uso dos dispositivos. O HALD facilita o trabalho dos programadores oferecendo um meio fácil e rápido de interagir com os dispositivos sem precisar fazer acesso direto a eles.

UDEV

O gerenciamento dinâmico de dispositivos (udev) é responsável por manter a estrutura de diretório do /dev (diretório que contém os links que representam os dispositivos) de forma a permitir que somente dispositivos conectados sejam listados na estrutura do /dev.

Geralmente este gerenciador é executado na forma do programa chamado udevd em modo de servidor (daemon) que fica escutando os eventos do Kernel para encontrar quando um dispositivo é removido ou adicionado ao sistema. Quando se percebe um evento de dispositivo no Kernel ele compara com as regras relacionadas no sysfs para identificar o dispositivo e, depois disso, cria ou remove o link simbólico do dispositivo no diretório /dev.

D-BUS

D-BUS é um projeto de software livre mantido pela freedesktop.org. Seu principal objetivo é criar um barramento de troca de mensagens entre os programas. Ele permite que os programas interajam entre si de forma que o programador não precisa conhecer a instância do outro programa em que ele deseja se conectar. Desta forma, o D-BUS oferta uma biblioteca de programação que permite a troca de mensagens entre as aplicações através de protocolos padronizados, utilizando-se do XML para fazer a ligação entre programas distintos. O D-BUS suporta diversas linguagens de programação de alto nível como Qt, GLib, Java, C#, Python, etc.

BIOS

A BIOS (Basic Input Output System) é um software especial gravado em memória flash situada na placa-mãe do computador. Este software é responsável por realizar todos os testes de hardware e reconhecer os dispositivos ligados à placa-mãe. Além de testar a memória e reconhecer os discos, ela é responsável por manter o registro de hora e data.

Nem sempre as placas de vídeo, som, rede, SCSI, placas aceleradoras, dentre outras, são reconhecidas e configuradas automaticamente pela BIOS. Alguns destes dispositivos requerem configuração manual.

Alguns poucos anos atrás, a maioria dos PCs baseados na arquitetura X86 e X86-64 utilizavam a BIOS como seu principal sistema de entrada e saída. Desde 2011 um novo tipo de software vem instalado nas placas mãe, chamado de Extensible Firmware Interface (EFI) ou Unified EFI (UEFI) como padrão. Existem pequenas diferenças na carga do sistema operacional quando tratamos das antigas BIOS ou dos novos EFIs, que será abordado no capítulo de carga do sistema operacional.

Para que tudo esteja funcionando corretamente, é necessário que os dispositivos estejam alocando recursos do computador. Estes recursos podem ser portas de entrada e saída, requisições de interrupção (IRQ) e acesso direto a memória (DMA). Vejamos estes conceitos.

Interrupções

Para que tudo esteja funcionando corretamente é necessário que os dispositivos estejam alocando recursos do computador. Estes recursos podem ser portas de entrada e saída, requisições de interrupção (IRQ) e acesso direto a memória (DMA). Veja estes conceitos:

As portas de entrada e saída são endereços de memória reservados no microprocessador para os dispositivos realizarem entrada e saída de informações. Estes endereços de memória são utilizados para troca de dados entre o processador e os dispositivos de forma simplificada. Os dispositivos podem usar mais de uma porta de entrada/saída ou uma faixa de endereços. Por exemplo, uma placa de som padrão usa as portas 0x220, 0x330 e 0x388. Cada dispositivo possui um endereço de porta único, que não pode ser compartilhado entre outros dispositivos.

O Acesso Direto a Memória (DMA) é usado para permitir a transferência de dados entre dispositivos e a memória sem a intervenção do processador. Este acesso é feito através de canais (channels). A maioria dos computadores tem dois controladores de DMA. O primeiro controla os canais 0, 1, 2, 3 e o segundo, os canais 4, 5, 6, 7, totalizando 8 canais.

As Requisições de Interrupção (IRQ) são chamadas que os dispositivos podem fazer para requerer atenção especial do processador. A maioria dos computadores oferece apenas 16 interrupções de hardware. Pode parecer pouco para as modernas configurações com os mais diferentes dispositivos. Felizmente os IRQs podem ser compartilhados.

O mecanismo de tratamento das interrupções faz com que a CPU esteja atenta aos eventos externos à sequência de instruções que ela está executando, para quando for necessária uma quebra do processamento normal para atender a uma outra solicitação.

Em grandes sistemas multiusuário, uma constante rajada de interrupções é direcionada ao processador. Respostas rápidas a essas interrupções são essenciais para manter os recursos do sistema bem utilizados, e para prover tempos de resposta aceitáveis pelos usuários.

É importante saber que estes recursos são limitados e precisam ser gerenciados para que conflitos entre os dispositivos sejam evitados.

Desta forma, os sistemas operacionais reagem a eventos que representam as solicitações de serviços. Por exemplo, se uma aplicação necessita da leitura de um arquivo, ela faz a solicitação a uma função executada pelo sistema operacional. Este irá acessar o controlador do periférico e requisitar a transferência dos dados para o endereço de memória informado no pedido do serviço. O controlador do periférico ao terminar avisa o processador através de uma requisição de interrupção que fará com que o sistema operacional execute uma rotina para seu tratamento.

As interrupções podem ser geradas pelos seguintes eventos:

- Geradas pelo programa aplicação que são implementadas com o uso de instruções especiais;
- Por erro, como na divisão por zero, referência à memória fora do espaço permitido etc;
- Por tempo, como no escalonamento;
- Falha de hardware;
- Por eventos de entrada e saída de dados sinalizando o final de operação ou condição de erro.
- Então, os eventos gerados pelas interrupções provocam a execução da rotina de tratamento correspondente à fonte da interrupção no sistema operacional.

Figura 5 – Tratamento de Interrupções

Ao fazer o tratamento das interrupções de hardware, o dispositivo solicitante interrompe processador. Este acaba a execução da instrução atual, testa existência de interrupção e salva o estado atual do processo que perderá o controle do processador na memória. O processador carrega o contador de programa com endereço da rotina de tratamento da interrupção e transfere seu controle para a rotina de tratamento da interrupção. A rotina de tratamento da interrupção executa e, ao término, restaura o estado anterior para retornar à execução da rotina interrompida.

Um núcleo simples desabilita o tratamento de interrupções enquanto ele responde a uma interrupção. Elas são novamente habilitadas após o processamento estar completo.

Se houver um fluxo permanente de interrupções, como nos sistemas multiusuário, este esquema pode ocasionar interrupções desabilitadas por um grande tempo e em respostas insatisfatórias. Para evitar isso, o Kernel precisa estar atento ao tempo máximo de processamento permitido para cada interrupção.

Se essa fatia de tempo estourar, ele passa o restante do processamento da interrupção para um outro processo apropriado do sistema que irá terminar de tratá-las, enquanto o núcleo continua apto a receber novas interrupções. Isto significa que elas podem ficar habilitadas durante muito tempo, e o sistema torna-se mais eficiente em responder a requisições das aplicações dos usuários.

Portas de Entrada/Saída IO (Input / Output)

As portas de entrada e saída são endereços de memória reservados no microprocessador para os dispositivos realizarem entrada e saída de informações. Estes endereços de memória são utilizados para troca de dados entre o processador e os dispositivos de forma simplificada. Os dispositivos podem usar mais de uma porta de entrada/saída ou uma faixa de endereços. Por exemplo, uma placa de som padrão usa as portas 0x220, 0x330 e 0x388. Cada dispositivo possui um endereço de porta única que não podem ser compartilhados entre outros dispositivos.

Os endereços de E/S em uso no sistema podem ser visualizados com o comando:

```
$ cat /proc/ioports
0000-001f : dma1
0020-003f : pic1
0040-005f : timer
0060-006f : keyboard
0070-007f : rtc
(...)
```

Requisição de Interrupção (IRQ)

Os IRQs são chamadas que os dispositivos podem fazer para requerer atenção especial do processador. A maioria dos computadores oferece apenas 16 interrupções de hardware para os mais diversos dispositivos.

Pode parecer pouco para as modernas configurações com os mais diferentes dispositivos.

Felizmente os IRQs podem ser compartilhados.

As interrupções do sistema podem ser visualizadas no Kernel com o comando:

```
$ cat /proc/interrupts
          CPU0
   0:        62   IO-APIC    2-edge        timer
   1:         9   xen-pirq   1-ioapic-edge  i8042
   4:      1673   xen-pirq   4-ioapic-edge  ttyS0
   8:         2   xen-pirq   8-ioapic-edge  rtc0
   9:         0   xen-pirq   9-ioapic-level acpi
  12:        86   xen-pirq  12-ioapic-edge  i8042
  14:         0   IO-APIC   14-edge        ata_piix
  15:         0   IO-APIC   15-edge        ata_piix
  48:  70094074   xen-percpu    -virq       timer0
  49:         0   xen-percpu    -ipi        resched0
  50:         0   xen-percpu    -ipi        callfunc0
  51:         0   xen-percpu    -virq       debug0
  52:         0   xen-percpu    -ipi        callfuncsingle0
  53:         0   xen-percpu    -ipi        spinlock0
  54:       386   xen-dyn    -event         xenbus
  55:  26283280   xen-dyn    -event         eth0
  56:   5137531   xen-dyn    -event         blkif
  57:    687607   xen-dyn    -event         blkif
```

Acesso Direto a Memória (DMA)

A DMA é usada para permitir a transferência de dados entre dispositivos e a memória sem a intervenção do processador. Este acesso é feito através de canais (channels). A maioria dos computadores tem dois controladores de DMA. O primeiro controla os canais 0, 1, 2, 3 e o segundo os canais 4, 5, 6, 7, totalizando 8 canais.

Os canais de DMA em uso no sistema podem ser visualizados com o comando:

```
$ cat /proc/dma
 4: cascade
```

É importante que você saiba que estes recursos são limitados e precisam ser gerenciados para que conflitos entre os dispositivos sejam evitados.

Alguns dispositivos como portas seriais e paralelas já utilizam os recursos no padrão a seguir:

Nome do Dispositivo no Linux	Nome do Dispositivo noWindows	Porta E/S	DMA	IRQ
ttyS0	COM1	0x3F8	-	4
ttyS1	COM2	0x2F8	-	3
ttyS2	COM3	0x3E8	-	4
ttyS3	COM4	0x2E8	-	3
lp0	LPT1	0x378	-	7
lp1	LPT1	0x278	-	5
/dev/hda1	C:	0x1F0	-	14
/dev/fd0	A:	0x3F0	2	6

Hotplug x Coldplug

Existem dispositivos que podem ser conectados ou removidos com o computador ligado e em pleno funcionamento, que são categorizados como hotplug. Para estes o Kernel será capaz de perceber sua presença ou ausência e carregar os drivers, scripts e programas necessários ao seu correto funcionamento. Nesta categoria se enquadram: teclado, mouse, webcam, hd externo USB, cd-rom externo USB, impressoras, caixas de som, microfones, monitores, celulares, pendrives etc.

Já os dispositivos que obrigatoriamente devem ser conectados e removidos com o computador desligado são chamados de coldplug. Qualquer tentativa de alterar seu estado poderá causar travamento ou mesmo queima do equipamento. São eles: CPU, Memória RAM, discos rígidos internos, placas internas (som, vídeo etc).

Dispositivos de Armazenamento

O Linux suporta diversos tipos de armazenamento de dados em massa. Estes dispositivos podem ser categorizados em óticos, magnéticos ou em memória.

Os discos óticos são os CD-ROMs (700Mb), DVDs (4,7-8,5 Gb) e Blu-Rays (2550Gb). Não são rápidos como os HDs, mas têm grande durabilidade se acondicionados em locais apropriados e não permitem gravar os dados diversas vezes.

Os discos magnéticos têm grande capacidade de armazenamento de dados, que pode chegar a 8 Terabytes. Alguns modelos são híbridos, pois possuem discos magnéticos e grandes memórias flash para armazenar os dados mais lidos ou até mesmo o sistema operacional. São sensíveis a solavancos e quedas.

Ainda na categoria de dispositivos magnéticos, temos as fitas magnéticas, bastante utilizadas para backup de dados. Permitem gravar dados de forma sequencial com baixo custo. Seu uso é cada vez menor devido ao baixo preço dos discos, computação em cloud e outras estratégias de cópia de segurança mais avançadas.

Os "discos" em memória são na realidade bancos de memória flash chamados de Solid State Drive (SSD) – drive de estado sólido – encapsulados em uma caixa do tamanho de um HD e não possuem partes móveis como os discos óticos e magnéticos. Seu tempo de acesso aos dados é incrivelmente veloz se comparado aos discos magnéticos e óticos, são resistentes a quedas e solavancos, consomem menos energia, dentre outros benefícios. No entanto a capacidade de armazenamento não ultrapassa 1 Terabyte, e seu custo é elevado em comparação com os discos magnéticos. São muito utilizados em Ultrabooks e em servidores de alta-performance.

Dispositivos PCI

Durante o processo de carga do sistema, o Kernel detecta os dispositivos PCI conectados no micro. A lista das placas de expansão encontradas poderá ser lida através do comando lspci.

lspci

$ lspci [opções]

Durante o processo de carga do sistema, o Kernel detecta os dispositivos PCI conectados no micro. A lista das placas de expansão encontradas poderá ser lida através do comando lspci.

O lspci é útil para mostrar todas as informações sobre os barramentos PCI do sistema e os dispositivos conectados a eles.

O lspci é útil para mostrar todas as informações sobre os barramentos PCI do sistema e os dispositivos conectados a eles.

Suas opções mais comuns são:

- -v   Mostra informações detalhadas sobre todos os dispositivos.
- -vv   Mostra ainda mais informações sobre os dispositivos.
- -n   Mostra os códigos dos fabricantes e dispositivos.
- -x.   Mostra os primeiros 64 bytes da configuração PCI em hexadecimal.
- -xxx Mostra toda a configuração PCI em hexadecimal.

Exemplo de uso:

```
$ lspci
00:00.0 Host bridge: Intel Corporation 440FX - 82441FX PMC
[Natoma] (rev 02)
00:01.0 ISA bridge: Intel Corporation 82371SB PIIX3 ISA
[Natoma/Triton II]
00:01.1 IDE interface: Intel Corporation 82371SB PIIX3 IDE
[Natoma/Triton II]
00:01.3 Bridge: Intel Corporation 82371AB/EB/MB PIIX4 ACPI (rev
01)
00:02.0 VGA compatible controller: Cirrus Logic GD 5446
00:03.0 Unassigned class [ff80]: XenSource, Inc. Xen Platform
Device (rev 01)
```

lsusb

$ lsusb [opções]

O lsusb é útil para mostrar todas as informações sobre os dispositivos USB conectados a este tipo de barramento.

A opção –v mostra detalhadamente as informações sobre o dispositivo USB.

Exemplo de uso:

```
$ lsusb -v
Bus 001 Device 001: ID 0000:0000
Device Descriptor:
bLength                 18
bDescriptorType          1
bcdUSB                1.00
bDeviceClass             9 Hub
bDeviceSubClass          0 Unused
bDeviceProtocol          0
bMaxPacketSize0          8
idVendor            0x0000
idProduct           0x0000
bcdDevice             0.00
```

Módulos do Kernel

O Kernel do Linux possibilita uma arquitetura modular quando se trata de adicionar ou remover funcionalidades no sistema operacional.

Essas funcionalidades podem ser desde a capacidade de filtrar pacotes de rede através de um filtro avançado, leitura e gravação de sistemas de arquivos do Windows como FAT, exFAT, NTFS, bem como reconhecer hardware diferentes.

Esse tipo de arquitetura facilita que essas funcionalidades sejam carregadas na memória como "drivers", ou pedaços de programa, que adicionam uma habilidade nova ao sistema.

Outra vantagem enorme deste tipo de abordagem é que o sistema operacional fica "leve", uma vez que ele carrega na memória somente aquilo que é pertinente ao Hardware em que está sendo executado, bem como somente as funcionalidades que o usuário deseja.

Por exemplo, se você não tem um CD-ROM no seu notebook, prá que carregar um pedaço de software de leitura de CD-ROM?

Esses pedaços de programa que se ligam ao kernel, são chamados de Módulos do Kernel. O Linux vem com uma quantidade absurda de Módulos do Kernel, e a cada versão do núcleo, novos módulos são agregados.

Os fabricantes de Hardware também podem fornecer Módulos do Kernel, geralmente em código-fonte, para que possam ser compilados para uma determinada versão de Kernel e arquitetura.

E para lidar com os módulos do Kernel, o Linux vem com várias ferramentas, entre elas o lsmod e modprobe.

lsmod

$ lsmod

O lsmod é um utilitário simples que formata o conteúdo do arquivo /proc/modules, mostrando os módulos do Kernel que estão carregados na memória.

Veja um exemplo:

```
$ lsmod
Module                  Size  Used by
binfmt_misc            20480  1
tun                    36864  2
ext4                  724992  1
ip_tables              28672  0
```

```
aes_x86_64            20480   1
cryptd                28672   3
ipv6                 524288  52
autofs4               49152   2
```

modprobe

$ modprobe

O modprobe adiciona ou remove um módulo no Kernel do Linux. Ele procura por módulos no diretório /lib/modules/versão_do_kernel. Estes módulos podem ser drivers de dispositivos, suporte a sistemas de arquivos ou mesmo funções específicas, como criptografia.

Além do nome do módulo, o modprobe aceita parâmetros que podem ser passados ao Kernel para o correto funcionamento do dispositivo ou funcionalidade.

Seu uso é muito simples, basta informar o nome do módulo do kernel qu se deseja:

```
# modprobe ipv6
```

Carrega o módulo de suporte ao IPv6.

```
# modprobe -r ipv6
```

Remove o módulo de suporte ao IPv6.

Configurando a Placa de Som

A configuração de dispositivos de áudio deixou de ser algo complicado com o desenvolvimento de drivers para estes dispositivos e melhoria nos padrões dos sistemas de som para o Linux.

Dependendo do modelo, as placas de som podem utilizar barramentos ISA, PCI ou embutidas na placa-mãe. Os recursos padrões utilizados por estes dispositivos são: IRQ 5, DMA 1, DMA 16 e as portas de entrada e saída 0x220, 0x330 e 0x388.

O Linux suporta dois padrões de sistema de som: OSS (Open Sound System) e ALSA (Advanced Linux Sound Architecture).

O OSS foi o primeiro padrão desenvolvido. O padrão ALSA é mais novo, suporta full duplex, mantém a compatibilidade com OSS e garante maior desempenho além de outros recursos adicionais.

Para utilizar o dispositivo de som, carregue o módulo da placa com o comando:

```
# modprobe nome_módulo
```

Algumas placas requerem que seja especificado o recurso de hardware utilizado como parâmetro:

```
# modprobe sb io=0x220 irq=5 dma=1 dma16=5 mpu_io=0x388
```

Depois de instanciado no Kernel o módulo do dispositivo de som, os recursos /dev/audio, /dev/dsp e /dev/mixer estarão disponíveis.

O próximo passo será instalar um programa para controle de volume, tonalidade e outros recursos da placa de som.

Configurando Dispositivos não-IDE

As placas SCSI (Small Computer System Interfaces) são interfaces para conexão de dispositivos de armazenamento de dados como discos rígidos, fitas DAT, CD-ROM etc. Esta tecnologia possibilita transferência de dados em alta velocidade e a conexão de até 16 dispositivos por barramento.

Os dispositivos SCSI são classificados em 8 categorias:

- SCSI 1: Utiliza um cabo Centronics de 50 conectores para conexão dos dispositivos e a transferência de dados é de 5MBps a 8-bits. A taxa de transferência não é muito alta;
- SCSI 2: Utiliza um cabo Micro-D de 50 pinos para a ligação de periféricos. Permite que sejam ligados até 7 periféricos em uma mesma controladora. A transferência de dados continua sendo de 5MBps a 8-bits;
- Wide SCSI: Utiliza um cabo Micro-D de 68 pinos para suportar transferência de dados a 16-bits dobrando a taxa para 10MBps;
- Fast SCSI: Utiliza um cabo Micro-D de 50 pinos com transferência de 10MBps a 8-bits. Este padrão consegue um desempenho melhor aumentando o clock de trabalho;
- Fast Wide SCSI: Utiliza um cabo Micro-D de 68 pinos com transferência de 20MBps a 16-bits. Esta tecnologia combina um barramento e clock maiores;
- Ultra SCSI: Utiliza um cabo Micro-D de 50 pinos com transferência de 20MBps a 8-bits;
- Ultra Wide SCSI: Também chamada de SCSI 3. Usa um cabo de 68 pinos que pode atingir até 5 metros de comprimento. Permite que sejam ligados até 16 periféricos em uma mesma controladora. Pode atingir até 40MBps a 16-bits de transferência;
- Ultra SCSI 320: Nova tecnologia SCSI que permite até 320MBps de transferência a 2x32-bit. Utiliza um cabo de 68 pinos.

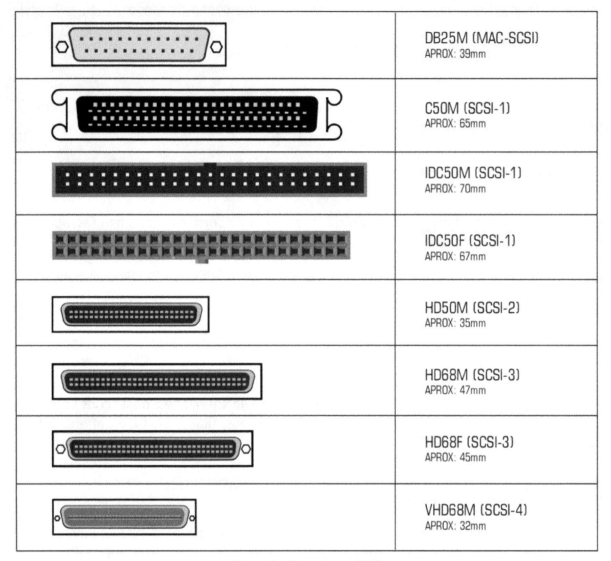

	DB25M (MAC-SCSI) APROX: 39mm
	C50M (SCSI-1) APROX: 65mm
	IDC50M (SCSI-1) APROX: 70mm
	IDC50F (SCSI-1) APROX: 67mm
	HD50M (SCSI-2) APROX: 35mm
	HD68M (SCSI-3) APROX: 47mm
	HD68F (SCSI-3) APROX: 45mm
	VHD68M (SCSI-4) APROX: 32mm

Figura 6 – Conectores SCSI

SCSI ID

Todos os dispositivos SCSI ligados a uma mesma placa são endereçados de forma que cada um tenha uma numeração única chamada de SCSI ID. Esta numeração vai de 0 a 7 para as placas com barramento de 8-bit e de 0 a 15 para barramentos de 16-bit. As próprias placas são endereçadas e normalmente utilizam o SCSI ID 7.

Nos discos SCSI é comum que o endereçamento SCSI ID seja definido através de jumpers no disco.

A maioria das controladoras SCSI possui sua própria BIOS que pode ser configurada no boot do computador. A BIOS destas placas pode permitir dentre outras coisas a configuração do SCSI ID da controladora, efetuar formatação física dos discos, verificar os dispositivos conectados e seus respectivos SCSI IDs e até configurar a velocidade de transmissão dos dados para acomodar discos e fitas antigas.

Algumas placas ainda permitem que você configure qual o SCSI ID do dispositivo responsável pela carga do sistema operacional. O padrão é que o disco conectado ao SCSI ID 0 contenha o setor de boot.

SCSI LUN

Alguns dispositivos SCSI como as controladoras RAID (Redundant Array of Inexpresive Disks) utilizam um recurso chamado de Número de Unidade Lógica (LUN). Este recurso é utilizado pelas controladoras para enxergar os múltiplos dispositivos lógicos com apenas um endereço.

Terminadores

Os dispositivos SCSI são conectados ao longo de um cabo que dispõe de diversas entradas. No final do cabo é necessário conectar um componente elétrico chamado terminador. A função deste componente é condicionar o sinal enviado pelo cabo, diminuir ruídos e ecos no barramento.

Alguns dispositivos SCSI podem funcionar sem o terminador, mas não de forma elegante.

Alguns fabricantes o incluem no próprio cabo. Outros fabricantes incluem no próprio disco que será conectado ao cabo. É importante que você saiba que os dispositivos SCSI necessitam de um terminador em cada ponta do cabo para que funcionem de maneira apropriada.

O comando **lsscsi** fornece uma lista dos dispositivos SCSI conectados ao sistema.

Configurando Dispositivos de Rede e Outros Dispositivos

É difícil conceber a ideia de um PC que não esteja conectado a uma rede ou à Internet.

Desta maneira, configurar corretamente uma placa de rede no Linux se tornou indispensável.

O primeiro passo para configurarmos um dispositivo de rede é identificar o tipo de barramento que ele utiliza.

Se o barramento for ISA pode ser preciso alterar a configuração de jumpers retirando ou colocando pequenos terminais na placa para adequar o endereçamento de E/S e IRQs.

Felizmente, grande parte do hardware hoje dispensam o acesso físico à placa, pois são reconhecidas pela BIOS que fornecerá a configuração dos recursos.

Caso sua placa seja PCI ou CNR, o comando **lspci** poderá ser útil para identificar o fabricante e modelo dos dispositivos PCI.

```
# lspci
00:00.0 Host bridge: ALi Corporation M1541 (rev 04)
00:01.0 PCI bridge: ALi Corporation M1541 PCI to AGP Controller
(rev 04)
00:02.0 USB Controller: ALi Corporation USB 1.1 Controller (rev
03)
00:03.0 Bridge: ALi Corporation M7101 PMU
00:07.0 ISA bridge: ALi Corporation M1533 PCI to ISA Bridge
[Aladdin IV]
00:09.0 Ethernet controller: Realtek Semiconductor Co., Ltd.
RTL-8139/8139C/8139C+ (rev 10)
00:0b.0 SCSI storage controller: Adaptec AHA-2940/2940W /
AIC-7871
00:0f.0 IDE interface: ALi Corporation M5229 IDE (rev c1)
01:00.0 VGA compatible controller: NVidia / SGS Thomson (Joint
Venture) Riva128 (rev 10)
```

Os modelos que utilizam o barramento PCI na maioria das vezes dispensam a configuração manual dos recursos despendidos.

Você ainda deverá consultar o endereçamento e a interrupção que o dispositivo de rede está utilizando lendo o conteúdo do arquivo /proc/interrupts e /proc/ioports.

```
# cat /proc/interrupts
        CPU0
  0:    288898893    XT-PIC timer
  1:    230          XT-PIC keyboard
  2:    0            XT-PIC cascade
  5:    7085061      XT-PIC eth0
  8:    2            XT-PIC rtc
  9:    0            XT-PIC usb-ohci
 10:    152038       XT-PIC aic7xxx
 12:    411599       XT-PIC eth1
 14:    2            XT-PIC ide0
```

Observe que neste exemplo existem duas placas de rede eth0 e eth1 nos IRQs número 5 e 12 respectivamente. Este micro ainda possui uma controladora SCSI modelo AIC7xxx no IRQ 10.

```
# cat /proc/ioports
0000-001f : dma1
0020-003f : pic1
0040-005f : timer
```

```
0060-006f : keyboard
0070-007f : rtc
0080-008f : dma page reg
5c20-5c3f : ALi Corporation. [ALi] M7101 PMU
b800-b80f : ALi Corporation. [ALi] M5229 IDE
d000-d0ff : Adaptec AHA-2940/2940W / AIC-7871
d000-d0ff : aic7xxx
d400-d4ff : 8139too
d800-d8ff : Realtek Semiconductor Co., Ltd. RTL-8139/8139C/8139C+
```

O conteúdo do arquivo /proc/ioports fornece os endereços de entrada e saída utilizados pelos dispositivos.

No exemplo as placas de rede estão nos intervalos de endereços 0xD400-0xD4FF e 0xD800-0xD8FF.

Depois de identificarmos a placa, o endereçamento de entrada e saída e o IRQ será preciso carregar o módulo do Kernel correspondente ou compilar o suporte ao dispositivo.

Para carregar o suporte ao dispositivo através de um módulo do Kernel, devemos utilizar o comando **modprobe**.

```
# modprobe 8139too
```

Algumas placas ISA necessitam que o endereçamento de E/S e IRQ sejam passados como argumentos para o comando modprobe alocar os recursos corretamente:

```
# modprobe ne io=0x300 irq=10
```

O Linux suporta que os módulos sejam carregados automaticamente durante a carga do sistema. As configurações dos parâmetros devem ser feitas no arquivo /etc/modules.conf da seguinte forma:

```
# cat /etc/modules.conf
Alias eth0 8139too
Alias eth1 ne
Options ne io=0x300 irq=5
```

Nas últimas versões do kernel é comum não encontrar mais o arquivo /etc/modules.conf. Este arquivo foi dividido em vários arquivos no subdiretório /lib/modules/versão_do_kernel, como no exemplo abaixo, mas a idéia central do modules.conf permanece a mesma.

Arquivos do diretório /lib/modules/versão_do_kernel:

```
build                modules.dep.bin      modules.pcimap
extra                modules.devname      modules.seriomap
kernel               modules.drm          modules.softdep
modules.alias        modules.ieee1394map  modules.symbols
modules.alias.bin    modules.inputmap     modules.symbols.bin
modules.block        modules.isapnpmap    modules.usbmap
modules.builtin      modules.modesetting  source
modules.builtin.bin  modules.networking   updates
modules.ccwmap       modules.ofmap        vdso
modules.dep          modules.order        weak-updates
```

Depois de carregar os módulos apropriados para os dispositivos de rede, resta apenas configurar seus parâmetros como endereço IP para colocá-lo em funcionamento. Este assunto será abordado no capítulo Fundamentos de Rede.

Configurando Dispositivos USB

USB é a sigla de Universal Serial Bus. Esta tecnologia criou um novo método de conectar periféricos ao computador.

Instalar um periférico foi encarado como uma tarefa assustadora, digna apenas de técnicos ou pessoas com mais experiência. Isso exigia mais do usuário, pois ele tinha que abrir o computador para instalar uma placa adicional, configurar jumpers, IRQs, endereços de memória e de E/S.

Com a implementação do padrão Plug and Play (PnP) para detecção automática de periféricos e dispositivos pela BIOS, essa tarefa se tornou mais fácil. O objetivo do padrão PnP foi tornar o usuário capaz de instalar um novo periférico e usá-lo imediatamente, sem muita dificuldade.

Um grupo de empresas criou em 1995 um consórcio para desenvolver uma especificação de hardware e promover a rápida adoção dessa nova tecnologia e o desenvolvimento de novos dispositivos compatíveis e de alta qualidade. Nascia o USB (Universal Serial Bus), um barramento com um único tipo de combinação porta/conector, usado para ligar facilmente ao computador várias categorias de dispositivos como scanners, câmeras, teclados, caixas de som, impressoras etc .

O barramento USB 1.0 e 1.1 permite até 127 dispositivos a uma velocidade de até 12 Mbps. Já o USB 2.0 permite taxas de transferência até 480 Mbps. A versão 3.0 introduzida em 2010 suporta uma taxa máxima teórica de 4,8 Gbps, mas na média trabalha a 3,2 Gbps. Este último padrão requer um conector diferente do padrão 1.x e 2.0 e necessariamente um kernel com versão superior ao 2.6.31.

Os periféricos que serão abordados como exemplo são o teclado, o mouse, impressoras e a WebCam3 USB da Creative Labs.

O primeiro passo é determinar qual xHCI (Host Controller Interface) sua placa-mãe possui e carregar o módulo correspondente ao chip.

O comando para determinar qual o chip utilizado em sua placa-mãe é:

```
# lspci -vt
-[00]-+-00.0 VIA Technologies, Inc. VT82C693A/694x [Apollo
PRO133x]
+-01.0-[01]—00.0 ATI Technologies Inc Rage XL AGP 2X
+-07.0 VIA Technologies, Inc. VT82C686 [Apollo Super South]
+-07.1 VIA Technologies, Inc. VT82C586/B/686A/B PIPC Bus Master
IDE
+-07.2 VIA Technologies, Inc. USB
+-07.3 VIA Technologies,
Inc. USB
+-07.4 VIA Technologies
```

Caso sua placa-mãe possua um Chipset da INTEL ou da VIA, será necessário subir o módulo usb-uhci. Se possuir um Chipset da OPTi, SiS, ALi, Compaq, Apple será necessário subir o módulo usb-ohci.

Os comandos são:

```
# modprobe usb-uhci
```

Ou

```
# modprobe usb-ohci
```

Estes módulos fornecerão suporte aos dispositivos USB.

Agora vamos aos periféricos:

Teclado

Para configurar corretamente o seu teclado USB, precisamos carregar dois módulos adicionais:

```
# modprobe hid
```

E

```
$ modprobe keydev
```

Mouse

O procedimento para instalarmos um dispositivo Mouse USB é parecido com a ativação do teclado:

```
# modprobe hid
```

E

```
# modprobe mousedev
```

Impressora

No caso da impressora, será necessário carregar, após o módulo correto de seu Chipset, o seguinte módulo:

```
# modprobe printer
```

Webcam

A WebCam USB da Creative Labs é baseada no Chip OV511. Devemos carregar, após o módulo do Chipset, o módulo apropriado para a câmera:

```
# modprobe ov511
```

Outros Dispositivos

O Linux tem suporte a diversos dispositivos USB através dos módulos do Kernel. Você poderá consultar os Chipsets suportados no diretório /lib/modules/versão-do-kernel/kernel/drivers/usb.

Ferramentas Para Configuração de Dispositivos USB

Algumas distribuições possuem ferramentas interessantes para a configuração automática de dispositivos USB, como o usbmgr e o hotplug.

O usbmgr é uma ferramenta utilizada para carregar e descarregar os módulos do Kernel para os dispositivos USB quando estes são conectados ou desconectados ao micro e executar automaticamente os scripts de configuração destes.

usbmgr

O usbmgr possui o arquivo /etc/usbmgr.conf que contém uma vasta lista de dispositivos e fabricantes que são automaticamente reconhecidos e configurados. Você não precisa alterar este arquivo.

A ferramenta hotplug foi introduzida a partir do Kernel 2.4 para reconhecer e configurar automaticamente dispositivos USB, PCI Cardbus (PCMCIA), IEEE 1394 (Firewire) e docking stations para laptops.

O hotplug entra em cena com a função de detectar novos dispositivos. É ele o responsável por carregar os módulos apropriados, ajustar permissões e executar tarefas diversas sempre que um novo dispositivo é conectado.

A partir do Kernel 2.6 o hotplug tornou-se o componente padrão para detecção de hardware USB, PCMCIA e Firewire. Ele faz parte dos serviços do sistema e pode ser carregado com o comando:

```
# /etc/init.d/hotplug start
```

Os arquivos de configuração do hotplug estão concentrados dentro da pasta /etc/hotplug. O hotplug trabalha com códigos de identificação dos dispositivos, carregando módulos ou executando scripts com funções diversas.

Na maioria das distribuições o arquivo /etc/hotplug/usb.distmap contém as regras pré-configuradas dos diversos dispositivos USB.

Você pode colocar regras adicionais usando o arquivo /etc/hotplug/usb.usermap possibilitando a execução de scripts personalizados quando determinados dispositivos são conectados, como tocar um som, abrir um determinado programa ou mesmo fazer backup automático.

101.2 - Sistemas de Boot

Qualquer computador PC quando ligado inicia uma série de ações complexas de teste de hardware programada por uma memória especial chamada de BIOS. Esta memória tem a função de dar a partida na máquina, reconhecendo os dispositivos instalados e realizando a carga do sistema operacional.

Durante o boot, o BIOS realiza uma série de testes, cuja função é determinar com exatidão os componentes de hardware instalados no sistema. Este teste é chamado de POST (power-on self test). É através do POST que o computador busca informações dos números e dos tipos de placas, drives de cd-rom, HDs, portas seriais, paralelas e USBs, monitor, mouse, teclado etc .

Logo depois dos testes de hardware, a BIOS procura nos dispositivos de discos rígidos e CD-ROM um endereço especial chamado de setor de boot.

Nas placas mães que adotam o sistema EFI ou UEFI, o processo de carga do sistema operacional envolve ler um arquivo especial de carga à partir de um sistema de arquivo em uma partição especial chamada EFI System Partition (ESP). Esta partição especial usa o formato da FAT (File Allocation Table). No Linux é tipicamente montada em /boot/efi.

Este esquema utilizado pelo EFI é mais complexo que na BIOS, permitindo que cada sistema operacional instalado no computador tenha o seu próprio sistema de carga de boot separado. Desta forma o EFI possui um "gerenciador de boot" que permite que o usuário escolha qual sistema de carga de boot quer dar início quando liga o computador.

Para que este sistema "gerenciador de boot" do EFI funcione, é preciso que os sistemas de carga de boot estejam devidamente registrados no firmware através do próprio utilitário da EFI ou através do programa efibootmgr no Linux.

Processo de Carga do Kernel

Dependendo do tipo de disco utilizado, o setor de boot, ou setor de carga, está localizado em um local específico com uma determinada assinatura definida por padrões da indústria.

É no setor de boot que os sistemas operacionais gravam o software responsável por iniciar a carga do sistema operacional.

Desta forma, a BIOS ou firmware de placa-mãe procura no setor de boot do disco o Gerenciador de Boot.

No Linux gerenciadores mais comuns são GRUB e GRUB 2. Eles são responsáveis pela carga do Kernel na memória. O antigo LILO não é mais abordado na prova, uma vez que a grande maioria das distribuições já o abandonou. Em compensação, o GRUB 2 passa a fazer parte dos requisitos da prova.

Durante a carga do kernel, o Linux carrega um sistema de arquivos especial chamado **initramfs**, que contém uma versão minimalista do sistema de arquivos, para que o processo init (pai de todos os processos) possa ser carregado. Isto permite que diversas tarefas possam ser executadas antes que o sistema de arquivos real seja carregado.

Após a carga do Kernel, nos sistemas baseados no **System V Init**, este inicia um processo especial chamado **init**. Este processo é o pai de todos os processos e responsável pelo restante da carga do boot do Linux.

O **init** é responsável por executar todos os scripts de carga de serviços que o Linux executa durante o processo de carga do sistema operacional, tais como agendador de tarefas (Cron), Ambiente Gráfico, Servidor HTTPD, etc.

Atualmente as distribuições substituíram o System V Init por um sistema robusto, chamado **Systemd**. Neste caso, o processo pai de todos os processos se chama **systemd**.

A ideia permanece a mesma. O systemd é o pai de todos os processos que utilizam esse sistema, e ele é responsável por rodar todos os scripts de carga de serviços do sistema.

O systemd possui diversas melhorias em relação ao init, podendo-se destacar o paralelismo de carga de serviços, que aproveita as CPU's com múltiplos núcleos, fazendo com que o

Linux carregue mais rápido.

Depois da carga do boot, o systemd ou init chama outro programa especial chamado **getty**, que é responsável pela autenticação dos usuários e pelo início do processo de shell.

É importante que você entenda que cada programa é pelo menos um processo e que cada processo possui alguns atributos, tais como:

Process ID (PID): ou identificação do processo: Cada processo possui um número de identificação único. O primeiro processo init sempre terá o PID 1 e para o restante dos processos este número é incrementado à medida que novos processos são executados;

User ID e Group ID: (ID do usuário e ID do grupo): Os processos precisam ser executados com os privilégios de uma conta de usuário e do grupo associado a eles. Isto é importante porque assim o sistema pode determinar e gerenciar o acesso aos recursos;

Processo Pai: No Linux nenhum processo é executado de forma independente dos outros. Todos os processos no sistema, com exceção do init, possuem um processo pai, que é responsável pela sua execução. O atributo ParentID grava o PID do processo pai. Caso o processo pai termine sua execução antes do processo filho, o processo filho é "apadrinhado" pelo init, ganhando o Parent ID igual a 1;

Variáveis de ambiente: Cada processo herda do processo pai algumas variáveis de ambiente que simplesmente guardam alguns valores que podem ou não ser importantes para o processo em execução. É possível que durante sua execução um processo altere, incremente ou apague uma variável de ambiente. Um processo filho pode herdar as variáveis de um processo pai. Mas um processo pai não consegue acessar as variáveis criadas ou alteradas por seus filhos.

Diretório de trabalho: Os processos também são associados a um diretório de trabalho, onde podem fazer a leitura e a escrita do disco;
Temporizadores: O Kernel mantém registros da hora em que os processos são criados bem como o tempo de CPU que eles consomem durante a sua execução.

Em um ambiente multiprogramado com apenas um processador, cada processo é executado aos poucos de cada vez, de forma intercalada. O sistema operacional aloca a CPU um pouco para cada processo. Um processo após receber o controle do processador só o perderá quando ocorrer uma interrupção ou quando requerer algum serviço do sistema operacional.

Estas interrupções são transparentes aos processos, pois apenas interrompem temporariamente sua execução, que depois continuará a ser executada como se nada tivesse acontecido. Ao requerer um serviço do sistema operacional, o processo é bloqueado até que o serviço requerido ao sistema operacional seja satisfeito.

O Linux utiliza um algoritmo para fatiar o tempo de CPU entre os processos baseado em prioridades. A ideia é classificar os processos com base no valor e na necessidade de tempo do processador. Os processos com prioridade mais alta serão executados antes daqueles com prioridade mais baixa, enquanto os processos com a mesma prioridade são agendados como round-robin (um após o outro, repetindo).

Em alguns sistemas, incluindo o Linux, os processos com maior prioridade também recebem um tempo maior de CPU. O usuário root e o sistema podem definir uma prioridade de processos para influenciar o comportamento do agendamento do sistema.

Gerenciador de Boot

A maioria das distribuições Linux trabalha com o Gerenciador de Boot GRUB (Grand Unified Bootloader) na versão 1 ou versão 2. Atualmente a grande maioria das distribuições já usa o GRUB na segunda versão.

O Gerenciador de Boot é responsável pela carga do Kernel do Linux e também para a carga de outros sistemas operacionais que possam existir no computador. Ele é capaz de dar carga não só do Linux, bem como Windows e outros sistemas.

Como dissemos, quando um computador é ligado, ele carrega um conjunto de instruções gravado numa memória especial chamada firmware na placa mãe do computador.

Existem muitos tipos de firmware que inicializam o hardware do sistema durante o processo de inicialização, dependendo do fabricante. As opções mais comuns são o Open-Efi e Legacy / UEFI BIOS (Unified Extensible Firmware Interface).

O firmware de maneira geral serve para reconhecer e configurar o hardware e testá-lo antes de entregar o funcionamento para um sistema operacional.

Desta forma, depois de lidar com o hardware, o firmware procura pelo Gerenciador de Boot, para que este possa fazer a carga do sistema operacional.

O Gerenciador de Boot então é responsável por carregar o Kernel do Sistema Operacional.

O GRUB 2 possui uma capacidade especial de inicializar a partir de qualquer formato de sistema de arquivos, como HFS + (macOS), NTFS (geralmente Windows), ext3 / 4 (geralmente Linux), XFS e muito mais.

Ele também suporta esquemas de particionamento de discos como o MBR (Master Boot Record) e GPT (GUID Partition Tables).

Outra característica especial do GRUB é permite que alguns parâmetros sejam passados para o Kernel durante a sua carga. Estes parâmetros podem passar para o Kernel algumas informações que ele pode não ser capaz de buscar por conta própria, como um parâmetro para funcionamento de algum hardware, ou até mesmo mudar o comportamento o Kernel.

Estes parâmetros de carga do Kernel podem estar escritos no arquivo de configuração dos Gerenciadores de Boot ou informados pelo usuário através da linha de comando antes da carga do sistema operacional.

Dependendo do seu hardware e configurações dos módulos do Kernel, estes parâmetros podem especificar configurações de recursos como portas de entrada e saída (IO Ports), IRQ etc, resolução de vídeo, etc.

O Kernel do Linux geralmente é um único arquivo executável compactado que reside no diretório /boot. Depois que o Kernel é carregado, ele pode procurar por Módulos do Kernel, de forma a completar o funcionamento e habilitar recursos no sistema operacional. Fazendo um paralelo com o mundo Windows, os módulos do Kernel também podem ser chamados grosseiramente de "drivers".

É importante ressaltar que o Gerenciador de Boot não lida diretamente com os Módulos do Kernel. Isto é feito pelo Kernel através de um arquivo especial chamado **initramfs**.

O initramfs basicamente é um Sistema de Arquivos mínimo, que contém um conjunto de diretórios que você encontraria em um sistema de arquivos raiz normal. Ele é empacotado num único arquivo compactado que também reside no diretório /boot.

O initramfs existe na maioria das distribuições para abrigar os Módulos do Kernel que são carregados de forma padrão no processo de carga do Linux. Isto é necessário porque na maioria dos computadores, existem muitas incógnitas, como tipos de sistema de arquivos e layouts de disco. Desta forma o initramfs é um sistema de arquivos simples que o Kernel possa acessar para ler seus módulos, habilitar sistemas de arquivos complexos como XFS, LVM, etc, e então montar o sistema de arquivos definitivo.

Desta forma, no momento da inicialização, o Gerenciador de Boot carrega o kernel e a imagem initramfs na memória e inicia o kernel.

O Kernel então verifica a presença do initramfs e, se encontrado, monta-o como raiz "/" para carregar os módulos e o programa init.

Enquanto o Kernel é carregado na inicialização do sistema, ele exibe uma série de mensagens úteis que irão informar a identificação do Kernel, informações de CPU e memória, dispositivos de hardware, discos, partições, serviços de rede etc.

Essas informações de carga do Kernel são gravadas numa pequena área de memória especial que pode ser acessada pelo utilitário **dmesg**.

Depois de carregado o Kernel, o Linux executa um Gerenciador de Serviços. O Gerenciador de Serviços pode ser o antigo System V herdado do Unix, ou o moderno Systemd.

Uma vez carregado o Gerenciador de Serviços, ele é responsável por chamar diversos processos em uma ordem programada chamada de "**nível de execuçã**o", ou **Runlevels**. Este nível de execução vai determinar quais os serviços serão executados durante a carga do sistema.

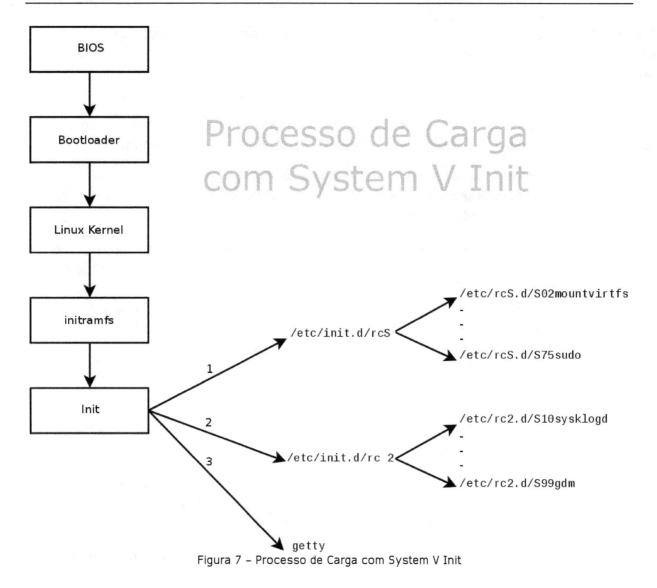

Figura 7 – Processo de Carga com System V Init

No System V Init, os Runlevels são diretórios numerados no /etc/init.d/rcX.d, onde X representa o nível de execução.

Por exemplo:

- Para o nível de execução de modo texto Runlevel 3, os scripts de carga residem no diretório /etc/init.d/rc3.d
- Para o nível de execução de modo gráfico Runlevel 5, os scripts de carga residem no diretório /etc/init.d/rc5.d

Por exemplo, podemos definir que um determinado nível vai chamar todos os serviços que um servidor precisa rodar, como SSH, servidor HTTP, servidor de ftp e servidor de e-mail. Mas para uma situação de emergência, onde o administrador precisa efetuar alguma manutenção, podemos determinar um nível de execução onde somente o básico seja executado.

Já no systemd, os níveis de execução são definidos por alvos ou Targets. Os Targets são compostos de vários componentes que são chamados de Units. As units podem ser do tipo de serviço (service), pontos de montagem (mount), etc.

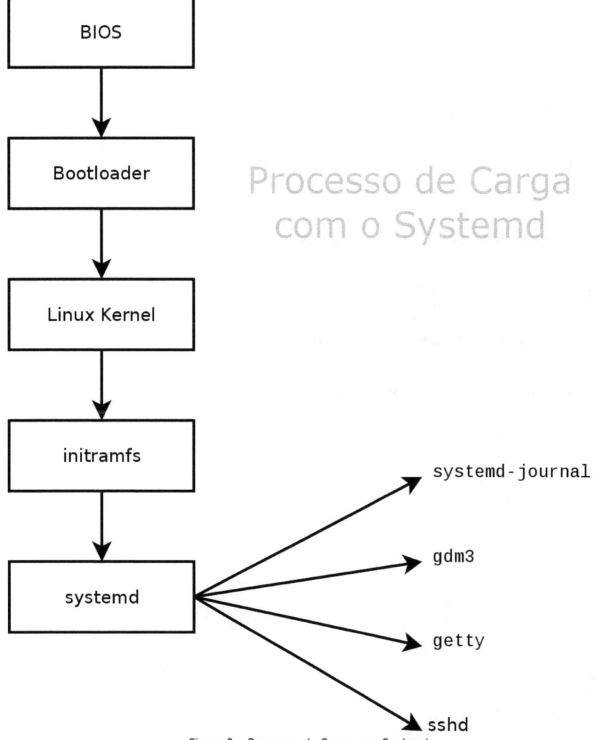

Figura 8 – Processo de Carga com Systemd

No Systemd, por exemplo:

- Para o nível de execução de modo texto o Target é o Multi-User.
- Para o nível de execução de modo gráfico o Target é o Graphical

Os problemas que podem ocorrer durante a carga do sistema como reconhecimento de dispositivos, erro na leitura de módulos do Kernel, erro na execução de serviços podem ser analisados no principal arquivo de LOG do sistema /var/log/messages.

dmesg

$ dmesg [opções]

O dmesg é o utilitário capaz de ler o buffer (pequena área de memória) das telas do processo de carga do sistema, chamado de dmesg. Após o processo de carga do sistema este utilitário irá mostrar as mensagens de carga do sistema, mas ele é capaz de ler qualquer mensagem importante que o Kernel armazene em seu buffer.

Suas opções mais comuns são

- **-C**, **--clear**   Limpa o buffer

- **-c**, **--read-clear**   Limpa o buffer DEPOIS de mostrar seu conteúdo

- **-e**, **--reltime**   Mostra as horas em formato humano

```
$ dmesg
[    0.000000] Linux version 4.14.133-113.112.amzn2.x86_64
[    0.000000] Command line:
BOOT_IMAGE=/boot/vmlinuz-4.14.amzn2.x86_64
root=UUID=8a9e0fcb-f415-4a3f-931d-919fadf8e22c ro console=tty0
KEYTABLE=us
[    0.000000] x86/fpu: Supporting XSAVE feature 0x001: 'x87
floating point registers'
[    0.000000] x86/fpu: Supporting XSAVE feature 0x002: 'SSE
registers'
[    0.000000] x86/fpu: Supporting XSAVE feature 0x004: 'AVX
registers'
[    0.000000] x86/fpu: xstate_offset[2]:   576, xstate_sizes[2]:
256
[    0.000000] x86/fpu: Enabled xstate features 0x7
[    0.000000] e820: BIOS-provided physical RAM map:
[    0.000000] BIOS-e820: [mem
0x0000000000000000-0x000000000009dfff] usable
[    0.000000] BIOS-e820: [mem
0x000000000009e000-0x000000000009ffff] reserved
[    0.000000] BIOS-e820: [mem
0x00000000000e0000-0x00000000000fffff] reserved
```

101.3 - Alterando runlevels, shutdown e reboot

O Linux possui três grandes gerenciadores especiais de carga dos serviços durante o processo de boot e também responsáveis por iniciar todos os processos: **System V Init Daemon** herdado do Unix, **Systemd** e **Upstart**.

O Upstart foi uma abordagem feita pelo pessoal do Canonical para o Ubuntu em 2006, que funcionava como o System V, mas com algumas funcionalidades do Systemd. Ele deixou de ser usado em 2014 quando o Ubuntu adotou o Systemd como padrão.

Atualmente a maioria das distribuições adota o Systemd, de forma que é até difícil encontrar uma distribuição que ainda use o System V Init para estudar.

No nosso curso online preparatório para o exame LPIC-1 disponível em www.certificacaolinux.com.br, temos várias máquinas virtuais, incluindo uma com o System V Init e Systemd.

System V Init Daemon

O System V Init Daemon foi herdado do UNIX, que recebeu o nome de System V init Daemon (System Five) ou simplesmente init.

Sua função básica é carregar os serviços durante o processo de carga do sistema, tais como o suporte a rede, multiusuários, apache, mysql, e demais serviços da máquina.

Durante o processo de carga do Linux, o sistema de boot (GRUB) carrega a imagem do kernel para a memória. Assim que o Kernel assume o controle da máquina, ele carrega um programa especial chamado init e que sempre tem o **PID 1**.

A partir daí, todos os outros processos executados na máquina são filhos do processo init, que tem o PID 1.

Isso porque, quando o usuário executa um programa, o kernel faz uma cópia do init através de um método chamado FORK e carrega o código de máquina do programa desejado em cima do código de máquina do clone do init que foi criado.

Você pode ver essa relação com o comando pstree:

```
$ pstree
init─┬─acpid
     ├─agetty
     ├─crond
     ├─rsyslogd───3*[{rsyslogd}]
     ├─sshd───sshd───sshd───bash───pstree
```

```
└udevd──2*[udevd]
```

Como você pode observar, o init tem PID ID igual a 1, e todos os demais processos são filhos do init.

Runlevels

Os programas ou serviços que o Linux vai executar durante o processo de carga do sistema ou de desligamento são agrupados em Níveis de Serviço.

No Linux existem sete níveis de execução predefinidos de 0 a 6. Os serviços que cada runlevel pode executar vão depender da distribuição do Linux e da configuração que o administrador do sistema efetuou.

Dependendo da distribuição, os diretórios dos Runlevels pode ficar em /etc/init.d/ ou /etc/rc.d/

TABELA - Runlevels do Linux

Runlevel	Descrição	Diretório Padrão
0	O nível zero define um desligamento elegante e rápido do sistema.	/etc/init.d/rc0.d ou /etc/rc.d/rc0.d
1,s,single	O nível um é utilizado para manutenção do sistema, também chamado de monousuário (single user). Somente o essencial é executado.	/etc/init.d/rc1.d ou /etc/rc.d/rc1.d
2	Modo multiusuário com compartilhamento de arquivos NFS desabilitado.	/etc/init.d/rc2.d ou /etc/rc.d/rc2.d
3	Modo multiusuário com todos os serviços habilitados, mas sem interface gráfica para o login no sistema.	/etc/init.d/rc3.d ou /etc/rc.d/rc3.d
4	Não utilizado.	/etc/init.d/rc4.d ou /etc/rc.d/rc4.d
5	Modo multiusuário com todos os serviços habilitados, interface gráfica X11 e login em modo gráfico.	/etc/init.d/rc5.d ou /etc/rc.d/rc5.d
6	O nível seis é parecido com o nível zero, mas executa o reboot da máquina.	/etc/init.d/rc6.d ou /etc/rc.d/rc6.d

Cada diretório de Runlevel contém um ou mais scripts que executam os programas ou serviços apropriados para cada runlevel.

Por padrão, as distribuições utilizam o nível 0 para uma sequência de desligamento (shutdown) elegante e o nível 6 para o reboot.

E os runlevels 3 a 5 são utilizados para carga normal do sistema.

O nível 1 também conhecido como monousuário é utilizado para manutenções do sistema, como, por exemplo, recuperar uma partição de dados com problemas.

O administrador do sistema pode a qualquer momento alterar o nível de execução através do comando init seguido do número do runlevel desejado.

init 5

ou

telinit 6

O comando telinit é um link para o init.

É importante saber que a troca de nível de execução pode alterar os processos em execução e até desligar o sistema.

Definindo Quais Processos Serão Executados por Cada runlevel

Até agora aprendemos que o comando init pode alterar os processos em execução alterando os runlevels do sistema. Mas a definição de quais processos serão executados por cada nível de execução é feita pela hierarquia de diretórios /etc/rc.d e scripts de shell.

Quando o Linux inicia, uma série de scripts no diretório /etc/rc.d é executada para dar a carga no sistema. O init executa os seguintes arquivos na seguinte ordem:

1. O arquivo **rc.sysinit** é executado pelo processo init durante a carga do sistema e habilita funções essenciais. Por exemplo montar as partições de disco;
2. O arquivo **rc.local** é executado pelo script rc.sysinit. Ele é utilizado pelos administradores para eles modificarem os serviços na carga do sistema. Este arquivo tem preferência para esta tarefa uma vez que não é alterado durante um processo de atualização (upgrade) do sistema;
3. O arquivo **rc** é utilizado para transições entre os runlevels;
4. O diretório **/etc/rc.d/init.d** contém os diversos scripts que fazem a carga de todos os serviços do sistema operacional. Por exemplo o serviço de shell seguro SSH possui um script para carga do serviço com o nome sshd (Secure Shell Daemon). Este script e outros scripts podem aceitar como parâmetro comandos como **start** e **stop.** Outros serviços podem aceitar outros comandos como **reload**, **restart**, **status** etc.

Como dissemos anteriormente, os níveis de serviço são definidos através dos diretórios /etc/rc**<n>**.d, onde **<n>** pode variar de 0 a 6, correspondendo aos Runlevels.

Já dentro da cada diretório de Runlevel existem **links simbólicos** para os scripts dos serviços nos arquivos em **/etc/rc.d/init.d**.

Link simbólicos funcionam como os Atalhos do Windows: eles simplesmente apontam para os arquivos "verdadeiros".

Estes link simbólicos seguem o seguinte padrão:

[K|S]nn[nomedoscript]

Onde:

- A letra **K**, de kill, indica que o script é para terminar um determinado serviço;
- A letra **S**, de start, indica que o script é para carregar um determinado serviço;
- Os números inteiros **nn** indicam a sequência de execução dos scripts, onde o menor número é executado primeiro. Se existirem no mesmo runlevel serviços com o mesmo número de ordem de execução, a ordem será indeterminada. A sequência dos números garante que um serviço que dependa de outro somente seja executado depois que a dependência seja satisfeita;
- O nome do script para o link simbólico não é necessário para o funcionamento correto, mas para facilitar a leitura humana.

Por exemplo:

```
# /etc/rc.d/rc3.d/S23httpd -> /etc/rc.d/init.d/httpd
```

Neste exemplo acima, o link simbólico S23httpd localizado no diretório /etc/rc.d/rc3.d indica que o script /etc/rc.d/init.d/httpd será executado no Runlevel 3 (multi usuário sem ambiente gráfico, e será o vigésimo terceiro script a ser executado pelo init durante a carga do sistema.

Para incluir um determinado serviço em algum Runlevel desejado, você deverá copiar o script de carga para o diretório /etc/rc.d/init.d e criar um link simbólico para o script no runlevel desejado seguindo a nomenclatura acima.

Veja o exemplo:

```
# cp /usr/local/mailman/mailman.sh /etc/rc.d/init.d
# ln -s /etc/rc.d/init.d/mailman.sh /etc/rc.d/rc3.d/S25mailman
```

Se o script desejado já existir no /etc/rc.d/init.d, você só precisa criar o link simbólico no Runlevel desejado, e coloca-lo para iniciar depois que algum serviço requerido já estiver sido carregado. Por exemplo, você só pode colocar o serviço de sshd para rodar depois que o serviço de rede estiver carregado.

chkconfig

chkconfig [opções]

Outra forma mais elegante de adicionar ou retirar um determinado script ou serviço de um determinado Runlevel é com o comando chkconfig. O que ele faz é ler o conteúdo dos diretórios /etc/rc.d, criar ou apagar os links simbólicos.

Para listar quais serviços estão marcados para execução em cada determinado Runlevel, use o comando chkconfig:

```
# chkconfig
acpid     0:não   1:não   2:sim   3:sim   4:sim   5:sim   6:não
atd       0:não   1:não   2:não   3:sim   4:sim   5:sim   6:não
httpd     0:não   1:não   2:não   3:não   4:não   5:não   6:não
iptables  0:não   1:não   2:sim   3:sim   4:sim   5:sim   6:não
network   0:não   1:não   2:sim   3:sim   4:sim   5:sim   6:não
ntpd      0:não   1:não   2:sim   3:sim   4:sim   5:sim   6:não
rsyslog   0:não   1:não   2:sim   3:sim   4:sim   5:sim   6:não
sshd      0:não   1:não   2:sim   3:sim   4:sim   5:sim   6:não
```

Cada coluna representa um Runlevel, começando em 0 até 6.

As opções mais comuns são:

- **--level x**   Onde x é o número do Runlevel
- **Nome do serviço**
- **On** ou **Off**

Para habilitar um serviço no RunLevel 3:

```
# chkconfig --level 3 httpd on
```

Para desabilitar um serviço no RunLevel 3:

```
# chkconfig --level 3 httpd off
```

service

service script comando

Para iniciar ou parar um serviço de forma elegante no System V, devemos usar o comando service.

Ele executa o script indicado pelo parâmetro **script** localizado em /etc/init.d/**script**.

Os valores suportados pelo parâmetro **comando** dependem do script que é chamado. Mas via de regra todos os scripts devem suportar pelo menos os comandos de início **start** e parada **stop**.

Veja um exemplo para iniciar o serviço de httpd:

```
# service httpd start
Starting httpd:                            [  OK  ]
```

Para verificar se o serviço httpd está funcionando:

```
# service httpd status
httpd (pid  2124) is running...
```

E para reiniciar o serviço de httpd:

```
# service httpd restart
Stopping httpd:                            [  OK  ]
Starting httpd:                            [  OK  ]
```

Finalmente, para parar o serviço de httpd:

```
# service httpd stop
Stopping httpd:                            [  OK  ]
```

O comando **service --status-all** executa todos os scripts do init, em ordem alfabética, com o comando status.

```
# service --status-all
acpid (pid  2428) is running...
atd (pid  13880) is running...
httpd is stopped
rsyslogd (pid  2301) is running...
openssh-daemon (pid  13815) is running...
```

Definindo o Runlevel Padrão

No System V Init, o arquivo que define qual é o runlevel que o sistema assumirá durante a carga é o **/etc/inittab**.

O conteúdo deste arquivo pode variar muito dependendo da distribuição, mas o Runlevel padrão é definido pela linha:

id:n:initdefault

Onde o **n** definirá o runlevel pelo seu número de 0 a 6. Nunca coloque neste arquivo o runlevel 0 ou 6 senão o sistema sempre será desligado ou reiniciado.

Você poderá determinar em qual Runlevel o sistema está em execução através do comando **runlevel**. Este comando retorna o nível de execução anterior e o nível de execução atual.

Se o nível de execução permaneceu inalterado desde a carga do sistema, o nível anterior será mostrado como a letra N.

O comando runlevel não altera o nível de execução, mas somente informa. Para alterar utilize o comando **init** ou **telinit**

TABELA - Resumo dos comandos do System V Init

Objetivo	Comando
Colocar um script no RunLevel 3 durante a carga do sistema	# chkconfig --level 3 nomedoscript on
Retirar um script do Runlevel 3 da carga do Sistema	# chkconfig --level 3 nomedoscript off
Listar status de carga dos scripts de cada RunLevel	# chkconfig
Iniciar um script	# service nomedoscript start
Parar um script	# service nomedoscript stop
Reiniciar um script	# service nomedoscript restart
Ver o status de um script	$ service nomedoscript status
Mudar de Runlevel	# init 3 # telinit 3
Alterar o Runlevel padrão	Procurar e alterar **n** na linha que começa com "id" no arquivo /etc/inittab : id:**n**:initdefault

Comandos auxiliares

O Linux ainda possibilita que o desligamento do sistema possa ser o mais elegante possível através do comando shutdown e avisar os usuários logados sobre determinada situação com o comando wall.

shutdown

shutdown [opções] horário [mensagem]

O comando shutdown é utilizado para desligar ou reiniciar o sistema com horários determinados. Durante este procedimento, ele desabilita o sistema de login para impedir que novos usuários entrem no sistema e envia mensagens personalizadas nos terminais para todos os usuários conectados avisando que o sistema será desligado.

As opções mais frequentes são:

- **-r** Reinicia (reboot) o sistema depois de terminada a sequência de desligamento;
- **-h** Paralisa (halt) o sistema depois de terminada a sequência de desligamento. Não reinicia a máquina;
- **-k** Manda a mensagem de desligamento, mas não inicia a sequência de desligamento;
- **-f** Faz a carga de sistema rápida sem a checagem de discos;
- **-F** Força uma checagem dos discos quando for reiniciar o sistema.

Para reiniciar o sistema imediatamente:

```
# shutdown -r now
```

Para reiniciar o sistema as 06h da manhã e enviar mensagem no terminal dos usuários:

```
# shutdown -r 06:00 "Haverá troca de hardware"
```

A diferença entre trocar o runlevel para 0 ou 6 e o comando shutdown é que o comando shutdown é administrativamente melhor, pois avisa os usuários que haverá uma parada no sistema. Já a troca de init não há nenhum tipo de aviso.

Control-Alt-Del

A linha "ca" no arquivo **/etc/inittab** trata o que acontece quando pressionamos a sequencia control+alt+del:

```
ca:12345:ctrlaltdel:/sbin/shutdown -t1 -a -r now
```

E antes de tomar qualquer ação de manutenção ou reinicio do sistema, ainda mais quando se tratar de um servidor multi-usuário, é elegante que o administrador utilize o utilitário **wall** para enviar mensagens para os usuários logados.

wall

$ wall [mensagem]

O comando wall é utilizado para transmitir uma mensagem para todas as pessoas conectadas aos terminais do Linux. A mensagem pode ser passada como parâmetro ou digitada no terminal seguida do EOF (control-D).

```
$ wall "Hora do Café Pessoal"
Broadcast message from ec2-user@svnserver (pts/0) (Sun Mar 15
00:53:05 2015): Hora do Café Pessoal
```

Desvantagens do System V init Daemon

Embora o System V init Daemon seja um sistema robusto e utilizado no Kernel 2.4, ele tem desvantagens, tais como:

- Monitoramento dos serviços (daemon) em execução é limitado, gerando processos zombies;
- O reinício de serviços que pararam de funcionar é problemático;
- Paralelismo é complicado;
- Somente lida com scripts.

Por estas desvantagens, o System V Init não é mais utilizado pelas distribuições.

Systemd

Devido a várias limitações do init, outro sistema especial de controle dos processos de boot e gerência da execução dos programas foi criado e denominado systemd.

Este novo sistema já é amplamente utilizado nas distribuições mais conhecidas, especialmente nas versões de Kernel superiores a 2.6.

Sua principal vantagem é a carga do sistema de forma mais rápida, executando os serviços e processos em paralelo. Isso foi possível com a chegada dos novos processadores dotados de múltiplos núcleos, que permitem a execução de diversas threads em paralelo.

Entre as novidades do systemd, estão:

- Ativação via socket e bus (executa os serviços sob demanda);
- Melhor paralelização dos processos;
- Uso de cgroups (control groups – grupos de controle) ao invés de PIDS;
- Suporta criação de imagens de estado de memória para salvar e restaurar estados de execução.

O sistema de controle de grupos permite que o systemd supervisione os processos, de forma a garantir que, quando um serviço é parado, todos os processos filhos, netos, bisnetos etc. também sejam parados.

Com um gerenciamento mais robusto, mais ciclos de CPU são necessários para a criação de novos processos. Mas devido ao alto desempenho dos processadores, isto não parece ser um problema para o systemd.

No systemd, a carga de processos, mudança de runlevel e scripts de carga são bem diferentes do init.

Para começar, o Systemd trata os Runlevens como Targets ou alvos. Cada Target pode ter várias Units.

Entenda as Units como objetos que são lidos pelo Systemd. Esses objetos são arquivos de configuração que definem por exemplo:

- Nome do objeto
- Pré-requisitos para execução (se dependem de outras Units)
- O que deve ser feito, por exemplo, rodar um determinado programa ou serviço
- O que deve ser feito depois que o comando for iniciado.

Esses arquivos são bem abrangentes, e podem definir uma série de coisas dependendo do seu tipo. As Units mais comuns do Systemd são:

- **Tipo de serviço (service)**: usado para gerenciar um serviço ou aplicativo no servidor. Isso incluirá como iniciar ou interromper o serviço, sob quais circunstâncias ele deve ser iniciado automaticamente e as informações de dependência e pedido do software relacionado. São arquivos com extensão .
- **Tipo de ponto de montagem (mount)**: Esta unidade define um ponto de montagem no sistema a ser gerenciado pelo systemd. São arquivos com a extensão .mount
- **Tipo de tempo (timer)**: define que algo será gerenciado pelo systemd, semelhante a um trabalho cron, para ativação atrasada ou agendada.São arquivos com a extensão .timer

Veja uma tabela comparativa de Runlevel (System V) e Targets do Systemd:

TABELA - Runlevels do Linux

Runlevel	Descrição	Target
0	O nível zero define um desligamento elegante e rápido do sistema.	poweroff.target
1	Manutenção do Sistema	rescue.target
2	Padrão multi-usuário modo texto	multi-user.target
3	Padrão multi-usuário modo texto	multi-user.target
4	Padrão multi-usuário modo texto	multi-user.target

Runlevel	Descrição	Target
5	Padrão multi-usuário modo gráfico	graphical.target
6	Reboot da máquina	reboot.target

A sintaxe dos arquivos de configuração do Systemd, chamados de unidades, é inspirada nos arquivos .ini do Windows. Estes arquivos são encontrados em dois diretórios, a saber:

/usr/lib/systemd/system/: Unidades provenientes de pacotes de software instalados;

/etc/systemd/system/: Unidades instaladas pelo administrador;

systemctl

$ systemctl [opções] comando [nome]

O comando **systemctl** é quem comanda o show do sistema de gerenciamento de serviços do systemd. Os comandos possíveis são:

Comando	Ação
list-units	Lista as units conhecidas
list-sockets	Lista as units do tipo socket
list-timers	Lista as units do tipo timer
start NOME	Inicia uma ou mais units informadas em NOME
stop NOME	Parauma ou mais units informadas em NOME
reload NOME	Recarrega as configurações de uma ou mais units informadas
restart NOME	Reiniciauma ou mais units informadas em NOME
try-restart NOME	Reinicia as units se estiverem em execução. Faz nada se não estiverem rodando
isolate NOME	Inicia todas as unidades especificadas e suas dependências, e para todas as outras. Usado para mudança de target
status [NOME]	Mostra o status de uma unidade ou de todas se nada for especificado
show [NOME]	Mostra as propriedades de uma ou mais unidades
cat NOME	Mostra os arquivos de uma unidade
enable NOME	Habilita uma unidade para carga durante o boot. Não inicia uma unidade
disable NOME	Desabilita uma unidade para carga durante o boot. Não para a unidade
daemon-reload	Reinicia o serviço do systemd.

Para o exame 101, não precisa saber criar, editar ou alterar qualquer unit. Basta saber listar as units, iniciar, parar, habilitar, desabilitar, ver o status e mudar de Runlevel.

Você pode ou não especificar a extensão das unidades (.target / .service / .timer) ao passar o comando. O systemctl sempre vai procurar por um padrão indicado no **NOME.**

Desta forma, para verificar o serviço de cron (agendador) pode-se usar o comando **status** seguido do nome da unit **cron** com ou sem a extensão ".**service**":

```
# systemctl status cron
```

Ou

```
# systemctl status cron.service
cron.service - Command Scheduler
          Loaded: loaded (/lib/systemd/system/cron.service;
enabled)
          Active: active (running) since Mon, 28 May 2012
18:09:57
          Main PID: 673 (cron)
          CGroup: name=systemd:/system/cron.service
          + 673 /usr/sbin/cron -n
```

Para parar um serviço:

```
# systemctl stop cron.service
```

Veja o status do serviço quando parado:

```
# systemctl status cron.service
cron.service - Command Scheduler
          Loaded: loaded (/lib/systemd/system/cron.service;
enabled)
          Active: inactive (dead) since Mon, 28 May 2012
18:18:26
          Main PID: 673 (code=exited, status=0/SUCCESS)
          CGroup: name=systemd:/system/cron.service
```

Para iniciar um serviço:

```
# systemctl start cron.service
```

Para reiniciar um serviço:

```
# systemctl restart cron.service
```

Para habilitar um serviço durante a carga do sistema:

```
# systemctl enable cron.service
```

Para desabilitar um serviço durante a carga do sistema:

```
# systemctl disable cron.service
```

Para mudar o runlevel para o modo texto (runlevel 3):

```
# systemctl isolate multi-user.target
```

Para mudar o runlevel para o modo gráfico (runlevel 5):

```
# systemctl isolate graphical.target
```

Para ver qual o runlevel que está em execução:

```
$ systemctl get-default
graphical.target
```

Para alterar o runlevel padrão há duas maneiras:

A primeira é excluir e recriar o link simbólico manualmente:

a) Para excluir o link simbólico:

```
# rm /etc/systemd/system/default.target
```

b) Para colocar o runlevel3 como padrão, recriar o link simbólico:

```
# ln -sf /lib/systemd/system/multi-user.target
/etc/systemd/system/default.target
```

A segunda maneira é usar o systemctl para fazer isso por você:

```
# systemctl set-default multi-user.target
Removed /etc/systemd/system/default.target.
Created symlink /etc/systemd/system/default.target ->
/usr/lib/systemd/system/multi-user.target.
```

Comparação entre System V e Systemd

TABELA - Resumo dos comandos do System V Init x Systemd

Objetivo	Comando no System V Init	Comando no Systemd
Colocar um script no RunLevel 3 durante a carga do sistema	# chkconfig --level 3 nomedoscript on	# systemctl enable nomedoservico.service
Retirar um script do Runlevel 3 da carga do Sistema	# chkconfig --level 3 nomedoscript off	# systemctl disable nomedoservico.service
Listar status de carga dos scripts de cada RunLevel	# chkconfig	# systemctl
Iniciar um script	# service nomedoscript start	# systemctl start nomedoservico.service
Parar um script	# service nomedoscript stop	# systemctl stop nomedoservico.service
Reiniciar um script	# service nomedoscript restart	# systemctl restart nomedoservico.service
Ver o status de um script	$ service nomedoscript status	# systemctl status nomedoservico.service
Mudar de Runlevel	# init 3 # telinit 3	# systemctl isolate nomedotarget.target
Alterar o Runlevel padrão	Procurar e alterar **n** na linha que começa com "id" no arquivo /etc/inittab : id:**n**:initdefault	# systemctl set-default nomedotarget.target

ACPI

O computador é capaz de acionar um conjunto de ações quando determinados eventos externos ocorrem. O sistema que cuida de "sentir" o mundo externo e acionar ações específicas é o ACPI.

A sigla ACPI vem de Advanced Configuration and Power Interface event daemon, ou Interface Avançada de Configuração e Energia.

No Linux, existe um serviço chamado **acpid** que é usado para a entrega de eventos da interface ACPI.

Quando um evento ocorre, ele executa programas para tomar ações de acordo com o evento em questão.

Esses eventos são acionados por determinadas ações, tais como:

- Pressionando teclas especiais, incluindo o botão Liga / Desliga / Suspender
- Fechando a tela do notebook
- Conectar um adaptador de energia CA de um notebook
- Desconectar um adaptador de energia CA de um notebook
- Conectar o cabo ethernet no computador
- Desconectar o cabo ethernet no computador

O acpid vem com várias ações predefinidas para eventos acionados, como o que deve acontecer quando você pressiona o botão Liga / Desliga na sua máquina, ou fecha a tela do Notebook.

Por padrão, essas ações são definidas em **/etc/acpi/handler.sh**, que é executado após a detecção de qualquer evento ACPI.

"O maior empresário de todos os tempos foi Tutankamon, que construiu as pirâmides há 5 mil anos e elas até hoje produzem riqueza."
-- Peter Drucker, pai da administração moderna.

102 - Instalação do Linux e administração de Pacotes

"Seu tempo é limitado, então não o desperdice vivendo a vida de outra pessoa. Não fique preso pelo dogma – que é viver pelos resultados do que outras pessoas pensam. Não deixe o ruído da opinião dos outros afogar a sua voz interior. E o mais importante, tenha a coragem de seguir seu coração e sua intuição. Eles de alguma forma já sabem o que você realmente quer se tornar. Tudo o mais é secundário."

Discurso de iniciação em Stanford, 2005
Steve Jobs

Este capítulo aborda o projeto de um esquema de particionamento de discos eficiente para a instalação do Linux. Como cada distribuição oferece um instalador diferente, com uma gama bem grande de opções, a prova da LPI entende que neste tópico deve-se conhecer conceitos inteligentes para criação do Layout de Disco, e não a instalação em sí do Linux.

Será tratado também a instalação e configuração básica do Gerenciador de Boot GRUB, nas versões 1 e 2.

Será tratado também a localização e configuração das bibliotecas compartilhadas (Shared Libraries) do Linux. Fazendo um paralelo com o Windows, este tema aborda as "DLLs" do Linux.

Outra parte importante deste capítulo é a instalação de programas usando os gerenciadores de pacotes das distribuições baseadas em Red Hat e Debian.

E por fim, este capítulo trata do entendimento do uso do Linux como sistema operacional hospedeiro de máquinas virtuais e contêineres.

102.1 – Layout do Disco

Projetar de forma eficiente o particionamento dos discos é fundamental para uma instalação bem feita.

O Linux é um sistema robusto que possibilita que o sistema de arquivos seja dividido em múltiplas partições e múltiplos discos. Este esquema pode ser um pouco confuso para usuários acostumados ao Microsoft Windows, mas é essencial para os exames CompTIA Linux+ e LPI.

A escolha de como o sistema de arquivos será organizado pode ser influenciada por diversos fatores como a quantidade de espaço em disco, tamanho do sistema, aplicações utilizadas e como os backups serão efetuados.

Independente destas variáveis, algumas considerações importantes precisam ser feitas e levadas em conta durante o particionamento dos discos na instalação.

O primeiro ponto que precisa ser abordado é a localização do gerenciador de boot no disco. A maioria das BIOS antigas tem a limitação de não conseguir ler setores do disco depois do cilindro 1024. Desta forma, o gerenciador de boot GRUB precisa estar localizado dentro dos primeiros 1024 cilindros para que seja capaz de carregar o Kernel corretamente. Os novos firmwares das placas-mãe EFI e UEFI já não têm esta limitação de conseguir ler adequadamente somente os primeiros 1024 cilindros.

Na maioria dos casos é recomendado que o gerenciador de boot esteja separado do sistema de arquivos principal e montado como /boot. Isto deve ser feito se alguma destas condições for verdadeira:

- Se o disco tiver mais de 1024 cilindros. Assegura que o gerenciador e o Kernel possam ser lidos pela BIOS;
- Se o sistema de arquivos raiz for formatado com outro sistema de arquivos que não seja ext2, ext3 ou ext4. Algumas distribuições não suportam jornaling para a partição de boot, como o reiserfs e outros.
- Já nas placas mãe com EFI, este firmware já não utiliza o mesmo esquema de endereçamento de Cilindro, Cabeça e Setor (CHS) para detectar a geometria de um disco, preferindo o Logical Block Addressing (LBA). Com isso, esta limitação de 1024 cilindros não existe. Nas placas mãe que usam BIOS e que fornecem o recurso de LBA, este limite também não precisa ser observado.

Tanto na BIOS como no EFI, é altamente recomendável separar a partição que hospedará o sistema de carga do kernel (GRUB ou GRUB2), bem como a imagem do kernel do restante do disco em uma partição chamada "/boot" e formata-la com um sistema de arquivos simples como ext2 ou ext3. Isso permite que as placas que usam EFI possam acessar diretamente essa partição e o GRUB.

Você pode se perguntar por que o layout do disco é importante se o sistema de arquivos é apenas uma grande árvore. Bem, o que realmente acontece é que cada dispositivo de bloco, como uma partição do disco rígido, CD-ROM ou pendrive, na verdade possui um sistema de arquivos.

Você cria a visualização em árvore única do sistema de arquivos montando os sistemas de arquivos em diferentes dispositivos em um ponto da árvore chamado **ponto de montagem**.

Normalmente, o kernel inicia esse processo de montagem montando o sistema de arquivos em alguma partição do disco rígido como raiz "/".

Você pode montar outras partições do disco rígido como /boot, /tmp ou /home. Você pode montar o sistema de arquivos em uma unidade externa como /mnt/pendrive e o sistema de arquivos em um CD-ROM como /media/cdrom1, por exemplo.

Você também pode montar arquivos de outros sistemas usando um sistema de arquivos em rede, como o NFS. Existem outros tipos de montagens de arquivo, mas isso dá uma ideia do processo.

Enquanto o processo de montagem realmente monta o sistema de arquivos de algum dispositivo, é comum dizer simplesmente que você "monta o dispositivo", que se entende por "montar o sistema de arquivos no dispositivo".

Suponha que você acabou de montar o sistema de arquivos raiz (/) e deseja montar um CD-ROM, /dev/sr0, no ponto de montagem /media/cdrom.

O ponto de montagem deve existir antes de montar o CD-ROM sobre ele. Quando você monta o CD-ROM, os arquivos e subdiretórios no CD-ROM se tornam os arquivos e subdiretórios de /media/cdrom.

Os arquivos ou subdiretórios que já estavam em /media/cdrom não são mais visíveis, embora ainda existam no dispositivo de bloco que continha o ponto de montagem /media/cdrom. Se o CD-ROM estiver desmontado, os arquivos e subdiretórios originais ficarão visíveis novamente.

Você deve evitar esse problema não colocando outros arquivos em um diretório destinado ao uso como ponto de montagem como o /media ou /mnt.

A tabela a seguir mostra os diretórios necessários no / pelo padrão de hierarquia do sistema de arquivos, bem como recomendações de particionamento:

Diretório	Utilidade da Pasta	Sugestão
bin	Programas essenciais de uso comum	Pode-se manter no raiz /
boot	Arquivos do gerenciador de boot, imagem do kernel e initramfs	Pode-se manter no raiz / ou deve-se criar uma partição separada dependendo da placa mãe e/ou do sistema de arquivos do raiz diferente de ext2/ext3/ext4.
dev	Arquivos de Dispositivos	Pode-se manter no raiz /
etc	Arquivos de Configuração do Sistema	Pode-se manter no raiz /
lib	Bibliotecas compartilhadas e módulos do Kernel	Pode-se manter no raiz /
media	Ponto de montagem para mídia removível	Pode-se manter no raiz /
mnt	Ponto de montagem temporário	Pode-se manter no raiz /
opt	Diretório para instalação de software de terceiros	Pode-se manter no raiz / ou criar uma partição separada, em caso de servidores, de forma a manter o sistema de terceiros separado
sbin	Programas essenciais de usso do administrador root	Pode-se manter no raiz /
srv	Diretórios de dados de serviços providos pelo Linux, como por exemplo servidor web	Pode-se manter no raiz / ou criar uma partição separada, em caso de servidores para não travar o sistema em caso de disco cheio
tmp	Arquivos temporários dos programas e aplicativos	Pode-se manter no raiz / ou criar uma partição separada, em caso de servidores para não travar o sistema em caso de disco cheio
usr	Diversos arquivos	Pode-se manter no raiz / ou usar um disco em rede para compartilhar o mesmo diretório com várias máquinas
var	Dados variáveis - Spool de impressão, Logs, e-mails, etc.	Recomenda-se uma partição separada, de forma que os LOGs, Spool de impressão ou e-mails não travem o sistema por disco cheio

Diretório	Utilidade da Pasta	Sugestão
home	Diretório HOME dos usuários	Para computadores pessoais pode-se manter no raiz /. Já para servidores recomenda-se partição separada, para não travar o sistema em caso de disco cheio

Partições

As partições como o próprio nome diz, são divisões que podem ser feitas num disco para dividir tamanho de alguma maneira que convenha para sua utilização. De forma bem grosseira, é como dividir um bolo em fatias.

O Linux nomeia um disco e suas partições de maneira diferente dependendo do tipo de disco.

Antigamente, o Linux nomeava a primeira unidade de um disco SCSI como /dev/sda e a primeira unidade de um disco rígido IDE como /dev/hda.

Com o advento das unidades IDE conectadas em série (SATA), o primeiro disco conectado numa unidade SATA, passou a ser chamado de /dev/sda e um disco conectado em uma unidade paralela PATA como /dev/hda.

Em sistemas mais recentes, todas as unidades IDE são nomeadas /dev/sda, /dev/sdb, /dev/sdc, e assim por diante. Independente se estão em SATA/PATA ou se são de disco rígido ou memória não volátil (SSD).

A mudança de nome para unidades IDE é resultado do sistema de hotplug, que inicialmente somente suportava unidades USB. O hotplug permite conectar novos dispositivos e usá-los imediatamente e agora é usado para todos os dispositivos, estejam eles integrados ao sistema ou posteriormente conectados a um sistema em execução usando USB ou Firewire (IEEE 1394) ou potencialmente outros tipos de conexão.

As partições de um disco são nomeadas com números inteiros que iniciam em 1. Então a primeira partição de um primeiro disco disco será chamada de /dev/sda1.

Existem basicamente duas maneiras de particionar um disco: o sistema legado criado nos anos 80 pela IBM, chamado de Master Boot Record (MBR), que tem várias limitações, e o atualmente utilizado GUID Partition Table (GPT).

Master Boot Record - MBR

Antes de abordar as partições MBR, é necessário fazer uma introdução a geometria de um disco. Lembre-se que tradicionalmente os discos rígidos eram realmente discos magnéticos, e que eram lidos por uma cabeça de leitura, como os antigos toca-discos.

Desta forma, tradicionalmente, um disco rígido era formatado em setores com uma quantidade predeterminada de bytes em cada setor. Nos primórdios os setores tinham 512 bytes.

Assim, os setores eram alinhados numa faixa do disco que podia ser lida sem mover a cabeça de leitura, girando apenas os discos.

Como havia uma limitação na quantidade de magnetos do disco, os HD's geralmente tinham mais de um prato. A coleção de faixas nos vários pratos que podiam ser lidas sem mover a cabeça é chamada de cilindro.

Desta forma, a geometria de um disco rígido é expressa em quantidade de cilindros, quantidade de cabeças de leitura e quantidade de setores e tamanho dos setores em bytes.

E havia um setor especial de 512 bytes no início do disco chamado Master Boot Record, que armazenava a estrutura organizacional do disco, com informações sobre as partições, bem como um apontador para qual setor do disco continha o gerenciador de boot.

Dado a limitação do setor ter somente 512 bytes, o Master Boot Record era limitado a permitir somente quatro partições primárias, ou três primárias e uma extendida, que permitia mais 63 partições lógicas.

Os arquivos então eram dispostos nos outros setores do disco e o sistema de arquivos mantinha uma ou mais tabelas de arquivos, que indicavam em qual cabeça, trilha e setor o arquivo começava.

O tamanho do MBR também forçava a um limite de capacidade dos discos em 2 TiB (2^{32} x 512 bytes).

Logicamente, com o passar do tempo, houve limitações nos tamanhos possíveis para cilindros, cabeçotes e setores usados nos discos, e a indústria resolveu converter os valores geométrios de um disco que a BIOS do computador podia entender para um endereçamento lógico dos blocos LBA (Logic Block Addressing). Isso permitiu o uso de discos com maior capacidade.

Mesmo assim, o MBR continuava com uma limitação de número de partições possíveis.

Para atualizar a estrutura organizacional do disco, um novo formato foi criado e nomeado de GUID Partition Table (GPT), que suportam até 128 partições por padrão.

Você pode usar os comandos **fdisk** ou **parted** para exibir informações da partição em discos MBR. Ambos os comandos podem operar interativamente ou você pode passar parâmetros na linha de comando.

Você pode usar o parâmetro -l para exibir informações sobre a versão do programa. Ambos suportam várias unidades diferentes para exibir e alocar partições.

Abaixo um disco com MBR (DOS) com duas partições:

```
# fdisk -l /dev/sda
Disco /dev/sda: 68.7 GiB, 68719476736 bytes, 134217728 setores
Unidades = setor de 1 * 512 = 512 bytes
Tamanho de setor (lógico/físico):  512 bytes / 4096 bytes
Tamanho E/S (mínimo/ótimo): 4096 bytes / 4096 bytes
```

```
Tipo de rótulo do disco: dos
Identificador do disco: 0x0009f16e

Dispositivo Início Fim Setores Tamanho Tipo
/dev/sda1    *        2048     2099199      1048576   83  Linux
/dev/sda2          2099200   134217727    66059264   8e  Linux LVM
```

Veja agora um disco com uma partição com GPT:

```
# fdisk -l /dev/sda
Disco /dev/sda: 8 GiB, 8589934592 bytes, 16777216 setores
Unidades: setor de 1 * 512 = 512 bytes
Tamanho de setor (lógico/físico): 512 bytes / 512 bytes
Tamanho E/S (mínimo/ótimo): 512 bytes / 512 bytes
Tipo de rótulo do disco: gpt
Identificador do disco: 9B950845-EC1C-437D-8C99-7E0207F60000

Dispositivo Início        Fim  Setores Tamanho Tipo
/dev/sda1      4096 16777182 16773087        8G Linux sistema de
arquivos
```

O mesmo disco pode ser visualizado usando o comando parted:

```
# parted -l /dev/sda
Model: Xen Virtual Block Device (xvd)
Disk /dev/xvda: 8590MB
Sector size (logical/physical): 512B/512B
Partition Table: gpt
Disk Flags:

Number  Start    End     Size    File system  Name
Sinalizador
 1      2097kB  8590MB  8588MB  xfs           Linux

Model: Xen Virtual Block Device (xvd)
Disk /dev/xvdf: 21,5GB
Sector size (logical/physical): 512B/512B
```

GUID Partition Table (GPT)

Tabela de Partição GUID (do inglês GUID Partition Table - GPT) é um padrão para o layout da tabela de partições em um dispositivo de armazenamento físico usado em um PC desktop ou servidor, como uma unidade de disco rígido ou uma unidade de estado sólido, usando identificadores globalmente únicos (globally unique identifiers - GUID).

Embora o GPT seja parte do padrão do Extensible Firmware Interface (EFI) proposto pela Intel em substituição ao BIOS da IBM, ela também é utilizada em alguns sistemas legados com BIOS devido às limitações das tabelas de partição do MBR.

Todos os sistemas operacionais modernos suportam nativamente GPT, incluindo o Linux, macOS e Microsoft Windows a partir do Windows 7.

O GPT trouxe algumas possibilidades:

- Suporte até 128 partições primárias;
- Tamanho de disco de 8 ZB (zettabytes);
- A tabela de partições do GPT é gravados no início e no final do disco para redundância. A redundância extra permite mais resiliência contra a erros de disco;
- Contém soma de verificação CRC32 para melhorar a integridade da estrutura de dados de partição.

É possível converter um disco que use MBR em GPT, mas isso foge do escopo do exame LPIC-1.

No momento de criar uma partição do disco, é possível escolher o tipo de sistema de partições desejado, entre o MBR e GPT.

Partição de Swap

O Linux permite que uma partição especial chamada de Swap atue como uma memória virtual em disco permitindo que programas e dados sejam armazenados temporariamente possibilitando que o sistema execute mais programas concorrentemente.

O espaço destinado a esta partição depende das aplicações que serão executadas no sistema e o volume de dados que estas aplicações irão lidar. Via de regra é recomendado que o Swap tenha pelo menos o mesmo tamanho da memória RAM e, em sistemas com pouca memória, três vezes o seu tamanho.

Um sinal que o Linux está com pouca memória em relação a sua utilização, é o uso intensivo do Swap.

O comando free mostra a quantidade de memória RAM disponível e utilizada, bem como o Swap disponível e utilizado:

Se o espaço em disco disponível para a instalação do Linux for pequeno, digamos em torno de 8GB, é aconselhável com que você mantenha o sistema raiz em uma única partição para evitar desperdícios.

```
$ free -m
         total   used   free   shared   buff/cache   available
Mem:      1991    117    398      128         1476         1525
Swap:        0      0      0
```

Para grandes sistemas onde o espaço em disco não é tão problemático, é recomendado que o sistema de arquivos raiz seja dividido em várias partições e se possível em discos diferentes conforme abaixo:

- Separe o diretório /var em uma partição grande o suficiente para acomodar os arquivos de LOG. A vantagem é que se esta partição ficar cheia ela não irá afetar a estabilidade do sistema;

- Separe a partição /tmp em uma partição que acomode todos os arquivos temporários gerados pelas aplicações e usuários;

- Separe a partição /home oferecendo aos usuários uma partição grande o suficiente para seus arquivos;

- Separe a partição de swap entre os discos se houver mais de um. Isso pode aumentar o desempenho da memória virtual.

- Em redes que tenham diversas máquinas com a mesma versão de Linux, a pasta /usr pode ser instalada em somente um computador e compartilhada entre as diversas máquinas de uma rede como "somente leitura" via NFS.

O esquema utilizado no particionamento dos discos de um sistema vai depender muito das aplicações utilizadas, tamanho dos discos e outros fatores já mencionados.

Logical Volume Manager - LVM

O esquema de particionar que os discos que você acabou de ver é útil para dividir os dados em uma estrutura organizacional que atenda e faça algum sentido. No entanto, uma vez criada a partição, para fazer alterações é complicado, sem envolver uma possível perda de dados.

Na melhor das hipóteses é possível mover os dados para início do disco e reparticiona-lo "a quente". Na pior das hipóteses, é necessário um backup, recriar as partições e restaurar o backup no novo layout.

Para evitar toda essa trabalheira e possível perda de dados, o pessoal resolveu criar um gerenciador de volumes lógicos, chamado LVM - Logical Volume Manager.

O LVM é um Gerenciador de Discos integrado ao Kernel do Linux. Ele permite que:

- Discos sejam trocados sem interrupção do serviço (hotswap);
- Alterar o tamanho dos volumes;

- Criar imagens (snapshots) de volumes;
- Criar backup de imagens dos volumes;
- Criar um volume único a partir de vários discos (similar ao RAID 0);
- Criar volumes espelhados em mais de um disco (similar ao RAID 1).

Desta forma, o LVM foi criado para ampliar o sistema de arquivos que tradicionalmente é visto como um conjunto de discos físicos e partições. Seu objetivo é permitir uma flexibilidade grande para o administrador no gerenciamento dos discos.

Imagine que o usuário tenha o seguinte esquema de partições sem o LVM:

Ponto de Montagem	Partição	Tamanho
/boot	/dev/sda1	500 Megabytes
Swap	/dev/sda2	1 Gigabyte
/	/dev/sda3	6 Gigabytes
/home	/dev/sda4	4 Gigabytes

Neste exemplo, se o usuário desejar aumentar a partição raiz, ele teria que reformatar seu disco, ou mesmo mover parte dos dados para outro disco e montar a nova partição como um diretório do raiz.

Ao passo que, se o usuário utilizar o LVM, ele poderia simplesmente diminuir o tamanho do /home e aumentar o raiz, ou mesmo adicionar outro disco e aumentar o raiz, sem precisar fazer backup dos dados, formatar a partição e copiar os dados de volta. Observe o mesmo exemplo utilizando volumes:

Ponto de Montagem	Partição	Tamanho
/boot	/dev/sda1	500 Megabytes
Swap	/dev/vg00/swap	1 Gigabyte
/	/dev/vg00/root	6 Gigabytes
/home	/dev/vg00/home	4 Gigabytes

Em grandes sistemas com muitos discos, é praticamente inviável gerenciar os discos sem o uso do LVM.

É importante que você saiba que existem duas versões do LVM: 1 e 2. A versão 2 é suportada pelo Kernel 2.6 e 3.x, e pelo Kernel 2.4 com aplicação de alguns patches.

As versões de Kernels 4.x e 5.x já suportam o LVM versão 2.

A única partição que não pode ser utilizada com o gerenciador de volumes é a /boot.

Terminologia do LVM

Antes de mostrar os comandos do LVM, você precisa entender a terminologia que o LVM utiliza:

- Volume Físico: É um disco ou algum hardware que se comporte como um disco (como um storage que use RAID);
- Volume Group: É uma abstração do LVM que congrega volumes lógicos e volumes físicos em uma mesma unidade administrativa;
- Volume Lógico: É o equivalente a uma partição em um sistema não-LVM.

Passo a passo para trabalhar com o LVM

Para trabalhar com o LVM, você precisa inicializar os discos para o LVM, depois criar pelo menos um grupo de Volumes, criar pelo menos um volume lógico no grupo que acabou de criar, formatar o volume com o sistema de arquivos desejado e por último montá-lo.

Resumidamente, é preciso fazer os seguintes passos:

1. Se for utilizar apenas uma partição de um disco, é preciso criá-la com o **fdisk** ou **parted** e mudar o seu tipo para 8e (LVM), caso contrário, basta usar todo o disco com o **pvcreate**;
2. Inicializar os volumes físicos (partições ou discos) com o comando **pvcreate**;
3. Criar um volume group com o comando **vgcreate**;
4. Ativar um volume group com o comando **vgchange**;
5. Criar um volume lógico com o comando **lvcreate**;
6. Formatar o volume lógico com o sistema de arquivos desejado com o **mkfs**.
7. Montar o volume lógico com o **mount**.

Criando partições LVM

Se você não deseja utilizar todo o disco como LVM, pode usar o fdisk para criar uma ou mais partições tipo LVM. Para criar uma partição LVM com o fdisk, você cria a partição normalmente e altera o tipo dela para 8e.

Para exemplificar, imaginemos que o sistema foi instalado no disco /dev/sda.

E para o LVM serão utilizados mais dois discos: /dev/sdb e /dev/sdc que não estão particionados.

Antes de adicionar um disco ou partição como um volume físico do LVM é preciso inicializá-lo com o comando pvcreate.

Incializando volumes físicos

Para inicializar volumes físicos de discos inteiros o comando é: pvcreate e o caminho completo da partição ou disco:

```
# pvcreate /dev/sdb
```

```
Physical volume "/dev/sdb" successfully created
# pvcreate /dev/sdc
Physical volume "/dev/sdc" successfully created
```

Criando um volume group

Depois de inicializar os discos, é preciso criar um grupo de volume com os discos com o comando vgcreate:

```
# vgcreate meuvolume /dev/sdb /dev/sdc
  Volume group "meuvolume" successfully created
```

Ativando um volume group

Após criar o volume group, é necessário ativá-lo com o comando vgchange:

```
# vgchange -a y meuvolume
  0 logical volume(s) in volume group "meuvolume" now active
```

Após o reboot do sistema é necessário ativar o volume group novamente. Então, faz-se necessário incluir esse comando nos scripts de carga do sistema.

Criando volumes lógicos

O comando lvcreate cria volumes lógicos. No exemplo será criado um volume lógico de 1GB chamado logico1 no volume meuvolume:

```
# lvcreate -L 1000 -n logico1 meuvolume
Logical volume "logico1" created
```

Como no nosso exmplo os discos /dev/sdb e /dev/sdc têm 2GB cada um, é possível criar até 4 volumes de 1GB cada, ou 1 só volume lógico de 4GB, como no exemplo abaixo:

```
# lvcreate -L 4000 -n logico1 meuvolume
  Logical volume "logico1" created
```

Ativando o volume lógico

O comando lvchange ativa / desativa o volume lógico para uso:

Para ATIVAR:

```
# lvchange -a y /dev/meuvolume/logico1
```

Para DESATIVAR:

```
# lvchange -a n /dev/meuvolume/logico1
```

Formatando o volume lógico

Qualquer sistema de arquivos pode ser usado para formatar o volume lógico:

```
# mkfs.ext4 /dev/meuvolume/logico1
mke2fs 1.41.14 (22-Dec-2010)
Filesystem label=
OS type: Linux
(...)
```

Depois de formatar o volume lógico, é necessário montá-lo:

```
# mount /dev/meuvolume/logico1 /mnt
```

Após esses passos o volume lógico estará pronto para uso.

Você também pode usar o LVM para aumentar ou diminuir o tamanho de um volume.

Aumentando o tamanho do volume com um disco novo

Primeiro é necessário criar o volume físico:

```
# pvcreate /dev/sdd
```

Atribuí-lo ao grupo:

```
# vgextend meugrupo /dev/sdd
```

Desmontar o volume lógico:

```
# umount /dev/meuvolume/logico1
```

Aumente o grupo de volume lógico:

```
# lvextend -L +13090M /dev/meuvolume/logico1
```

Procurar por erro e reparação do mesmo:

```
# e2fsck -f /dev/meuvolume/logico1
```

Finalmente, redimensionamos:

```
# resize2fs /dev/meuvolume/logico1
```

Agora basta montar novamente:

```
# mount /dev/meuvolume/logico1 /mnt
```

102.2 – Instalando um Gerenciador de Boot

Os gerenciadores de boot ou partida são programas que carregam o Kernel do Linux e até permitem a escolha de um outro sistema operacional.

O principal gerenciador de boot do Linux é o GRUB que existe em duas versões.

No exame 101, o candidato deve ser capaz de fornecendo locais de inicialização alternativos e opções de inicialização de backup, instalar o Grub Legado (versão 1) ou o GRUB novo (versão 2), executar algumas alterações básicas de configuração para o GRUB 2, e por último saber como interagir com o gerenciador no momento do boot.

Grand Unified Boot Loader (GRUB Legado - 1)

A maioria das distribuições já adotou o GRUB 1 como gerenciador padrão. Ele é flexível, funcional e poderoso, podendo carregar sistemas operacionais como o Windows (9x, ME, NT, 2000 e XP), DOS, Linux, GNU Hurd, *BSD, OS/2 e outros.

O GRUB 1 também permite buscar imagens do Kernel pela rede, por cabo serial, suporta discos rígidos IDE, SATA, PATA e SCSI e tem interface voltada para a linha de comandos ou menus. Suporta sistemas sem discos e terminais remotos.

A notação dos dispositivos de disco utilizada pelo GRUB 1 difere um pouco do usual, de forma que o nome dos discos sempre serão "hd", seguidos da numeração do disco iniciando por zero, seguidos do número da partição, iniciando também do zero.

Veja a tabela comparativa:

TABELA – Notação de discos no Grub 1

Notação no Linux	Notação no Grub 1
/dev/sda	(hd0)
/dev/sda1	(hd0,0)
/dev/sda2	(hd0,1)
/dev/sdb	(hd1)
/dev/sdb1	(hd1,0)
/dev/sdb2	(hd1,1)

Não há distinção entre os discos IDE e SCSI. Ambos são referenciados como (**hd**x) pelo GRUB 1.

Nativamente o GRUB 1 não suporta EFI em versões anteriores ao kernel 3.30.

O GRUB 1 possui um arquivo de configuração chamado **/boot/grub/menu.lst**. Algumas distribuições como Fedora, RedHat e Gentoo preferem utilizar grub.conf ao invés de **menu.lst**.

Este arquivo é dividido em parâmetros Globais, que afetam o GRUB 1 e parâmetros que só têm efeito para as imagens do sistema que será carregado.

Vejamos os parâmetros globais:

- **timeout**: Define um tempo (em segundos) de espera para o prompt ou menu. Se nenhuma intervenção do usuário for feita no boot, o GRUB 1 carrega a imagem padrão;
- **default**: Define qual será a imagem padrão que será carregada se nenhuma outra for selecionada;
- **fallback**: Caso ocorra algum erro inesperado e a opção padrão não possa ser carregada, este parâmetro define qual outra imagem deve ser utilizada;
- **color**: Permite que você escolha as cores usadas no menu de boot;
- **password**: Permite que você especifique uma senha para qualquer ação que não seja carregar as imagens disponíveis. Por exemplo, acessar a linha de comandos do GRUB 1;
- **hiddenmenu**: Esta opção faz com que o menu de opções não seja mostrado e que a carga da imagem especificada pela linha "default" seja carregada. O usuário pode requisitar o menu com as opções pressionando a tecla <ESC> antes que o tempo definido em timeout expire.

Parâmetros que afetam apenas as imagens:

- **title**: Define um texto que será apresentado no menu de boot para identificar o sistema;

- **root**: Determina qual é a partição raiz de uma determinada imagem;
- **rootnoverify**: Idêntica à opção root, mas não tenta montar a partição raiz. Utilizada para alguns sistemas como o Microsoft Windows;
- **kernel**: Esta opção informa qual imagem de Kernel vai ser carregada. Alguns parâmetros do Kernel podem ser passados;
- **module**: Faz com que algum módulo necessário para o boot seja carregado. Lembre-se que estes não são módulos do Kernel (módulos de som, rede, etc.) e sim módulos necessários ao boot de alguns sistemas, como o GNU Hurd;
- **lock**: Bloqueia a carga da imagem do Kernel por senha. A senha precisa ser especificada com a opção password;
- **makeactive**: Torna a partição ativa para boot. Este comando está limitado a partições primárias dos discos;
- **chainloader**: Especifica a localização do gerenciador de boot de outros sistemas operacionais. Alguns sistemas, como o Microsoft Windows, armazenam seu próprio gerenciador de boot no início da partição onde estão instalados.

Veja um exemplo de menu.lst:

```
# GRUB - GRand Unified Bootloader
# Definindo o tempo de espera (em segundos) para a entrada do
teclado.
timeout = 10

# Definindo qual sistema operacional será padrão para ser
automaticamente
default = 0

# Define uma senha global para o GRUB.
password = --md5 $1$5hUaL1$AF2aPsqtVHZw2N4n1QtCI1

# Boot com o Windows
title = Windows
    unhide (hd0,0)
    rootnoverify (hd0,0)
    chainloader +1
    makeactive

# Boot com o Slackware Linux
title = Slackware Linux
    kernel = (hd0,1)/boot/bzImage-2.6.12.3 vga=771
    root = (hd0,1)
```

Para alterar, incluir ou excluir a carga de algum sistema operacional no Grub 1, basta alterar o arquivo menu.lst.

grub-install

grub-install [opções] partição

Este comando instala o GRUB 1 como gerenciador de boot no MBR do primeiro disco e cria o diretório /boot/grub. Este diretório contém os arquivos necessários para o seu funcionamento.

As opções mais frequentes são:

- **--boot-directory=diretório**: Esta opção instala o GRUB 1 em diretório que não seja o raiz. É útil para instalá-lo em outras partições;
- **--recheck**: Esta opção checa novamente o mapa de dispositivos em /boot/grub/device.map. É útil quando um novo disco for acrescentado ou retirado do sistema.

Para instalar o Grub 1, basta rodar o grub-install:

```
# grub-install /dev/sda
```

Se quiser instalar o Grub em outro diretório que não seja o raiz:

```
# grub-install --boot-directory=/bootalternativo
```

Grand Unified Boot Loader (GRUB — 2)

O Grub 2 é o gerenciador de boot padrão da maioria das distribuições, desde o Kernel 2.6.

O Grub 2 foi totalmente reescrito completamente com o objetivo de permitir grande flexibilidade e ganho de performance. Dentre as diversas melhorias, as principais são:

- Suporte a script com expressões condicionais e funções;
- Carga de módulos de forma dinâmica;
- Modo de Emergência (Rescue Mode);
- Menus Personalizados;
- Suporte a temas;
- Suporte a menu gráfico com tela "splash";

- Carga de imagens ISO de Live CDs;
- Nova estrutura do arquivo de configuração;
- Suporte a plataforma não x86 (ex: PowerPC);
- Suporte universal a UUIDs (Universally Unique IDentifier) – identificador usado em sistemas distribuídos.

O upgrade do Grub 1 para o Grub 2 é relativamente fácil. Primeiro deve-se instalar o pacote do Grub 2 com o comando:

```
# sudo apt-get install grub-pc
```

Depois de instalado, o Grub 2 irá apresentar um menu de teste, com as imagens de kernel encontradas e ainda possibilita que o menu seja editado.

Uma vez definido o menu, o Grub2 pode ser instalado de forma definitiva com o comando:

```
# sudo upgrade-from-grub-legacy /boot/grub/grub.cfg
```

Principais Mudanças do Grub 1 para o Grub 2

É importante que você saiba quais são as mudanças importantes do Grub 1 para o Grub 2, a saber:

- O arquivo /boot/grub/menu.lst foi substituído pelo **/boot/grub/grub.cfg**;
- O principal arquivo de configuração é o /etc/default/grub;
- O sistema de numeração das partições foi alterado;
- Buscas por outros sistemas operacionais são feitas de forma automática toda vez que o update-grub é executado e são colocadas no menu;
- Mudanças na configuração não têm efeito até que o comando **update-grub** é executado.

Normalmente o arquivo **/boot/grub/grub.cfg** não deve ser editado manualmente pois ele é regravado em updates do pacote do Grub 2, quando um kernel é adicionado ou removido, ou o usuário aciona o comando update-grub. Este comando refaz o menu de carga a partir de outros arquivos de configuração e regrava o /boot/grub/grub.cfg.

O utilitário **grub-mkconfig** também pode ser utilizado para criar uma configuração para o Grub:

```
# grub-mkconfig -o /boot/grub/grub.cfg
```

O principal arquivo de configuração da apresentação do menu fica localizado em /etc/default/grub.

/etc/default/grub

Este arquivo contém as principais informações para que o Grub 2 possa montar o menu. Ele define qual será a opção padrão do menu, os tempos de espera por uma ação do usuário, se o menu será apresentado em modo gráfico ou modo texto, dentre outras opções.

Exemplo de /etc/default/grub:

```
GRUB_DEFAULT=0
#GRUB_SAVEDEFAULT = true
#GRUB_HIDDEN_TIMEOUT=0
GRUB_HIDDEN_TIMEOUT_QUIET=true
GRUB_TIMEOUT=10
GRUB_DISTRIBUTOR='lsb_release -i -s 2> /dev/null || echo Debian'
GRUB_CMDLINE_LINUX_DEFAULT="quiet splash"
GRUB_CMDLINE_LINUX=""
#GRUB_TERMINAL=console
#GRUB_GFXMODE=640x480
#GRUB_DISABLE_LINUX_RECOVERY="true"
#GRUB_INIT_TUNE="480 440 1"
```

A seguir uma pequena explicação de cada variável do /etc/default/grub:

GRUB_DEFAULT

Define qual será a opção padrão do menu do Grub. O parametro GRUB_DEFAULT pode assumir um valor numérico, o nome da opção no menu ou a palavra "saved".

Se o valor for numérico indica a posição do menu em /boot/grub/grub.cfg. Pode indicar também o nome do menu "Ubuntu 2.6.31".

Se o valor for "saved", o padrão será definido pelo comando grub-set-default ou grub-reboot.

GRUB_SAVEDEFAULT

Se este parâmetro for "true", ele diz para o Grub que a opção padrão do menu será sempre o último sistema operacional selecionado no menu.

GRUB_HIDDEN_TIMEOUT

Este parâmetro define o tempo em segundos que o Grub irá esperar por uma ação do usuário até que a opção padrão do menu seja escolhida de forma automática. Nenhum menu será apresentado, a menos que o usuário aperte alguma tecla (geralmente o ESC).

Se for igual a zero, o sistema operacional padrão irá carregar de forma automática sem esperar por nenhuma intervenção.

GRUB_HIDDEN_TIMEOUT_QUIET

Quando esta opção for "true", nenhum contador de tempo será apresentado. Se for "false", um contador decrescente será apresentado com o tempo definido em GRUB_HIDDEN_TIMEOUT.

GRUB_TIMEOUT

Esta opção somente será efetiva se a diretiva GRUB_HIDDEN_TIMEOUT estiver comentada, ou se ativa, quando o usuário pressionar alguma tecla durante o tempo de espera do GRUB_HIDDEN_TIMEOUT.

O GRUB_TIMEOUT define o tempo de espera do menu até que o usuário faça sua escolha. Caso contrário, irá executar a opção padrão.

Se o valor for -1, o Grub irá esperar pelo usuário indefinidamente.

GRUB_DISTRIBUTOR

Determina a descrição do sistema que será usada no menu. Se nada for definido, o Grub utilizará o padrão do sistema, que geralmente é definido pelo comando:

```
# lsb_release -i -s 2> /dev/null || echo Debian
  SUSE LINUX
```

GRUB_CMDLINE_LINUX_DEFAULT

Essa diretiva passa parâmetros para o Kernel durante a carga normal do sistema.

GRUB_CMDLINE_LINUX

Essa diretiva passa parâmetros para o Kernel durante a carga do sistema, tanto para carga normal do kernel ou em modo "recovery".

GRUB_TERMINAL

Esta opção, se for descomentada, desabilita o menu em modo gráfico.

GRUB_GFXMODE

Define a resolução do terminal gráfico do menu.

GRUB_DISABLE_LINUX_RECOVERY

Desabilita o modo de emergência do Kernel se for igual a "true".

GRUB_INIT_TUNE

Define um "som" que o grub fará antes de apresentar o menu. O formato é[tom da nota] [duração].

Exemplo: Tema de Contatos imediatos de Terceiro Grau:GRUB_INIT_TUNE="480 900 2

1000 2 800 2 400 2 600 3"

O Grub 2 ainda mantém um diretório em /etc/grub.d que contém scripts que são lidos para montar o menu do Grub.

/etc/grub.d

Os scripts deste diretório são lidos durante a chamada do comando update-grub e suas instruções são incorporadas no arquivo /boot/grub/grub.cfg.

A ordem dos itens no menu do grub é determinada pela ordem dos scripts neste diretório. Os arquivos são lidos de acordo com o numeral que precede seu nome, em ordem crescente.

Alguns arquivos neste diretório se destacam:

00_header

Configura os parâmetros iniciais, como o modo gráfico, opção do menu padrão. Estas configurações geralmente são importadas do /etc/default/grub.

05_debian_theme

Configura a tela de fundo, cores do texto, etc.

10_hurd

Usado para localizar Kernels Hurd. Não é utilizado na maioria das distribuições.

10_linux

Identifica os Kernels no dispositivo raiz e cria os itens do menu. Todas as imagens de kernel existentes no /boot serão colocadas no menu.

20_memtest86+

Procura pela imagem em /boot/memtest86+.bin usado para teste de memória. Para remover esse item, é necessário remover a imagem no diretório /boot.

30_os-prober

Este script procura pelo Linux e outros sistemas operacionais existentes no disco e cria os itens do menu. As variáveis neste arquivo determinam como os nomes irão aparecer no menu.

40_custom

Permite adicionar entradas customizadas no menu do grub.

Instalar novos Sistemas ou Imagens de Kernel

As configurações no Grub 2 são geralmente feitas no arquivo **/etc/default/grub**, alterando as variáveis para o que se deseja.

Não é comum editar diretamente os scripts do diretório /etc/grub.d. Isto é reservado para usuários avançados e foge do escopo da prova LPIC-1.

Para instalar uma nova versão do Kernel no Grub 2, basta adicionar o arquivo binário comprimido do novo Kernel, bem como seu initramfs (se houver) no diretório /boot. O Grub 2 se encarrega de detectar e refazer o menu.

Qualquer alteração feita no /boot/grub/grub.cfg é regravada quando o comando **update-grub** é executado.

Interação com o Grub

Como qualquer gerenciador de boot, o grub2 é executado antes de qualquer sistema operacional. Ele geralmente fará a carga direta do sistema operacional definindo como padrão ou se houver apenas um sistema operacional presente.

Se houver mais de um sistema operacional ou versão de Kernel, ele irá apresentar o menu para escolha, por um tempo definido na variável GRUB_TIMEOUT no arquivo /etc/default/grub.

O tempo padrão de espera do menu é de 10s. Se o usuário não fizer nada, ele irá iniciar a carga da opção padrão do menu. A contagem do tempo pode ser paralisada se qualquer tecla for pressionada.

O usuário pode forçar a apresentação do menu pressionando a tecla SHIFT durante a carga do Grub 2.

Neste momento, o usuário também pode alterar a linha de comando com as variáveis que serão passadas para o Kernel durante a sua carga.

Nomes das Partições no Grub 2

O sistema de nomear as partições no Grub 2 foi simplificado em relação ao Grub 1. A contagem dos dispositivos permanece iniciando de zero.

Um dispositivo sda será nomeado de hd0, bem como um dispositivo sdb será chamado hd1.

No entanto as partições seguem a numeração "normal", de forma que a partição sda5 será nomeada como hd0,5 e sda3 será hd0,3.

102.3 – Gerenciamento de Bibliotecas Compartilhadas

Determinar quais as bibliotecas compartilhadas de que um programa executável depende para executar e instalá-las quando necessário faz parte dos objetivos do exame.

Para entendermos a gerência das bibliotecas compartilhadas, precisamos primeiro entender o que são bibliotecas e para que elas servem. As bibliotecas podem ser entendidas de modo grosseiro como as "DLLs" do Windows.

Dificilmente um programador quando faz um software reescreve a roda. Ele não precisa escrever uma função de baixo nível de como imprimir algo na tela, pixel a pixel.

Durante a escrita do código fonte de um programa, o desenvolvedor faz uso de diversas funções e procedimentos já definidos pelo sistema operacional em arquivos chamados de bibliotecas. Estas funções permitem que o programador possa usar recursos como escrita em disco, escrita na tela, receber dados do teclado, do mouse, enviar dados pela rede e muito mais, sem a necessidade de reescrever a roda.

Com o Linux não é diferente. Os programas, utilitários e aplicativos utilizam uma biblioteca, que contém os pedaços de software já pronto, como objetos e funções, para que são utilizadas no código fonte dos programas.

E quando um programa é compilado, um arquivo binário é gerado, com as instruções de máquina que o computador é capaz de executar.

Esse arquivo binário é ligado às bibliotecas, e quando o programa é executado, ele carrega na memória as bibliotecas que necessita para sua execução.

Desta maneira, os executáveis gerados são mais eficientes, pois tendem a ser menores, usar menos memória e ocupar menos espaço em disco. O ponto fraco desta metodologia é que os programas necessitam das bibliotecas compartilhadas e uma mudança nas versões destes arquivos também pode afetar o seu funcionamento.

No Linux existem dois diretórios padrão que abrigam as bibliotecas:

- /lib   Bibliotecas compartilhadas de uso geral
- /lib[arquitetura]   Bibliotecas compartilhadas específicas da arquitetura do processador. Por exemplo: /lib64

Toda biblioteca compartilhada tem um nome especial chamado de "**soname**". O soname é composto pelo prefixo "**lib**", seguido do nome da biblioteca, o sufixo "**.so.**" e o número da versão da biblioteca que é incrementado quando esta sofre alterações na sua interface.

Por exemplo:

```
libjack-0.80.0.so.0
libvorbis.so.0
libWand.so.6
libjpeg.so.62
libwv2.so.1
```

Os arquivos executáveis são examinados no tempo de execução pelo linker de tempo de execução chamado **ld.so**.

Este interpretador especial completa as ligações entre o executável e as bibliotecas compartilhadas. Se o **ld.so** não conseguir encontrar e ler as dependências de biblioteca, ele irá falhar e o executável não irá ser carregado.

O linker ld.so mantém índice de todas as bibliotecas e sua localização em um arquivo especial chamado **/etc/ld.so.cache**. Ele é binário e, portanto, pode ser lido rapidamente pelo ld.so.

É por isso que um administrador Linux tem de estar preparado para gerenciar as bibliotecas compartilhadas e suas versões para um correto funcionamento do sistema e seus aplicativos.

Vejamos os utilitários que irão ajudar nesta tarefa:

ldd

$ ldd programa

O comando **ldd** – List Dynamic Dependencies – fornece uma lista das dependências dinâmicas que um determinado programa precisa. Ele irá retornar o nome da biblioteca compartilhada e sua localização esperada.

Exemplos:

```
$ ldd /bin/bash
libreadline.so.4 => /lib/libreadline.so.4 (0x4001c000)
libhistory.so.4 => /lib/libhistory.so.4 (0x40049000)
libncurses.so.5 => /lib/libncurses.so.5 (0x40050000)
libdl.so.2 => /lib/libdl.so.2 (0x40096000)
libc.so.6 => /lib/libc.so.6 (0x40099000)
/lib/ld-linux.so.2 => /lib/ld-linux.so.2 (0x40000000)
```

```
$ ldd teste_dijkstra
libc.so.6 => /lib/libc.so.6 (0x4001c000)
/lib/ld-linux.so.2 => /lib/ld-linux.so.2 (0x40000000)
```

Este comando é importante para determinarmos qual são as bibliotecas necessárias de um executável.

ldconfig

 # ldconfig [opções] diretório_de_bibliotecas

O utilitário ldconfig cria os links e refaz o índice das bibliotecas dinâmicas do arquivo /etc/ld.so.cache. Ele procura por bibliotecas nos diretórios /usr/lib e /lib, assim como nos diretórios listados em **/etc/ld.so.conf**, bem como o diretório informado na linha de comando.

As opções mais comuns são:

- **-p**: Lista o conteúdo do cache /etc/ld.so.cache.

- **-v**: Mostra o progresso da atualização do cache.

- **-f**: arquivo informa um outro arquivo de configuração diferente do padrão /etc/ld.so.conf.

Exemplos:

```
# ldconfig –p
229 libs found in cache '/etc/ld.so.cache'
src_vipa.so (ELF) => /usr/lib/src_vipa.so
libz.so.1 (libc6) => /lib/libz.so.1
libz.so.1 (libc6) => /usr/lib/libz.so.1
liby2util.so.3 (libc6) => /usr/lib/liby2util.so.3
liby2pm.so.2 (libc6) => /usr/lib/liby2pm.so.2
liby2.so.2 (libc6) => /usr/lib/liby2.so.2
libyui.so.2 (libc6) => /usr/lib/libyui.so.2
libycp.so.2 (libc6) => /usr/lib/libycp.so.2
```

```
# ldconfig –v
/usr/X11R6/lib:
libSM.so.6 -> libSM.so.6.0
libdps.so.1 -> libdps.so.1.0
libXrender.so.1 -> libXrender.so.1.2
(…)
```

LD_LIBRARY_PATH

Ainda é possível fornecer ao linker em tempo de execução ld.so uma lista de diretórios extras que podem conter bibliotecas compartilhadas através da variável ambiental **LD_LIBRARY_PATH**.

Uma lista de diretórios poderá ser configurada, separando-os por dois pontos ":". Esta lista antecede a lista do arquivo ls.so.conf.

```
# set | grep LD_LIBRARY_PATH
LD_LIBRARY_PATH=/usr/lib
```

Por razões de segurança, a variável LD_LIBRARY_PATH é ignorada pelo ld.so quando este faz ligações de programas que possuem o bit SUID ou SGID habilitados.

Seu uso é comum para testar novas rotinas em bibliotecas em desenvolvimento ao invés de executar as rotinas já instaladas.

Toda vez que uma nova biblioteca for instalada, ou versão de biblioteca, é necessário atualizar o cache do linker ld.so com o comando ldconfig.

102.4 – Gerenciamento de Pacotes Debian

Este tópico irá abordar as tarefas de gerenciamento de pacotes Debian. Durante o exame, você deverá ser capaz de usar ferramentas de linha de comando para instalar, atualizar, desinstalar pacotes, obter informações como versão, conteúdo, dependências, integridade e estado de instalação.

O gerenciamento de pacotes é uma excelente maneira de distribuir, instalar e desinstalar software.

Um pacote em poucas palavras é um arquivo que contém as informações necessárias para que o gerenciador de pacotes possa instalar, manter e remover os programas como também os demais arquivos necessários de um determinado aplicativo.

Uma característica importante do Linux é a modularização de seus componentes e o uso intensivo de bibliotecas compartilhadas. Isso se aplica também aos pacotes de aplicativos. É bastante comum um programador utilizar bibliotecas compartilhadas e não as incluir no seu aplicativo.

É comum ao tentarmos instalar um determinado pacote ser necessário primeiro instalar outro pacote que contenha os pré-requisitos ou as bibliotecas para a sua instalação. Cada pacote carrega as informações de dependências necessárias.

Grandes projetos de software usam distribuir os diversos módulos de seu aplicativo em diversos pacotes que podem ou não ser instalados de acordo com o seu uso. A organização de um aplicativo em vários pacotes permite que o administrador instale somente aqueles que são realmente necessários, evitando ter que instalar componentes que não serão utilizados. Seguindo a linha de gerenciadores de pacotes, duas grandes distribuições Linux se destacaram.

A Debian uniu as ferramentas GNU, o Kernel do Linux e outros softwares livres importantes formando a distribuição chamada Debian GNU/Linux. Esta distribuição é feita de um grande número de pacotes de softwares. Cada pacote na distribuição contém programas executáveis, scripts, documentação e informações de configuração. O gerenciador de pacotes do Debian é versátil e robusto. O Ubuntu e o SteamOS seguem o padrão Debian.

Também a empresa americana Red Hat foi uma das pioneiras no tratamento sério do Linux. Desde o início ela é uma das principais distribuições mundiais com grande influência. Criadora do RPM, o gerenciador de pacotes mais usado atualmente no Linux, a Red Hat tem uma distribuição voltada para o mercado de servidores. O Fedora, Mandriva, SuSE, OpenSuSe, CentOS e o Oracle Linux seguem o padrão RPM.

A Debian está atenta para detalhes que nos permitem produzir programas de alta qualidade e estabilidade. As instalações podem ser facilmente configuradas para servir múltiplos propósitos, como firewalls com poucos pacotes, estações desktop científicas e servidores de rede de alto desempenho.

Esta distribuição é especialmente popular entre usuários avançados por causa de sua excelência técnica e atenção às necessidades e expectativas da comunidade Linux. A Debian também introduziu muitas características ao sistema que agora são rotineiras como o sistema de gerenciamento de pacotes para instalação e remoção fácil de software e também a possibilidade de permitir a atualização do sistema sem requerer a reinstalação.

As ferramentas do gerenciador de pacotes possibilitam ao administrador de um sistema Debian o controle completo dos softwares instalados, incluindo a habilidade de instalar um simples pacote ou automaticamente atualizar todo o sistema operacional. Os pacotes também podem ser protegidos para não serem atualizados.

Os nomes dos pacotes Debian acompanham o seguinte padrão:

- **Nome do Pacote**: O nome do pacote é uma breve descrição do seu conteúdo. Se mais de uma palavra for usada, é separada por traço;
- **Versão do software**: Cada pacote tem um número de versão próprio, que pode variar entre versão principal e correções aplicadas;
- **Versão do pacote**: Os pacotes também podem ter versões diferentes de distribuição. A versão do pacote também pode indicar para qual plataforma ele foi preparado;
- **Extensão .deb**: Para fácil identificação dos pacotes Debian.

Exemplos:

```
abiword-gtk_1.0.2+cvs.2002.06.05-1_i386.deb
abiword-plugins_1.0.2+cvs.2002.06.05-1_i386.deb
abook_0.4.16-1_i386.deb
abuse_2.00+-3_i386.deb
abuse-frabs_2.10-3_all.deb
abuse-lib_2.00-14_all.deb
abuse-sdl_0.6.1-1_i386.deb
acct_6.3.5-32_i386.deb
ace-of-penguins_1.2-3_i386.deb
acfax_981011-7_i386.deb
```

dpkg

dpkg [opções] ação

O utilitário dpkg é responsável pelo gerenciamento de pacotes em sistemas Debian.

Ele mantém as informações dos pacotes instalados basicamente nos arquivos /var/lib/dpkg/available e /var/lib/dpkg/status. Estes arquivos contêm a lista de pacotes disponíveis e status, respectivamente.

As opções mais frequentes são:

- **-E**: Esta opção não regrava um pacote já instalado de mesma versão;
- **-G**: Esta opção não regrava um pacote já instalado, mesmo que seja mais antigo;
- **-R**: Processa todos os pacotes encontrados em determinado diretório de forma recursiva.

As ações mais frequentes são:

- **-i nomedopacote**: Instala o pacote nomedopacote. Este processo envolve fazer cópia backup dos arquivos antigos que já existirem no sistema, desempacotamento, instalação e configuração. Esta ação também pode ser referenciada com –install nomedopacote;
- **-l chavebusca**: Lista as informações dos pacotes que contenham no nome a mesma chave de busca;
- **-L nomedopacote**: Lista os arquivos instalados pelo pacote nomedopacote;
- **--print-avail nomedopacote**: 'Lista todas as informações disponíveis sobre o pacote nomedopacote em /var/lib/dpkg/avaliable;
- **--purge nomedopacote**: Remove todo o pacote nomedopacote;
- **-r nomedopacote**: Remove todos os arquivos do pacote, menos as configurações;
- **-s nomedopacote**: Mostra o status do pacote;
- **-S arquivo**: Procura por um arquivo nos pacotes instalados;
- **--unpack nomedopacote**: Desempacota um pacote, mas não instala;
- **--configure nomedopacote**: Configura um pacote não instalado.

Exemplos:

Instala o pacote acct_6.3.5-32_i386.deb.

```
# dpkg -i acct_6.3.5-32_i386.deb
```

Remove o pacote ace-of-penguins_1.2-3_i386.deb do sistema completamente.

```
# dpkg --purge ace-of-penguins_1.2-3_i386.deb
```

Configura o pacote abook_0.4.16-1_i386.deb.

```
# dpkg --configure abook_0.4.16-1_i386.deb
```

O dpkg também pode ser utilizado para se descobrir a qual pacote determinado arquivo pertence:

```
# dpkg -S stdio.h
    libc6-dev: /usr/include/stdio.h
    libc6-dev: /usr/include/bits/stdio.h
    perl: /usr/lib/perl/5.6.0/CORE/nostdio.h
```

Outra possibilidade é descobrir os pacotes instalados no sistema a partir de uma chave:

```
# dpkg -l | grep mozilla
    ii  mozilla-browse 0.9.6-7        Mozilla Web Browser
```

O arquivo /etc/dpkg/dpkg.cfg contém as opções padrão quando o dpkg é executado.

Os arquivos de controle do dpkg residem no diretório **/var/lib/dpkg**. Dois arquivos interessantes neste diretório são:

- /var/lib/dpkg/available: Lista de pacotes disponíveis;
- /var/lib/dpkg/status: Estado dos pacotes instalados. Informa quando foram instalados, removidos etc.

dpkg-reconfigure

dpkg-reconfigure [nome do pacote]

O comando dpkg-reconfigure reconfigura um pacote já instalado no sistema. Ele tem o mesmo efeito da re-instalação do pacote.

Exemplo:

```
# dpkg-reconfigure debconf
```

apt-get

apt-get [opções] [comando] [nome do pacote]

O comando apt-get (Advanced Package Tool) é um gerenciador avançado de pacotes. Ele pode utilizar arquivos locais ou remotos para realizar instalação ou atualização de pacotes. Desta maneira é possível atualizar todo o sistema Debian via ftp ou http. Este gerenciador também mantém informações dos pacotes e suas dependências.

Devido a sua facilidade de operação, o apt-get é o método preferido para se manipular pacotes. Este utilitário oferece dezenas de opções configuradas no arquivo

/etc/apt/apt.conf.

O arquivo **/etc/apt/sources.list** contém os locais onde o apt-get encontrará os pacotes, a distribuição verificada (stable, testing, unstable, Woody, Sarge) e a seção que será copiada (main, non-free, contrib, non-US).

Abaixo um exemplo simples de arquivo /etc/apt/sources.list com explicação das seções:

```
deb http://www.debian.org/debian stable main contrib non-free
deb http://nonus.debian.org/debian-non-US stable non-US
```

No arquivo **/etc/apt/apt.conf** podemos especificar opções que modificarão o comportamento do programa apt-get durante a manipulação dos pacotes.

O apt-get utiliza uma lista de pacotes para verificar se os pacotes existentes no sistema precisam ou não ser atualizados. A lista mais nova de pacotes é copiada através do comando apt-get update.

O apt-get é muito útil, pois o administrador não precisa copiar manualmente da Internet o pacote que deseja instalar, muito menos lidar com as dependências, desde que o que ele precisa esteja nos repositórios indicados no **sources.list**.

As opções mais frequentes deste utilitário são:

- **-d**: Baixa os arquivos, mas não instala. É útil para baixar grandes volumes de pacotes para posterior instalação;
- **-s**: Simula a instalação dos pacotes, mas não realiza modificações;
- **-y**: Responde afirmativamente por todas as perguntas feitas durante o processo de instalação/desinstalação dos pacotes.

Os comandos mais frequentes são:

- **dist-update**: Este comando faz a atualização automática do sistema Debian;
- **install**: Este comando instala um determinado pacote especificado pelo nome;
- **remove**: Este comando remove um determinado pacote especificado pelo nome;
- **update**: Este comando faz uma lista de todos os pacotes disponíveis. O processo é feito automaticamente antes de qualquer modificação nos pacotes;
- **upgrade**: Este comando é utilizado para fazer uma atualização segura do sistema, pois ele não instala pacotes que podem causar algum conflito ou falha nos arquivos de configuração.

Exemplos:

```
# apt-get install airsnort
```

Instala o pacote airsnort.x.y.deb. Este comando aceita instalar mais de um pacote separando os nomes por espaços. Somente é preciso especificar o nome do pacote, sem a versão (X), revisão (Y) e sufixo (.deb).

Se for preciso, o apt-get irá instalar automaticamente as dependências necessárias para o funcionamento correto de um pacote.

O apt-get é muito usado também para fazer atualização de todos os pacotes do sistema, com o comando update para atualizar as bases de dados com os pacotes novos e posteriormente o comando upgrade para fazer as atualizações:

```
# apt-get update
# apt-get upgrade
```

O apt-get pode atualizar toda a sua distribuição de uma forma inteligente e segura. Ele lê a listagem de pacotes disponíveis no servidor remoto, verifica quais estão instalados e suas versões e atualiza os pacotes antigos.

```
# apt-get dist-update
```

apt-cache

apt-cache comando [nome do pacote]

O utilitário apt-cache é para manipular e obter informações sobre os pacotes no cache do apt.

Ele deve ser usado em conjunto com alguns comandos, a seguir:

 # apt-cache add: Adiciona um pacote ao cache do apt;

 # apt-cache gencaches: Gera o cache do apt;

 # apt-cache showpkg: Mostra algumas informações sobre um determinado pacote;

 # apt-cache stats: Mostra algumas estatísticas;

 # apt-cache check: Verifica a sanidade do cache;

 # apt-cache search: Procura na lista de pacotes por uma determinada ocorrência;

 # apt-cache show: Mostra detalhes sobre um determinado pacote;

 # apt-cache depends: Mostra as dependências de software de um determinado pacote;

 # apt-cache pkgnames: Lista o nome de todos os pacotes.

O apt-cache pode ser utilizado para descobrirmos os pacotes que contêm emuladores do

Atari:

```
# apt-cache search atari
stella - Atari 2600 Emulator for X windows
```

Também pode ser utilizado para se saber mais sobre um determinado pacote, como o emulador Stella:

```
# apt-cache show stella
Package: stella
Priority: extra
Section: non-free/otherosfs
Installed-Size: 83
Maintainer: Tom Lear <tom@trap.mtview.ca.us>
Architecture: i386
Version: 1.1-2
Depends: libc6 (>= 2.1), libstdc++2.10, xlib6g (>= 3.3.5-1)
Filename: dists/potato/non-free/binary-
i386/otherosfs/stella_1.1-2.deb
Size: 483430
MD5sum: 11b3e86a41a60fa1c4b334dd96c1d4b5
Description: Atari 2600 Emulator for X windows
Stella is a portable emulator of the old Atari 2600 video-game
console
written in C++.  You can play most Atari 2600 games with it.  The
latest
news, code and binaries for Stella can be found at:
http://www4.ncsu.edu/~bwmott/2600
```

Ou se deseja simplesmente saber quais são as dependências de um pacote:

```
# apt-cache depends penguin-command
penguin-command
Depends: libc6
Depends: libpng2
Depends: libsdl-mixer1.1
Depends: libsdl1.1
Depends: zlib1g
```

102.5 — Gerenciamento de Arquivos Red Hat e YUM

O Red Hat Package Manager – RPM é um poderoso gerenciador de pacotes que permite ao administrador instalar, remover e obter informações sobre pacotes. É um método de distribuição de software largamente usado em várias distribuições Linux, além do Red Hat.

Ele também possibilita construir pacotes a partir de arquivos fonte, verificar a assinatura digital, simular uma instalação, dentre outras. É tão poderoso quanto o dpkg e apt-get.

Este gerenciador de pacotes realiza de forma simples a instalação, manutenção e remoção de pacotes de software.

Cada pacote rpm contém programas binários, arquivos de configuração, documentação e informações de como eles devem ser instalados e suas dependências.

Este utilitário mantém um banco de dados de todos os pacotes instalados e seus arquivos, controle de versões e dependências. Em algumas situações especiais o banco de dados pode ficar corrompido. O gerenciador de pacotes conta com funções especiais para recuperar a sua integridade.

Os pacotes rpm acompanham a seguinte nomenclatura:

- **Nome_do_pacote**: Assim como nos pacotes Debian, um pacote rpm tem um nome curto que descreve seu conteúdo. Se mais de uma palavra for utilizada é utilizado o traço;
- **Versão do Software:** Cada arquivo rpm tem a sua versão que podem variar de acordo com os pacotes. Geralmente é numérica e são separada do nome por um traço;
- **Distribuição do Software**: Cada arquivo também pode ter uma distribuição ou empacotamento diferente;
- **Arquitetura**: O pacote rpm costuma carregar o nome da arquitetura para a qual foi montado;
- **Sufixo .rpm**: Ele utiliza a terminação .rpm para fácil identificação.

Exemplos:

```
binutils-2.27-28.base.el7_5.1.x86_64
python-backports-1.0-8.el7.x86_64
libstaroffice-0.0.4-1.el7.x86_64
adcli-0.8.1-4.el7.x86_64
```

Podemos encontrar também pacotes com nomes no formato pacote-versao.src.rpm. Esses pacotes contêm os arquivos fontes de um software e são na grande maioria independentes de arquitetura.

O gerenciador de pacotes rpm é utilizado por várias distribuições Linux. Mas os pacotes podem diferir nas informações adicionais de uma distribuição para outra. Procure sempre utilizar pacotes feitos especificamente para a sua distribuição.

Este gerenciador também faz o controle de dependências entre os pacotes. Eles contêm informações das dependências de cada aplicativo, e essa informação é utilizada durante sua instalação ou remoção. Caso a instalação de um novo pacote requeira outro, o rpm alertará o administrador.

rpm

rpm [modo] [opções] [pacotes]

O comando rpm é responsável pela instalação, remoção, atualização, conversão dos pacotes. Este comando é organizado primeiro em modos de operação, que podem ser: consulta, verificação, integridade, instalação, remoção, atualização e reconstrução do banco de dados rpm. Cada modo de operação pode ou não conter várias opções disponíveis.

Os modos de operação mais frequentes são:

Para consultar a base de dados

```
# rpm {-q|--query} [opções de consulta] nome_do_pacote
```

Exemplo:

```
# rpm —q bash
bash-2.05b-207
```

Para verificar o status dos pacotes

```
# rpm {-V|--verify} nome_do_pacote
```

Exemplo:

```
# rpm -V snort-2.0.1-98.i586.rpm
package snort-2.0.1-98.i586.rpm is not installed
```

Para verificar a assinatura e integridade dos pacotes

```
# rpm {-K|--checksig} nome_do_pacote
```

Exemplo:

```
# rpm -K libpcap-0.7.2-37.i586.rpm
```

```
libpcap-0.7.2-37.i586.rpm: sha1 md5 gpg OK
```

Para instalar um novo pacote:

```
# rpm {-i|--install} [opções de instalação] nome_do_pacote
```

Exemplo:

```
# rpm —i libpcap-0.7.2-37.i586.rpm
```

Para instalar um novo pacote mostrando detalhes da instalação:

```
# rpm —ivh libpcap-0.7.2-37.i586.rpm
Preparing...      ##################### [100%]
  1:libcap        ##################### [100%]
```

Para atualizar um pacote:

```
# rpm {-U|--upgrade} [opções de instalação] nome_do_pacote
```

Exemplo:

```
# rpm -U libpcap-0.7.2-37.i586.rpm
```

package libpcap-0.7.2-37 is already installed

Para remover um pacote:

```
# rpm {-e|--erase} [opções de remoção] nome_do_pacote
```

Exemplo:

```
# rpm —e libpcap-0.7.2-37.i586.rpm
```

Para refazer o banco de dados RPM:

```
# rpm {--initdb|--rebuilddb}
```

Exemplo:

```
# rpm --initdb
```

Para consultar as dependências de um pacote:

```
# rpm {—qpR }
```

Exemplo:

```
# rpm —qpR BitTorrent-5.2.2-1-Python2.4.noarch.rpm
/usr/bin/python2.4
python >= 2.3
python(abi) = 2.4
python-crypto >= 2.0
python-psyco
python-twisted >= 2.0
python-zopeinterface
rpmlib(CompressedFileNames) = 2.6
```

Para instalar um pacote ignorando as dependências (algo bem estúpido de se fazer):

```
# rpm {—ivh --nodeps }
```

Exemplo:

```
# rpm -ivh --nodeps BitTorrent-5.2.2-1-Python2.4.noarch.rpm
Preparing...      ##################### [100%]
1:BitTorrent      ##################### [100%]
```

Para listar os pacotes instalados recentemente:

```
# rpm {—qa --last }
```

Exemplo:

```
# rpm -qa --last
kernel-headers-3.14.34-27.48.amzn1.x86_64      Sex 06 Mar 2015
11:55:01 BRT
graphviz-gd-2.38.0-18.44.amzn1.x86_64          Sex 06 Mar 2015
11:55:00 BRT
file-devel-5.19-7.26.amzn1.x86_64              Sex 06 Mar 2015
11:55:00 BRT
```

Para saber a qual pacote um arquivo pertence:

```
# rpm {-qf arquivo }
```

Exemplo:

```
# rpm -qf /usr/bin/htpasswd
httpd24-tools-2.4.10-15.58.amzn1.x86_64
```

Para saber informações de um determinado pacote instalado:

```
# rpm {-qi nome_do_pacote }
```

Exemplo:

```
# rpm -qi httpd24
Name         : httpd24
Version      : 2.4.10
Release      : 15.58.amzn1
Architecture: x86_64
Install Date: Sex 13 Fev 2015 21:56:14 BRST
Group        : System Environment/Daemons
Size         : 3792099
License      : ASL 2.0
Signature    : RSA/SHA256, Qui 12 Fev 2015 17:35:50 BRST, Key ID
bcb4a85b21c0f39f
Source RPM   : httpd24-2.4.10-15.58.amzn1.src.rpm
Build Date   : Qui 12 Fev 2015 14:43:53 BRST
Build Host   : build-64003.build
Relocations  : (not relocatable)
Packager     : Amazon.com, Inc. <http://aws.amazon.com>
Vendor       : Amazon.com
```

```
URL          : http://httpd.apache.org/
Summary      : Apache HTTP Server
Description :
The Apache HTTP Server is a powerful, efficient, and extensible
web server.
```

Para verificar a integridade dos arquivos instalados com o banco de dados de pacotes:

```
# rpm {-Va }
```

Exemplo:

```
# rpm -Va
```

```
S.5....T.  c /etc/sysconfig/svnserve
....L....  c /etc/localtime
..?......    /usr/sbin/glibc_post_upgrade.x86_64
S.5....T.  c /etc/httpd/conf/httpd.conf
..?......    /usr/sbin/suexec
```

As opções de consulta de informações de pacotes mais frequentes são:

- **-a** Lista todos os pacotes instalados no sistema;
- **-f** arquivo: Lista o nome do pacote que contém o arquivo procurado;
- **-p** nomedopacote: Mostra se um determinado pacote está instalado;
- **-i** nomedopacote: Mostra informações extras sobre um determinado pacote;
- **-l** nomedopacote: Mostra a lista dos arquivos que um pacote contém;
- **-R** nomedopacote: Mostra a lista de dependências que um pacote necessita para ser instalado.

As opções de instalação e atualização de pacotes mais frequentes são:

- **--force**: Esta opção força a instalação de um pacote e seus arquivos mesmo se ele já estiver instalado. Esta opção inclusive força a instalação de um pacote mais antigo por cima de um mais novo;
- **-h**: Esta opção mostra o progresso da instalação;
- **---nodeps**: Esta opção desabilita a checagem de dependências para a instalação de um pacote;
- **-v**: Mostra informações extras durante a instalação e atualização dos pacotes;
- **-vv**: Mostra muito mais informações durante a instalação e atualização dos pacotes.

Geralmente utilizada por desenvolvedores.

As opções de desinstalação dos pacotes são:

- **--nodeps**: Desabilita a checagem de dependências, desinstalando o pacote mesmo que ele seja necessário por outros;
- **--test**: Testa a remoção do pacote, sem de fato removê-lo. É útil para testar se a remoção do pacote vai causar algum dano ao sistema ou aplicativo.

Prefira ao atualizar um pacote por uma versão mais nova utilizar o modo **-U.** Assim o pacote mais antigo será removido, o pacote novo será instalado e as configurações serão mantidas.

Como você pode ver, o uso do rpm é complicado a primeira vista, e pouco prático, já que o administrador precisa baixar os pacotes e instalar as dependências de forma manual.

rpm2cpio

$ rpm2cpio [pacote]

O comando rpm2cpio converte um pacote RPM em um fluxo de dados em formato cpio.

Este tipo de fluxo de dados é muito utilizado para operações de backup, originalmente utilizado no Unix para operações em fitas magnéticas.

O rpm2cpio irá gerar uma saída de dados estilo cpio diretamente no terminal.

Em conjunto com o comando **cpio**, o rpm2cpio pode ser usado para ver uma lista de arquivos do pacote.

Neste exemplo ele lê o arquivo rpm e gera uma um fluxo de dados cpio diretamente no terminal:

```
$ rpm2cpio logrotate-1.0-1.i386.rpm
0707020001a86a000081a40000000000000000000000001313118bb000002c2000
00008000
00003000000000000000000000000190000e73eusr/man/man8/logrotate.8."
logrotate
.TH rpm 8 "28 November 1995" "Red Hat Software" "Red Hat Linux"
```

Aqui pode-se utilizar a saída para o comando cpio, que com a opção -t mostra os arquivos contidos no cpio.

```
$ rpm2cpio logrotate-1.0-1.i386.rpm  | cpio -t
usr/man/man8/logrotate.8
usr/sbin/logrotate
```

```
14 blocks
```

Ou se preferir, pode extrair o conteúdo do pacote com a opção "-idmv" do cpio:

```
$ rpm2cpio php-5.1.4-1.esp1.x86_64.rpm | cpio -idmv
/etc/httpd/conf.d/php.conf
./etc/php.d
./etc/php.ini
./usr/bin/php
./usr/bin/php-cgi
./usr/lib64/httpd/modules/libphp5.so
./usr/lib64/php
./usr/lib64/php/modules
(...)
```

yum

yum [opções] [comando] [nome do pacote]

Devido a dificuldade de se lidar com gerenciamento de pacotes utilizando o comando rpm, as distribuições Linux baseadas em Red Hat usam o utilitário **yum**.

O Yum é um acrônimo para Yellow dog Updater, Modified. É uma ferramenta utilizada para gerenciar a instalação e remoção de pacotes em distribuições Linux, que utilizam o sistema RPM.

O Yum é um gerenciador de pacotes de arquivos similar ao APT-GET que lida automaticamente com dependências computando-as e resolvendo o que deve ser feito para tratá-las.

Ele possui um arquivo de configuração que especifica quais os repositórios que o YUM deve utilizar para procurar e baixar os pacotes RPM.

Nem sempre um Linux baseado em RPM terá o gerenciador de pacotes YUM instalado. Se for necessário instalar o YUM, ele pode ser conseguido no site http://yum.baseurl.org.

O comando para instalação é:

```
# rpm -ivh yum.rpm
```

O YUM também permite que repositórios de software sejam customizados no arquivo de configuração **yum.conf**.

Exemplo do /etc/yum.conf

```
[main]
cachedir=/var/cache/yum/$basearch/$releasever
keepcache=0
debuglevel=2
logfile=/var/log/yum.log
exactarch=1
obsoletes=1
gpgcheck=1
plugins=1
installonly_limit=5
distroverpkg=centos-release

[fedora-us-3-core]
name=Fedora Core 3 — Fedora US mirror
baseurl=http://SERVERNAME/fedora/fedora/$releasever/$basearch/RP
MS.os

[fedora-us-3-updates]
name=Fedora Core 3 Updates — Fedora US mirror
baseurl=http://SERVERNAME/fedora/fedora/$releasever/$basearch/RP
MS.updates
```

Além do arquivo de configuração **/etc/yum.conf**, o YUM permite que você coloque arquivos de configuração de repositórios no diretório **/etc/yum.repos.d/**. Neste diretório ficam as configurações de cada repositório.

Os arquivos deste diretório tem a extensão ".repo".

```
$ ls -l /etc/yum.repos.d/
-rw-r--r--. 1 root root 1664 Ago 13  2018 CentOS-Base.repo
-rw-r--r--. 1 root root 1309 Ago 13  2018 CentOS-CR.repo
-rw-r--r--. 1 root root  649 Ago 13  2018 CentOS-Debuginfo.repo
-rw-r--r--. 1 root root  314 Ago 13  2018 CentOS-fasttrack.repo
-rw-r--r--. 1 root root  630 Ago 13  2018 CentOS-Media.repo
-rw-r--r--. 1 root root 1331 Ago 13  2018 CentOS-Sources.repo
-rw-r--r--. 1 root root 4768 Ago 13  2018 CentOS-Vault.repo
```

Você pode adicionar repositórios extras ou de software em "beta-teste" na lista de repositórios do YUM.

Um arquivo de repositório geralmente tem um nome e aponta para uma URL na Internet. Veja o arquivo CentOS-Base.repo:

```
[base]
```

```
name=CentOS-$releasever - Base
mirrorlist=http://mirrorlist.centos.org/?release=$releasever&arch
=$basearch&repo=os&infra=$infra
#baseurl=http://mirror.centos.org/centos/$releasever/os/$basearch
/
gpgcheck=1
gpgkey=file:///etc/pki/rpm-gpg/RPM-GPG-KEY-CentOS-7
```

Alguns comandos do yum:

yum list: Lista todos os pacotes disponíveis;
yum check-update ou **yum list updates**: Verifica se há pacotes disponíveis para um update;
yum update: Faz o update de seu sistema;
yum install <pacote(s)>: Instala um pacote específico e suas dependências;
yum remove <pacote(s)>: Remove um pacote específico
yum info <pacote>: Apresenta informações básicas de um determinado pacote.
yum whatprovides arquivo: Lista todos os pacotes que possuem o arquivo indicado na busca

Veja os exemplos:

Para instalar um pacote:

```
# yum install postgresql

Resolving Dependencies
Install        2 Package(s)
Is this ok [y/N]: y

Package(s) data still to download: 3.0 M
(1/2): postgresql-9.0.4-5.fc15.x86_64.rpm       | 2.8 MB
00:11
(2/2): postgresql-libs-9.0.4-5.fc15.x86_64.rpm  | 203 kB
00:00
------------------------------------------------------------------
-
Total                              241 kB/s | 3.0 MB
00:12

Running Transaction
  Installing : postgresql-libs-9.0.4-5.fc15.x86_64       1/2
  Installing : postgresql-9.0.4-5.fc15.x86_64            2/2
```

```
Complete!
```

Uma opção do Yum é o "-y" que instala ou faz update de pacotes sem perguntar. Não é muito indicado para produção.

Para fazer update dos pacotes instalados:

```
# yum update
   Plugins carregados: priorities, update-motd, upgrade-helper
   amzn-main/latest

   Resolvendo dependências
   ---> Executando verificação da transação
   ---> O pacote aws-cli.noarch 0:1.7.5-1.2.amzn1 será atualizado
   ---> O pacote aws-cli.noarch 0:1.7.12-1.3.amzn1 será uma
atualização
   ---> Resolução de dependências finalizada

   Dependências resolvidas
   =================================================================
=
   Package      Arq.              Versão            Repo
                Tam.
   =================================================================
=
   Instalando:
   kernel   x86_64      3.14.34-27.48.amzn1      amzn-
updates          16 M

   Atualizando:
   aws-cli    noarch      1.7.12-1.3.amzn1         amzn-
updates          604 k
   Resumo da transação
   =================================================================
=                           Instalar   1 Package   (+4
Dependent packages)
   Upgrade    1 Package

   Tamanho total do download: 16 M
   Is this ok [y/d/N]:
```

Para remover um pacote:

```
# yum remove  postgresql
```

Para procurar todos os pacotes com a palavra "firefox":

```
# yum search firefox
Loaded plugins: langpacks, presto, refresh-packagekit
============== N/S Matched: firefox =====================
firefox.x86_64 : Mozilla Firefox Web browser
gnome-do-plugins-firefox.x86_64 : gnome-do-plugins for firefox
mozilla-firetray-firefox.x86_64 : System tray extension for
firefox
mozilla-adblockplus.noarch : Adblocking extension for Mozilla
Firefox
mozilla-noscript.noarch : JavaScript list extension for Mozilla
Firefox

Name and summary matches only, use "search all" for everything.
```

Para obter informações sobre um determinado pacote:

```
# yum info mysql
Plugins carregados: priorities, update-motd, upgrade-helper
newrelic

    59/59
Pacotes instalados

Nome          : mysql
Arquitetura   : noarch
Versão        : 5.5
Lançamento    : 1.6.amzn1
Tamanho       : 0.0
Repo          : installed
Do repositório : amzn-main
Sumário       : MySQL meta package
```

```
URL            : http://www.mysql.com
Licença        : GPLv2 with exceptions
Descrição: MySQL is a multi-user, multi-threaded SQL database
server. MySQL is a
         : client/server implementation consisting of a server
daemon (mysqld)
         : and many different client programs and libraries. The
base package
         : contains the standard MySQL client programs and
generic MySQL files.
```

Para ver todos os pacotes disponíveis no repositório do yum:

```
# yum list
Pacotes instalados
GeoIP.x86_64
1.4.8-1.5.amzn1                @amzn-main
GeoIP-devel.x86_64
1.4.8-1.5.amzn1                @amzn-main
PyYAML.x86_64
3.10-3.6.amzn1                installed
acl.x86_64
2.2.49-6.9.amzn1              installed
acpid.x86_64
1.0.10-2.1.6.amzn1           installed
alsa-lib.x86_64
1.0.22-3.9.amzn1             installed
apr.x86_64
                  1.5.0-2.11.amzn1                @amzn-updates
(…)
```

Para saber a qual pacote um determinado arquivo pertence:

```
# yum provides /etc/sysconfig/nfs
Plugins carregados: priorities, update-motd, upgrade-helper
1:nfs-utils-1.2.3-39.15.amzn1.x86_64 : NFS utilities and
supporting clients and daemons for the kernel NFS server
```

```
Repo          : amzn-main
Resultado a partir de:
Nome de arquivo    : /etc/sysconfig/nfs
```

Para saber quais são os repositórios ativos no YUM:

```
# yum repolist
id do repo                      nome do repo        status
amzn-main/latest                amzn-main-Base      5.019
amzn-updates/latest             amzn-updates-Base   1.085
newrelic/x86_64                 New Relic packages  59
```

dnf

dnf [opções] [comando] [nome do pacote]

A distribuição Linux Fedora fez o seu próprio gerenciador de pacotes baseado em Red Hat, chamado DNF.

O DNF é um gerenciador de pacotes de software que instala, atualiza e remove pacotes em distribuições Linux baseadas em RPM, muito parecido com o YUM.

Ele calcula automaticamente dependências e determina as ações necessárias para instalar pacotes.

O DNF também facilita a manutenção de grupos de máquinas, eliminando a necessidade de atualizar manualmente cada uma delas usando rpm.

Introduzido no Fedora 18, é o gerenciador de pacotes padrão desde o Fedora 22.

Para muitos o DNF ou "Dandified Yum" é a versão de próxima geração do Yum.

Ele mantém a compatibilidade da interfacd do Yum e define uma API rigorosa para extensões e plugins. O fato dele possibilitar a instalação de plugins é muito bem vinda, pois estes podem modificar ou ampliar os recursos do DNF e fornecer comandos de interface adicionais.

Se o DNF não estiver instalado na sua distrobuição baseado em Red Hat, você pode fazê-lo usando o Yum:

```
# yum install dnf
```

Os comandos que o DNF aceita são bem parecidos com o Yum:

- **autoremove**: remove um pacote e suas dependências (somente se não utilizadas por outros programas)

- **check**: Verifica o banco de dados RPM e produz informações
- **check-update [nome do pacote]**: Verifica se há atualizações dos pacotes
- **clean:** Apaga os arquivos temporários dos repositórios
- **distro-sync**: Faz upgrade ou downgrade dos pacotes para mantê-los iguais à última versão do repositório
- **downgrade [nome do pacote]**: faz o downgrade de um pacote
- **group [info] [install] [list] [remove] [upgrade]**: Realiza comandos com grupos de software
- **history**: lista as transações realizadas
- **info [nome do pacote]**: mostra informações sobre um pacote
- **install nome_do_pacote**: instala um determinado pacote e suas dependências
- **list**: lista os pacotes instalados e disponíveis
- **provide [nome]**: lista os pacotes que contém o nome buscado
- **remove nome_do_pacote:** remove um determinado pacote
- **repolist**: lista os repositórios conhecidos
- **upgrade [nome do pacote]**: faz upgrade de um pacote ou de todos se o nome do pacote não for especificado

Os exemplos de uso do DNF são muito parecidos com o YUM e a prova requer somente conhecimento sobre o DNF.

zypper

 # zypper [opções_globais] comando [opções_do_comando] [argumentos]

Assim como o Fedora fez seu próprio gerenciador de pacotes, o OpenSuSE fez o seu gerenciador chamado Zypper.

O Zypper é um gerenciador de pacotes de linha de comando para instalar, atualizar e remover pacotes, bem como para gerenciar repositórios.

Os comandos também são parecidos com o YUM.

Para instalar um pacote com o zypper:

```
# zypper install nome_do_pacote
```

Algumas opções também requerem um argumento, como o comando search.

O comando a seguir lista todos os padrões conhecidos de uma chave de busca:

```
# zypper search -t alguma_coisa
```

Para remover pacotes, use o seguinte comando:

```
# zypper remove nome_do_pacote
```

Para atualizar um pacote:

```
# zypper update nome_do_pacote
```

Para atualizar todos os pacotes:

```
# zypper update
```

102.6 - Linux como hospedeiro de virtualização

Impossível falar de um ambiente computacional sem falar em virtualização e contêineres. Os velhos CPD's nas empresas deram lugar a computação nas nuvens, com ambientes flexíveis.

O Linux é perfeitamente adaptável a esse tipo de ambiente computacional, que parece que foi feito para ele, em uma simbiose perfeita.

Apesar de ter acesso a hardware cada vez mais eficiente e poderoso, as operações executadas nos servidores físicos tradicionais - ou bare-metal - inevitavelmente enfrentam limites práticos significativos.

O custo e a complexidade da criação e do lançamento de um único servidor físico significam que adicionar ou remover efetivamente recursos para atender rapidamente às demandas é difícil ou, em alguns casos, impossível. Some o custo do servidor, com custo de energia e refrigeração. Custo de link de Internet e ainda de segurança de um bom firewall.

Testar com segurança novas configurações ou aplicativos completos antes do lançamento também pode ser complicado, caro e demorado.

Neste sentido a computação evoluiu para fornecer servidores virtuais, que podem ser criados ou destruídos em poucos segundos, ou mesmo ter a capacidade de aumentar e diminuir rapidamente seu poder computacional.

Isto fornece um diferencial ímpar para as aplicações corporativas, que devem atender às necessidades de negócios em constante mudança.

A virtualização de máquinas envolve as seguintes premissas:

- Acesso do software aos recursos e drivers de hardware de forma indistinguível de uma experiência não virtualizada;
- Deve permitir o controle completo do cliente sobre o hardware do sistema virtualizado.
- Permitir que os recursos físicos de computação, memória, rede e armazenamento ("núcleo quatro") sejam divididos entre várias entidades virtuais.
- Cada dispositivo virtual é representado em seus ambientes de software e usuário como uma entidade real e independente.
- Configurados corretamente, recursos praticamente isolados podem fornecer aplicativos mais seguros sem conectividade visível entre ambientes.
- A virtualização também permite que novas máquinas virtuais sejam provisionadas e executadas quase instantaneamente e depois destruídas assim que não forem mais necessárias.

O tipo de adaptabilidade que a virtualização oferece ainda permite que scripts adicionem ou removam máquinas virtuais em segundos ... em vez das semanas que demoram para comprar, provisionar e implantar um servidor físico.

Virtualização como motor da inovação

Em essência, a virtualização aumenta a flexibilidade, dissociando um sistema operacional e os serviços e aplicativos suportados por esse sistema a partir de uma plataforma de hardware físico específica. Permite o estabelecimento de vários ambientes virtuais em uma plataforma de hardware compartilhada.

As organizações que desejam inovar descobrem que a capacidade de criar novos sistemas e serviços sem instalar hardware adicional (e derrubar rapidamente esses sistemas e serviços quando não forem mais necessários) pode ser um impulso significativo à inovação.

Entre as abordagens possíveis estão o rápido estabelecimento de sistemas de desenvolvimento para a criação de software personalizado, a capacidade de configurar rapidamente ambientes de teste, a capacidade de fornecer soluções alternativas de software e compará-las sem grandes investimentos em hardware, suporte a prototipagem rápida e ambientes de desenvolvimento ágil, e a capacidade de estabelecer rapidamente novos serviços de produção sob demanda.

Como a virtualização funciona

Em condições normais de ambientes não virtuais, as máquinas com arquiteturas x86 controlam estritamente quais processos podem operar em cada camadas de software.

Normalmente, apenas o kernel do sistema operacional tem chance de acessar as instruções diretas de acesso ao hardware, e ele provê serviços para as camadas acima, como o ambiente de trabalho e aplicações.

Desta forma, em um ambiente virtual, você não pode dar acesso direto ao hardware para diversos sistemas operacionais de forma direta sem causar uma grande confusão.

Por isso, quando se fala em virtualização deve haver um gerente de máquina virtual (ou "hypervisor") cuja tarefa é redirecionar efetivamente solicitações de recursos como memória e armazenamento para os sistemas virtualizados.

Acontece que adicionar essa camada a mais de software para fornecer esse nível de coordenação adicionará latência significativa a praticamente todos os aspectos do desempenho do sistema.

Uma solução muito bem-sucedida foi a introdução de novos conjuntos de instruções nas CPUs que permitem que um sistema operacional convidado opere sem causar impacto em outras operações não relacionadas. Por isso é importante que o hardware utilizado para implementar virtualização seja adequado e contenha esse conjunto de instruções na CPU.

Tipos de Hypervisor

Tradicionalmente, existem duas classes de hipervisor: Tipo 1 e Tipo 2.

Os hipervisores de bare-metal (Tipo 1) são inicializados como sistema operacional de uma máquina e - às vezes através de uma máquina virtual privilegiada (VM) primária -

mantêm controle total sobre o hardware do host, executando cada SO convidado como um processo do sistema.

O XenServer e o VMWare ESXi são exemplos modernos de destaque do Tipo 1. Nos últimos anos, o uso popular do termo "hypervisor" se espalhou para incluir todas as tecnologias de virtualização de host.

O tipo 1 funciona mais como um "Monitor de Máquinas Virtuais".

Os hipervisores hospedados (Tipo 2) são simplesmente processos executados no topo de uma pilha normal do sistema operacional. Os hipervisores do tipo 2 (que incluem o VirtualBox e, de certa forma, o KVM) abstraem recursos do sistema host para sistemas operacionais convidados, fornecendo a ilusão de um ambiente de hardware privado.

Tipos de Máquinas Virtuais: VMs x para-virtuais x Drivers

As **Máquinas virtuais (VMs) Completas (Full-VM)** são totalmente virtualizadas. O sistema operacional convidado não percebe que está em um hardware virtual, se comportando como implantações regulares do sistema operacional com seu próprio hardware privado.

Como eles não precisam interagir com o ambiente de maneira diferente de um sistema operacional independente, eles podem executar com pilhas de software não modificadas disponíveis no mercado.

O outro tipo de Máquina Virtual são as **para-virtuais (PV)**, que estão pelo menos parcialmente cientes de seu ambiente virtual, incluindo o fato de estarem compartilhando recursos de hardware com outras máquinas virtuais. Isto pode significar um melhor desempenho para as operações que exigem conectividade aos componentes de hardware.

A Para-virtualização e virtualização completa podem ser combinadas para permitir que sistemas operacionais não modificados recebam desempenho de Entrada / Saída quase nativo usando **drivers para-virtualizados** em sistemas operacionais totalmente virtualizados.

Compatibilidade de hardware

Pelo menos alguns recursos de virtualização requerem suporte de hardware - especialmente da CPU do host. Portanto, você pode garantir que o servidor tenha suporte ao Hypervisor na CPU.

Isto pode ser checado no arquivo **/proc/cpuinfo** na seção "flags" de cada processador:

```
$ grep hypervisor /proc/cpuinfo

flags : fpu vme de pse rdrand hypervisor lahf_lm abm pts
```

Outros tipos de extensão de CPU específicas de processador podem ser checadas. O flag vmx indica virtualização presente nos processadores da Intel e o flag svm para processadores da AMD:

```
$ grep -E 'svm|vmx' /proc/cpuinfo
```

Softwares de Virtualização Completa

Algumas implementações de virtualização completa disponíveis:

- O **KVM / QEMU** é uma solução completa de virtualização para hardware Linux de arquitetura x86 que contém extensões de virtualização (Intel VT ou AMD-V). Usando o KVM, é possível executar várias máquinas virtuais executando imagens não modificadas do Linux ou Windows. A KVM faz parte da RedHat Emerging Technologies (ET).
- O **Xen** é um monitor de máquina virtual que fornece serviços que permitem que vários sistemas operacionais de computadores sejam executados simultaneamente no mesmo hardware. O Xen é a solução de escolha para as distribuições RedHat EL desde 2005.
- O **VirtualBox** é uma solução completa de virtualização para hardware x86 e AMD64 / Intel64. A Sun Microsystems iniciou esse projeto, que agora é totalmente suportado pela Oracle. Existe um esquema de licenciamento duplo, entre os quais a GPLv2. Alegadamente, o VirtualBox é uma das soluções de virtualização completas mais rápidas.

Migração e Cópia

O modelo de virtualização também permite uma ampla variedade de operações de migração, backup e clonagem - mesmo a partir de sistemas em execução.

Como os recursos de software que definem e controlam uma máquina virtual são tão facilmente identificados, geralmente não é necessário muito esforço para duplicar ambientes de servidor inteiros em vários locais e para vários propósitos.

Às vezes, não é mais complicado do que criar um arquivo de um sistema de arquivos virtual em um host, descompactá-lo no mesmo caminho em um host diferente, verificar as configurações básicas da rede e ativá-lo. A maioria das plataformas oferece uma única operação de linha de comando para mover convidados entre hosts.

Dependendo da implementação da máquina virtual, é preciso estar atento em alguns detalhes ao clonar uma máquina virtual, tais como:

Mudança do D-Bus Machine ID

Cada máquina virtual possui um identificados único UUID. Às vezes é necessário gerar manualmente uma nova identificação única para a máquina clonada através dos comandos:

```
# rm /var/lib/dbus/machine-id
```

```
# dbus-uuidgen --ensure
```

Mudança do Hostname

Pode ser necessário também alterar o nome do hostname manualmente editando o arquivo /etc/hostname:

```
# vi /etc/hostname
```

Mudança das chaves de SSH

Ao clonar uma máquina virtual, pode ser necessário regerar as chaves de SSH manualmente:

```
# sudo rm /etc/ssh/ssh_host_*
# dpkg-reconfigure openssh-server
# sudo service ssh start
# sudo rm /etc/rc.local
```

Cloud-Init

O Cloud-Init é um pacote muito utilizado para simplificar o trabalho de automação das instâncias de máquinas virtuais. Ele automatiza praticamente todos os procedimentos de mudança de configurações de rede, nome do host, mudança de chaves SSH, monatgem de discos, etc. Com ele é possível:

- Definir uma localidade padrão para linguagem, mapa de teclado, etc;
- Definir o nome de host da instância;
- Gerar Chaves Privadas SSH da Instância;
- Adicionar chaves SSH às .ssh / allowed_keys de um usuário para que ele possa fazer login;
- Configurar pontos de montagem;
- Configurar dispositivos de rede

Grandes Players de Cloud Computing

Os grandes provedores de computação na Nuvem que podemos destacar são:

- Amazon AWS
- Microsoft Azure
- Google Cloud
- Rackspace
- IBM Cloud
- VMWare

- Oracle Cloud

Infra-estrutura Completa na Nuvem

Os grandes provedores de Computação na Nuvem oferecem mais do que máquinas Virtuais, mas um ambiente computacional completo.

É comum que estes provedores cobrem no modelo de Infraestrutura Como Serviço (IaaS), de forma que você paga pelo que utiliza, pelo tempo que utiliza. Isto permite uma grande flexibilidade de adaptação e mudança do ambiente computacional.

Instâncias de máquina virtual

É como são chamadas as máquinas virtuais em ambientes de cloud computing. É possível definir no momento da criação a CPU, Memória e Discos da máquina desejada, bem como tipo e versão de sistema operacional. Alguns ambientes ainda permitem alterar o hardware virtual da instância em funcionamento.

Este tipo de ambiente ainda permite personalizar as máquinas virtuais ao gosto do cliente, bem como criar clones de VM's aos montes se necessário.

Instâncias e opções de armazenamento

Por padrão, cada instância tem um disco permanente de inicialização pequeno que contém o sistema operacional.

Se precisar de mais espaço de armazenamento nos aplicativos em execução na instância, basta adicionar outros discos. Várias opções são possíveis, desde HDs em disco, armazenamento de backup, discos SSD e outras opções de armazenamento de alta capacidade e baixa latência e grande redundância.

Instâncias e redes

Os ambientes virtuais em cloud computing permitem ainda a criação de redes virtuais privadas entre as instâncias e também entre instâncias e alguma outra rede na Internet, garantindo a privacidade e conectividade.

Instâncias e contêineres

Os players de Cloud Computing também fornecem instâncias otimizadas para criação de contêineres Docker ou Kubernetes, com gerenciamento fácil dos contêineres.

Ferramentas para gerenciar instâncias

É possível criar e gerenciar instâncias usando várias ferramentas do Player escolhido, bem como um conjunto de API's que permitem uma customização do ambienten computacional e também ferramentas de linha de comando.

Virtualização em Contêineres

Como vimos, uma VM é um sistema operacional completo cuja relação com os recursos de hardware do núcleo quatro é totalmente virtualizada: ela pensa que está sendo executada em seu próprio computador.

Um hipervisor instala uma VM a partir da mesma imagem ISO que você baixaria e usaria para instalar um sistema operacional diretamente em um disco rígido físico vazio.

Um contêiner, por outro lado, é, efetivamente, um aplicativo, lançado a partir de um modelo semelhante a script, que considera um sistema operacional.

Nas tecnologias de contêiner (como LXC e Docker), os contêineres nada mais são do que abstrações de software e recursos (arquivos, processos, usuários) que dependem do kernel do host e uma representação dos "quatro principais" recursos de hardware (por exemplo, CPU, RAM, rede e armazenamento).

Um contêiner então é um conjunto de um ou mais processos organizados isoladamente do sistema, com sua própria abstração de disco, rede e bibliotecas compartilhadas. Ele tem todos os arquivos necessários à execução dos processos para qual foi criado. No entanto, os contêineres utilizam o Kernel do Host das instâncias em que rodam.

Na prática, os contêiner são portáteis e consistentes durante toda a migração entre os ambientes de desenvolvimento, teste e produção. Essas características os tornam uma opção muito mais rápida do que os modelos tradicionais de desenvolvimento, que dependem da replicação dos ambientes de teste tradicionais.

Como os contêineres são, efetivamente, extensões isoladas do kernel do host, eles permitem oportunidades de computação incrivelmente leves e versáteis.

DevOps e Contêineres

Os contêineres são o casamento perfeito entre desenvolvimento de software e a infraestrutura.

Os contêineres permitem replicar um ambiente de produção em desenvolvimento com muita facilidade, e vice-versa. Todo o ambiente criado para o desenvolvimento de uma aplicação pode ser migrado em segundos para produção com o mínimo de esforço. Todas as configurações, bibliotecas, dependências, arquivos, localização vão junto com a aplicação encapsulada no contêiner com o máximo de portabilidade, configurabilidade e isolamento.

Contêiner são VM's?

Não exatamente. As duas tecnologias são complementares. Com a virtualização, é possível executar sistemas operacionais (Windows ou Linux) simultaneamente num único sistema de hardware.

Já os contêineres compartilham o mesmo kernel do sistema operacional host e isolam os processos da aplicação do restante do sistema. Isto provê isolamento da aplicação sem a necessidade de se instalar uma máquina virtual completa. Desta forma, as "instâncias de contêiner" podem ser inicializadas, paradas e reiniciadas com maior rapidez do que uma VM tradicional

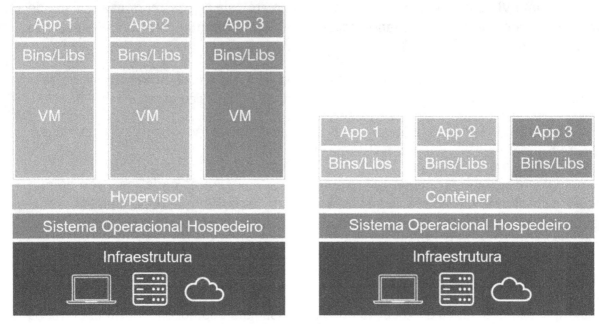

Figura 9 – Contêner x VMs

Podemos fazer uma abstração das máquinas virtuais como um condomínio com várias casas. Cada casa precisa ter o seu muro, jardim, sistema de esgoto, aquecimento, telhado, etc. Dificilmente as casas terão em comum a sua arquitetura, número de quartos, tamanho e configurações. No condomínio as casas só compartilham o sistema de ruas, segurança e alguma infraestrutura, mas, em contrapartida são bem independentes.

Já os contêineres são como apartamentos de um prédio. Cada família mora num apartamento diferente, com a sua cor de parede, com os seus móveis e eletrodomésticos, mas compartilham as áreas em comuns como hall de entrada, elevadores, espaço gourmet, rede de esgoto, água e gás.

> "Alegre-se com a vida, pois oferece a você a chance de amar,
> trabalhar, divertir-se e olhar para as estrelas."
> Henry Van Dyke

103 - Comandos GNU e Unix

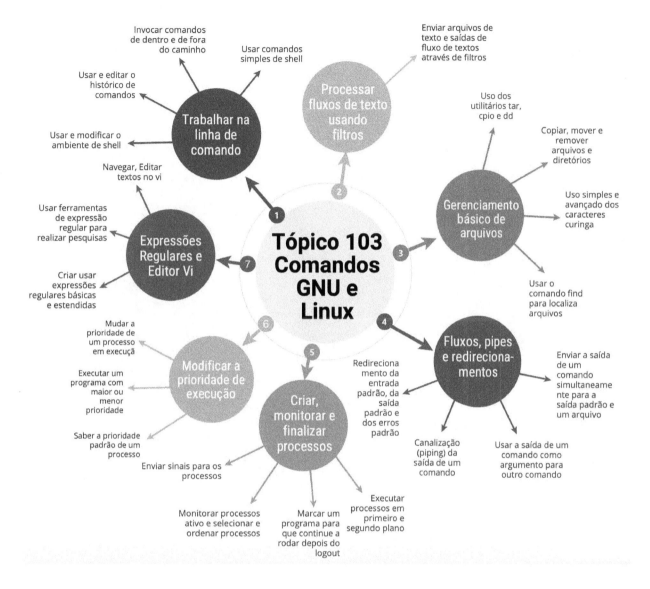

Invocar comandos de dentro e de fora do caminho

Usar comandos simples de shell

Usar e editar o histórico de comandos

Enviar arquivos de texto e saídas de fluxo de textos através de filtros

Processar fluxos de texto usando filtros

Uso dos utilitários tar, cpio e dd

Copiar, mover e remover arquivos e diretórios

Trabalhar na linha de comando

Usar e modificar o ambiente de shell

Navegar, Editar textos no vi

Usar ferramentas de expressão regular para realizar pesquisas

Gerenciamento básico de arquivos

Uso simples e avançado dos caracteres curinga

Expressões Regulares e Editor Vi

Tópico 103 Comandos GNU e Linux

Criar usar expressões regulares básicas e estendidas

Usar o comando find para localiza arquivos

Mudar a prioridade de um processo em execuçã

Fluxos, pipes e redireciona-mentos

Executar um programa com maior ou menor prioridade

Modificar a prioridade de execução

Redireciona mento da entrada padrão, da saída padrão e dos erros padrão

Enviar a saída de um comando simultaneame nte para a saída padrão e um arquivo

Saber a prioridade padrão de um processo

Criar, monitorar e finalizar processos

Canalização (piping) da saída de um comando

Usar a saída de um comando como argumento para outro comando

Enviar sinais para os processos

Monitorar processos ativo e selecionar e ordenar processos

Marcar um programa para que continue a rodar depois do logout

Executar processos em primeiro e segundo plano

"A maioria dos especialistas concorda que o mais provável de o mundo ser destruído é por acidente. É onde nós entramos; somos profissionais de computação. Nós causamos acidentes."
Nathaniel Borenstein

O candidato deverá ao final deste tópico ter proficiência na linha de comandos: saber interagir com o bash shell, a trabalhar com utilitários filtros de texto, fazer o gerenciamento básico de arquivos, aplicar redirecionamentos e condutores de dados entre os processos, criar, monitorar, terminar e alterar prioridade de processos, procurar textos em arquivos e a trabalhar com o editor vi.

Este tópico aborda os comandos básicos dos sistemas Linux e Unix geralmente aplicados na interface de shell do sistema operacional.

A maioria destes programas de linha de comando utilizados no Linux é comum ao Unix e eles foram na sua maioria desenvolvidos por pessoas ou grupos de pessoas que precisavam de ferramentas específicas. Algo feito por programadores para programadores. Por isso que, para o usuário comum, estes comandos parecem tão estranhos.

Como todo computador necessita de uma interface humana, no Linux a mais simples delas é o shell.

Em termos técnicos, o shell é um interpretador de comandos que analisa o texto digitado na linha de comandos e os executa produzindo algum resultado. Ele irá funcionar como uma interface entre o usuário e o Kernel.

O shell tem como referência um subdiretório onde o usuário tem total controle, conhecido como diretório "home". Ali o usuário tem privilégios para criar, alterar, apagar e modificar arquivos e diretórios.

Em teoria, tudo o que o usuário produzir será mantido no home, separado pela "casca" do shell dos outros usuários. Esta "casca" não irá permitir que o usuário execute alguma coisa que ele não tenha permissão.

Existem várias shells, cada uma com suas configurações e funcionalidades específicas. A maior parte das diferenças existentes envolve facilidade de operação e tipos de configuração.

Além de ser um interpretador de comandos, o shell também é um poderoso ambiente de programação capaz de automatizar praticamente tudo em um sistema Linux. Uma vez iniciado o processo do shell, ele irá preparar o prompt de comandos, indicando que está pronto para receber instruções. O prompt geralmente é um caractere # ou $. O # indica que o shell está pronto para executar comandos como superusuário ou root. O $ é utilizado para indicar que o usuário é comum.

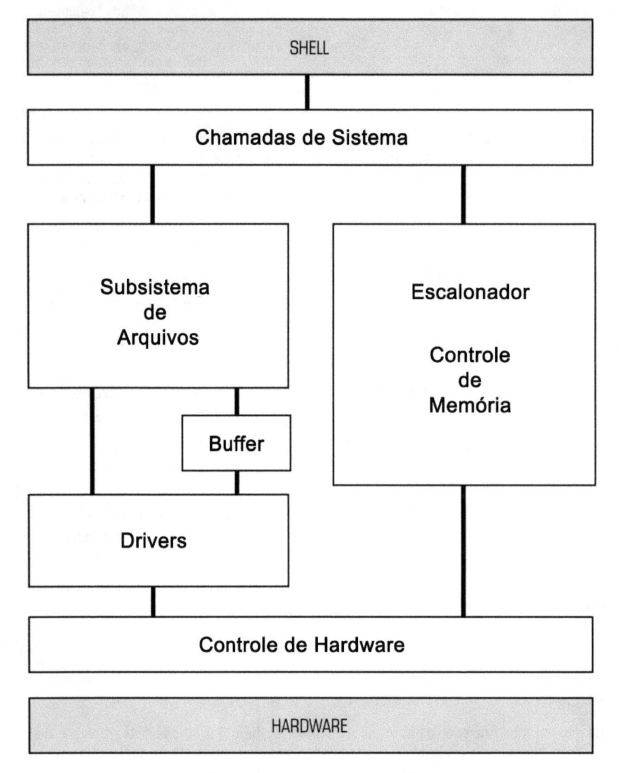

Figura 10 – Esquema de um Sistema Operacional

No Linux utilizamos normalmente o BASH (ou Bourne Again Shell). Ele é derivado do CSH, e possui várias características interessantes. Os exames usam o Bash como padrão.

103.1 – Trabalhando com a Linha de Comandos do Shell

Variáveis do Shell

Durante a execução do bash são mantidas algumas variáveis especiais que contêm alguma informação importante para a execução do shell. Estas variáveis são carregadas no início da execução do bash e também podem ser configuradas manualmente em qualquer momento.

A primeira variável que iremos abordar é a PS1 ou simplesmente Prompt String 1.

Esta variável guarda o conteúdo do prompt de comandos do bash quando ele está pronto para receber comandos.

Existe também a variável PS2 que guarda o conteúdo do prompt de comandos quando são necessários múltiplas linhas para completar um comando.

Estas duas variáveis do shell não afetam como o interpretador irá processar os comandos recebidos, mas podem ser de grande ajuda quando carregam informações extras como nome do usuário, diretório corrente, etc.

Esta variável é a grosso modo como o shell irá se apresentar.

Convencionou-se que as variáveis são todas escritas em caixa-alta. Mas é importante que você saiba que $nome e $NOME são duas variáveis diferentes para o shell.

O conteúdo de qualquer variável do Shell poderá ser visualizado com o comando echo sucedido pelo símbolo $ mais o nome da variável:

```
$ echo $PS
\$
```

O caractere \ diz que qualquer outro caractere que o sucede deve ser interpretado exatamente como ele é e não processado pelo shell. Ele é o que chamamos de metacaractere.

É comum que o prompt de comandos padrão do bash venha no formato: **\u@\h:\W\$**

Os comandos e variáveis no Linux são sensíveis às letras maiúsculas e minúsculas. Cada um destes caracteres é interpretado de forma especial.

O **\u** é utilizado para representar o nome do usuário, o **\h** é utilizado para representar o nome do sistema (hostname) e o **\W** é o diretório corrente.

Um exemplo para este prompt é: **uira@notebook:home$**

Outra variável importante do Shell é o **PATH**. O path guarda uma lista dos diretórios que contêm os programas que você poderá executar sem precisar passar na linha de comandos o caminho completo de sua localização.

```
$ echo $PATH
/sbin:/bin:/usr/sbin:/usr/bin
```

É importante que você saiba que o interpretador de comandos do bash acompanha a seguinte ordem para achar e executar os comandos digitados:

1. O comando digitado é um comando interno do interpretador de comandos?
2. Se não for, o comando é um programa executável localizado em algum diretório listado na variável PATH?
3. A localização do comando foi explicitamente declarada?

Uma dica interessante é incluir ":." no final da variável PATH para que o bash inclua o diretório corrente na sua lista de busca por programas executáveis.

Diferentemente do MS-DOS, o diretório corrente não está incluso na lista de busca padrão. Sem incluir o ":." no PATH é necessário informar o caminho relativo ao chamar programas no diretório corrente com "./nomedoprograma".

Isto é um problema para usuários novatos no Linux que não entendem porque ao digitar um comando ou tentar rodar um programa que está na pasta corrente não funciona na maioria das vezes. Simplesmente é a falta que o ":." faz no $PATH.

Uma lista completa das variáveis do shell poderá ser obtida com o comando:

```
$ set
```

Você poderá também alterar ou criar uma nova variável do shell através dos comandos:

```
$ LIVRO="Certificação Linux"
```

Preferencialmente as variáveis devem ser declaradas em caixa alta e não coloque espaços entre o nome da variável, o símbolo = e o seu conteúdo.

Se o conteúdo for alfanumérico é desejável que ele esteja entre aspas simples ou duplas.

Quando o texto de uma variável é uma sequência comum de letras e números, pouco importa se você vai usar aspas simples ou duplas.

```
$ FRASE1="Este é um teste"
$ FRASE2='de direfença entre aspas'
$ echo $FRASE1 $FRASE2
Este é um teste de diferença entre aspas
```

Mas se você for utilizar as variáveis entre aspas, há diferença:

```
$ echo "$FRASE1 $FRASE2"
Este é um teste de diferença entre aspas

$ echo '$FRASE1 $FRASE2'
$FRASE1 $FRASE2
```

Então as aspas duplas expandem o conteúdo das variáveis, enquanto as aspas simples não. Isto faz diferença se você quer, por exemplo, incluir um diretório na variável PATH:

```
$ echo $PATH
/usr/local/bin:/bin:/usr/bin:/usr/local/sbin:/usr/sbin:/sbin:/opt
/aws/bin:/home/ec2-user/bin

$ PATH="$PATH:/ora/oracle/admin/bin"

$ echo $PATH
/usr/local/bin:/bin:/usr/bin:/usr/local/sbin:/usr/sbin:/sbin:/opt
/aws/bin:/home/ec2-user/bin:/ora/oracle/admin/bin
```

Neste caso as aspas simples não funcionariam.

Depois de criar uma variável do shell, é preciso exportá-la para o ambiente com o comando **export**.

Quando uma variável é exportada para o ambiente ela fica disponível para todos os processos filhos do shell (todos os programas e aplicações que você executar no bash).

Cada vez que um processo é executado pelo shell, ele somente irá receber as variáveis criadas pelo shell se elas forem exportadas com o comando export.

Assim o processo filho (o programa que desejamos executar) vai herdar do processo pai (o shell) as variáveis criadas.

Veja o exemplo abaixo, onde criamos uma variável chamada LIVRO:

```
$ LIVRO="Certificação Linux"
$ echo $LIVRO
```

Certificação Linux

Se executarmos o bash novamente no mesmo terminal, para criar um processo filho, você verá que a variável LIVRO não existe, porque ela não foi exportada para os processos filho:

```
$ bash
$ echo $LIVRO
```

Algumas palavras não podem ser utilizadas como variáveis, pois são o que chamamos de palavras reservadas do Bash, utilizadas como comandos internos. São elas: alias, alloc, bg, bind, bindkey, break, breaksw, builtins, case, cd, chdir, command, complete, continue, default, dirs, do, done, echo, echotc, elif, else, end, endif, endsw, esac, eval, exec, exit, export, false, fc, fg, filetest, fi, for, foreach, getopts, glob, goto, hash, hashstat, history, hup, if, jobid, jobs, kill, limit, local, log, login, logout, ls-F, nice, nohup, notify, onintr, popd, printenv, pushd, pwd, read, readonly, rehash, repeat, return, sched, set, setenv, settc, setty, setvar, shift, source, stop, suspend, switch, telltc, test, then, time, times, trap, true, type, ulimit, umask, unalias, uncomplete, unhash, unlimit, unset, unsetenv, until, wait, where, which, while.

Agora veremos alguns comandos que lidam com as variáveis.

set

$ set [variável]

O comando set informa uma lista de todas as variáveis locais, variáveis ambientais e funções do shell.

Algumas opções do comando set alteram o comportamento do bash, a saber:

- **-C** Previnem que a saída de um programa usando `>', `>&' e `<>' regrave arquivos. Faz o mesmo que a opção -o noclobber
- **-n** Lê os comandos, mas não os executa. Útil para checar scripts. Faz o mesmo que a opção -o noexec
- **-P** Proíbe o shell de seguir links simbólicos. Faz o mesmo que a opção -o physical
- **-a** Marca as variáveis modificadas ou criadas para export. Faz o mesmo que a opção -o allexport
- **-o** history Habilita guardar o histórico de comandos digitados.

Ao utilizar as opções do set, o símbolo + pode ser utilizado para desabilitar as opções.

Esse comando além de servir para listar todas as variáveis, ele pode alterar o comportamento do bash.

Veja os exemplos:

Para Listar as variáveis:

```
$ set
BASH=/bin/bash
BASH_VERSION='4.2.46(2)-release'
HISTCONTROL=ignoredups
HISTFILE=/home/ec2-user/.bash_history
HISTFILESIZE=1000
HISTSIZE=1000
```

Para não permitir que um arquivo seja regravado com o condutor ">":

```
$ set -C
$ cat teste.c > texto
-bash: texto: cannot overwrite existing file
```

É importante que você saiba que as opções que alteram o comportamento do comando set não são permanentes se não estiverem em algum script de inicialização do bash.

unset

$ unset [variável]

O comando unset apaga uma variável ambiental da memória.

Ex.:

```
$ LIVRO="Certificação Linux"
$ echo $LIVRO
Certificação Linux
$ unset LIVRO
$ echo $LIVRO
```

export

$ export [variável]

O comando export serve para exportar as variáveis criadas para todos os processos filhos do bash em que as variáveis foram criadas. Se não for informada uma variável ou função como parâmetro, ele mostra todas as variáveis exportadas. Ele também pode ser usado para se criar uma variável e exporta-la ao mesmo tempo.

Uma variável criada no bash sem ser exportada não pode ser lida por nenhum processo ou programa executado no mesmo terminal.

Exemplo de como criar diretamente uma variável e exportar ao mesmo tempo:

```
$ export LIVRO="Certificação Linux"
$ export
declare -x HISTCONTROL="ignoredups"
declare -x HISTSIZE="1000"
declare -x HOME="/home/ec2-user"
declare -x LANG="pt_BR.UTF-8"
declare -x LIVRO="Certificação Linux"
```

echo

$ echo parâmetro

O comando echo imprime algo na tela ou na saída padrão. Ele também pode ser usado para imprimir os valores de variáveis.

Veja neste exemplo a diferença entre aspas simples e duplas:

```
$ echo "Bom dia"
Bom dia
$ NOME="Uirá"
$ echo "Bom dia $NOME"
Bom dia Uirá
```

```
$ echo 'Bom dia $NOME'
Bom dia $NOME
```

A saída do comando echo também pode ser redirecionada para um arquivo:

```
$ echo "Bom dia $NOME" > /tmp/arquivo
$ cat /tmp/arquivo
Bom dia Uirá
```

env

$ env VARIAVEL=valor programa

O comando env é utilizado para executar um programa enviando para ele uma variável ambiental.

Ele habilita que um determinado programa possa ler uma variável sem a necessidade de criar a variável no Shell e posteriormente exportá-la com o comando export.

A opção -i diz para o env ignorar o ambiente herdado, sem alterar o conteúdo de qualquer variável existente. É útil para alterar uma variável momentaneamente para um teste.

Neste exemplo o programax é executado recebendo a variável HOME com seu valor alterado:

```
$ env HOME=/home/convidado2 programax
```

Trabalhando com Eficácia no Shell

Entrar com comandos no shell é mais do que simplesmente digitá-los. Primeiro, o comando precisa ser válido e estar nos diretórios listados na variável PATH ou com sua localização explícita. O comando também pode requerer opções, geralmente precedidos pelo símbolo "-" ou "--" e por argumentos. O importante é que cada comando tem sua sintaxe única e pode haver variações dependendo da distribuição do Linux.

Vejamos alguns exemplos simples com o comando ls:

```
$ ls
```

Este comando lista os arquivos no diretório corrente. Ele não requer nenhuma opção ou argumento para ser executado. O argumento –l pode ser acrescentado para gerar uma lista de arquivos detalhada:

```
$ ls -l
```

Podemos ainda colocar mais opções para o comando ls:

```
$ ls -l -a -t
```

Ou

```
$ ls -lta
```

No caso do comando ls, as opções podem ser passadas separadamente ou combinadas. A opção -a mostra todos os arquivos incluindo os ocultos. A opção -t mostra os arquivos ordenados pela última data de modificação. A ordem das opções não é importante para o ls.

Para ocultar um arquivo no Linux, o seu nome deve necessariamente começar com o símbolo "." (ponto). Ex: .bash_history

Para alguns comandos as opções têm de ser precedidas com dois traços "--" ao invés de um traço. Ainda, alguns comandos oferecem formas alternativas de indicar uma mesma opção. No caso do ls, as opções -a e --all produzem o mesmo efeito. O detalhe é que opções que são chamadas com dois traços não podem ser combinadas.

```
$ ls -lt --all
```

E não:

```
$ ls --lalllt
```

Alguns comandos podem aceitar argumentos como opcional. Para outros comandos os argumentos são necessários. Os argumentos são os parâmetros que os comandos aceitam ou necessitam. Vejamos o comando ls:

```
$ ls -l *.txt
```

No exemplo acima o comando ls recebeu a opção -l e o argumento *.txt que filtra os arquivos terminados com a extensão .txt.

Outra variação possível são os comandos que precisam obrigatoriamente de uma opção para executar uma tarefa que geralmente não é precedida pelo traço. É comum para esse tipo de comando que suas opções sejam sucedidas por argumentos. Veja como exemplo o comando dd:

```
$ dd if=bootdisk.img of=/dev/fd0
```

O comando dd copia e converte arquivos de acordo com as opções passadas. No exemplo, o comando irá ler uma imagem de um disco de boot (opção if=bootdisk.img) e irá gravar esta imagem no drive a: (opção of=/dev/fd0).

Quase todos os comandos aceitam a opção --help que mostra uma ajuda simples das opções e argumentos aceitos pelo comando.

É importante que você tenha em mente que o Linux somente vai executar os comandos que sejam internos do interpretador, ou comandos cuja localização esteja na variável PATH ou comandos chamados com o seu caminho explícito.

```
$ ls
```

Ou

```
$ /bin/ls
```

No exame é muito importante que você esteja bem familiarizado com os comandos listados neste capítulo e sua sintaxe. Portanto você precisa saber quando o comando aceita opções com um traço, dois traços ou nenhum traço.

O Bash também permite que você entre com uma sequência de comandos em uma mesma linha. Para isso você deve separar os comandos com o símbolo ; (ponto e vírgula).

```
$ echo $PS1; echo $PS2
```

O Bash escreve em um arquivo chamado .bash_history localizado no diretório home de cada usuário o histórico de todos os comandos digitados pelos usuários. A possibilidade de recuperar os comandos digitados é fabulosa. Isto pode ser bastante útil para fins de auditoria, relembrar a memória ou simplesmente economizar os dedos.

Você poderá ver os comandos que digitou visualizando o conteúdo do arquivo .bash_history.

```
$ cat ~/.bash_history
```

O comando cat, dentre outras coisas, serve para visualizar o conteúdo dos arquivos.

O símbolo "~" faz referência ao diretório home do usuário logado.

A seguir veremos o comando history e uma tabela detalhada dos atalhos para você poder fazer uso rápido dos comandos armazenados no arquivo .bash_history.

history

$ history [número]

O comando history serve para listar o conteúdo do ~/.bash_history do usuário logado, e enumera as linhas do histórico de comandos.

Você pode passar como parâmetro a quantidade de linhas que você quer ele ele mostre desde o último comando digitado:

```
$ history 10
  564  cd ..
  565  ll
  566  cp cadastro.php cadastro_livro.php
  567  sudo cp cadastro.php cadastro_livro.php
  568  sudo vi cadastro_livro.php
  569  mv geralivro.php geraflivro.php
  570  sudo mv geralivro.php gerarlivro.php
  571  cat grava.php
```

Você também pode usar o history com o grep para filtrar os comandos:

```
$ history | grep ssh
  144  history |grep ssh
  145  ssh uira@192.30.0.105
  148  ssh uira@172.30.0.107
```

Ao saber o número da linha que você quer usar novamente, basta colocar exclamação seguido do número da linha correspondente:

```
$ !144
ssh -i uribeiro.pem ec2-user@172.30.0.107
Last login: Thu Sep 12 09:51:33 2019 from 172.30.0.241
```

O comando history tem algumas opções a saber:

- -c   Limpa a lista do histórico
- -d x   Apaga a linha de número x
- -a   Adiciona os comandos da sessão corrente do bash ao arquivo de histórico

O bash também oferece outras possibilidades de trabalho com o histórico de comandos:

Atalho	Descrição
!!	Executa o último comando digitado
!n	Executa o comando na linha n no arquivo .bash_history
!texto	Executa o comando mais recente que inicia com o texto
!?texto	Executa o comando mais recente que contém o texto
^texto1^texto2	Executa o último comando substituindo o texto1 pelo texto2
Alt M <	Vai para o início do arquivo .bash_history
Alt M >	Vai para o fim do arquivo .bash_history
Ctrl p	Recupera os comandos armazenados no arquivo .bash_history de trás para frente
Ctrl n	Recupera os comandos já listados de frente para trás
Ctrl b	Volta um caractere nos comandos já recuperados
Ctrl f	Anda um caractere para frente nos comandos já recuperados
Ctrl a	Volta para o início da linha nos comandos já recuperados
Ctrl e	Vai para o fim da linha nos comandos já recuperados
Ctrl l	Limpa a tela
Ctrl d	Apaga caracteres do texto do cursor até o fim da linha
Ctrl k	Apaga o texto do cursor até o fim da linha de uma só vez
Ctrl y	Cola o texto apagado pelo comando anterior na tela
Ctrl rtexto	Procura comandos que contenham o texto do último comando para o primeiro
Ctrl stexto	Procura comandos que contenham o texto do primeiro comando para o último

Símbolo "CTRL" da tabela significa que você deve manter pressionado a tecla Control do teclado e a tecla correspondente. O mesmo vale para a tecla Alt.

Veja outros comandos auxiliares para trabalhar com eficiência no bash.

pwd

$ pwd [opção]

O comando pwd informa o diretório absoluto corrente. Por absoluto entende-se que ele mostra o caminho completo desde a raiz do sistema.

Ele tem algumas opções:

- -L ou --logical   Lista o conteúdo da variável PWD, mesmo se conter links sombólicos

- -P ou --physical   Evita todos os links simbólicos

Neste exemplo, o diretório /home/programa é o link simbólico do /home/software.

O comando pwd sem opção ou com a opção "-L" , o link simbólico é indicado.

Já com a opção "-P", o pwd resolve o link simbólico apontando para o diretório original.

```
$ ls -l
lrwxrwxrwx  1 root     root       8 set 12 13:16 programa   -> software
drwxr-xr-x  7 apache   users   4096 fev  1  2013 software
```

```
$ cd /home/programa
```

```
$ pwd
/home/programa
```

```
$ pwd -L
/home/programa
```

```
$ pwd -P
/home/software
```

type

$ type palavra

O comando type é utilizado para descrever alguma nome informado como parâmetro, como comando interno do bash, programa, função, apelido ou arquivo. Se nenhum nome for informado, ele não faz nada.

Exemplos:

```
$ type bash
bash is /usr/bin/bash
```

```
$ type ll
ll is aliased to `ls -l --color=auto'
```

```
$ type for
for is a shell keyword
```

which

$ which comando

O comando which é utilizado para informar o caminho completo de um comando que esteja no PATH do shell. Ele é útil quando existem várias versões do mesmo programa, e você quer saber qual é executado quando não se informa o caminho do programa.

Exemplos:

```
$ which php
/usr/bin/php
```

```
$ which python
/usr/bin/python
```

uname

$ uname [opções]

O comando uname pode ser utilizado para mostrar diversas informações sobre o sistema, tais como nome e versão do Kernel, hostname, tipo de hardware e processador.

Exemplos:

Mostra todas as informações:

```
# uname -a
Linux linux-7rxb 2.6.25.18-0.2-pae #1 SMP 2008-10-21 16:30:26
+0200 i686 i686 i386 GNU/Linux
```

Mostra o nome do Kernel:

```
# uname -s
Linux
```

Mostra o hostname:

```
# uname -n
linux-7rxb
```

Mostra a distribuição do Kernel:

```
# uname -r
2.6.25.18-0.2-pae
```

Mostra a versão de Kernel:

```
# uname -v
1 SMP 2008-10-21 16:30:26 +0200
```

Mostra o nome do hardware:

```
# uname -m
i686
```

Mostra o processador:

```
# uname -p
i686
```

Mostra a plataforma do sistema:

```
# uname -i
i386
```

Mostra o sistema operacional:

```
# uname -o
```

GNU/Linux

Buscando ajuda

O Linux tem um conjunto de manuais que podem ser utilizados pelos usuários e administradores para consultarem informações sobre os comandos em busca de ajuda. O comando mais utilizado é o **man**. Nem sempre ele está instalado como padrão em todas as distribuições, e algumas vezes as distribuições oferecem suporte multi-línguas para os comandos GNU/Linux.

man

$ man [sessão] comando

O comando man oferece um manual de vários comandos do GNU Linux, bem como manual de outros programas de terceiros. O man oferece uma interface simplificada para os programadores oferecerem um manual de seus programas.

As páginas de manual acompanham quase todos os programas GNU/Linux e podem ser instaladas de acordo com a língua escolhida, se estiver disponível na distribuição.

As informações do man são chamadas de "Páginas do Man" e elas trazem uma descrição básica de comandos e detalhes sobre o funcionamento de suas opções.

Uma página de manual é visualizada na forma de texto único com rolagem vertical. Também documenta parâmetros usados em alguns arquivos de configuração.

Os documentos do manual são divididos em sessões de acordo com o assunto abordado. As sessões são numeradas de 1 a 9, a seguir:

1. Programas executáveis ou comandos de shell;
2. Chamadas do Sistema (funções fornecidas pelo Kernel);
3. Chamadas de Biblioteca (funções fornecidas pelas bibliotecas);
4. Arquivos especiais, especialmente aqueles localizados em /dev;
5. Formatos de arquivos e convenções;
6. Jogos;
7. Pacotes Macro;
8. Comandos administrativos;
9. Rotinas do kernel.

É possível que uma mesma palavra possa referenciar a uma função de programação, comando ou arquivo de configuração. Desta maneira é importante saber em qual sessão iremos encontrar a documentação desejada.

Cada página do manual é dividida em partes:

- NAME: Nome do item procurado com uma descrição curta;
- SYNOPSIS: Descrição completa do uso e sintaxe;
- DESCRIPTION: Descrição breve das funcionalidades;
- OPTIONS: Descrição de cada opção e argumentos;
- FILES: Uma lista de arquivos importantes;
- SEE ALSO: Uma lista de itens relacionados ao procurado;
- BUGS: Descrição de possíveis problemas com o item;
- AUTHOR: Lista de pessoas responsáveis pelo item.

Para acessar o manual, o comando é o man seguido do item procurado. Como opção, o número da sessão pode ser passada como parâmetro.

```
$ man passwd
```

Neste exemplo o man visualiza o manual do comando passwd, pertencente à sessão 1.

```
$ man 5 passwd
```

Já neste exemplo o man exibirá o manual do arquivo /etc/passwd.

A navegação dentro das páginas de manual é feita usando-se as teclas:

- **q** Sai da página de manual;
- **PageDown** ou **f** Rola 25 linhas abaixo;
- **PageUP** ou **w** Rola 25 linhas acima;
- **SetaAcima** ou **k** Rola 1 linha acima;
- **SetaAbaixo** ou **e** Rola 1 linha abaixo;
- **r** Redesenha a tela (refresh);
- **p** ou **g** Início da página;
- **h** Ajuda sobre as opções da página de manual;
- **s** Salva a página de manual em formato texto no arquivo especificado.

103.2 - Processando fluxos de texto usando filtros

O Linux tem diversas ferramentas para trabalhar e transformar fluxos de texto ou arquivos de textos (sem formatação especial). Estas ferramentas são úteis para criar scripts no shell, verificar arquivos de log, ordenar, retirar textos duplicados, dividir em arquivos menores, etc.

Para um usuário de Windows essas ferramentas parecem um pouco esquisitas e ortodoxas, mas você tem de lembrar que elas foram criadas no contexto do Unix nos anos 70, e são tão úteis até hoje.

cat

$ cat [opções] arquivo

O comando cat concatena arquivos, imprime seu conteúdo de tela e ainda pode receber texto digitado pelo teclado para um arquivo.

As opções mais comuns do cat são:

- -b   Numera as linhas que não estão em branco
- -E   Mostra $ no final de cada linha
- -n   Numera todas as linhas, inclusive em branco
- -s   Elimina as linhas repetidas em branco
- -T   Troca o código da tecla TAB por ^I

Vejamos como criar um arquivo com apenas algumas linhas de texto:

```
$ cat > teste.txt
```

Agora você pode digitar qualquer texto. Quando terminar, pressione **Ctrl d** em uma linha vazia para finalizar a entrada de dados e salvar o arquivo teste.txt.

Para ver o conteúdo do arquivo recém-criado:

```
$ cat teste.txt
```

O cat também pode servir para concatenar arquivos.

```
$ cat texto1.txt > texto.txt
```

Observe que neste exemplo o conteúdo do arquivo texto.txt é substituído pelo texto1.txt.

Para adicionar o conteúdo do texto1.txt no final arquivo texto.txt o correto seria:

```
$ cat texto1.txt >> texto.txt
```

Mostra o conteúdo de um arquivo de código fonte com as linhas numeradas:

```
$ cat -n teste.c
     1   #include <stdio.h>
     2     int main()
     3     {
     4             printf("Certificação Linux!\n");
     5     };
```

nl

$ nl [opções] arquivo

O comando nl (numerar linhas) é utilizado para numerar as linhas de um arquivo.

Diferentemente do cat, ele considera condições especiais para o cabeçalho e o rodapé do arquivo, o que pode ser útil para deixar o texto mais organizado.

As opções frequentemente utilizadas são:

- -h subopção: Utilizada para formatar o cabeçalho do texto.
- -b subopção: Utilizada para formatar o corpo do texto.
- -f subopção: Utilizada para formatar o rodapé do texto.

As subopções são:

- A: Numerar todas as linhas;
- t: Numerar somente as preenchidas;
- n: Não numerar as linhas.

Para exemplo, vamos colocar rodapé e cabeçalho no código-fonte teste.c usando as tag ":\" para delimitar o cabeçalho e rodapé:

```
\:\:\:
Programa Estilo Hello Word
=================================
\:\:
#include <stdio.h>
int main()
{
        printf("Certificação Linux!\n");
};
\:
=================================
```

E ao usar o comando nl:

```
$ nl teste1.c
     Programa Estilo Hello Word
     =================================
   1        #include <stdio.h>
   2        int main()
   3        {
   4                printf("Certificação Linux!\n");
   5        };
     =================================
```

head

$ head [opções] arquivo

Suponha que você quer ler somente as primeiras linhas de um arquivo.

O comando head (Do inglês cabeçalho) mostra as primeiras 10 linhas do início de um arquivo.

A opção frequentemente utilizada é:

-n número: Configura o número de linhas que o head irá mostrar.

Exemplo:

```
$ head —n 50 LEIAME.TXT
```

tail

$ tail [opções] arquivo

O inverso do head também é possível. O comando tail (do inglês cauda) visualiza as últimas 10 linhas de um arquivo.

As opções mais frequentes são:

- -n número: Especifica o número de linhas finais que o tail irá mostrar de um arquivo;
- -f: Mostra as últimas linhas finais de um arquivo continuamente enquanto outro processo grava mais linhas. Muito útil para visualizarmos arquivos de LOG.

Exemplos:

```
$ tail —n 50 /var/log/messages
$ tail —f /var/log/messagens
```

less

$ less [opções] arquivo

Imagine agora que você quer ver o conteúdo de um arquivo grande. O comando **less** serve para paginar o conteúdo de um arquivo, e permite que você navegue para frente e para trás.

Além disso, o comando less carrega o arquivo de forma paginada, desta forma ele inicia mais rapidamente que os editores de texto como o **vi**.

O comando less permite que você pressione Seta para Cima e Seta para Baixo ou PgUP/PgDown para fazer o rolamento da página. Para sair do less pressione q.

Exemplos:

```
$ less /var/log/messages
```

```
$ cat /var/log/messages | less
```

Nem sempre o comando less está instalado como padrão nas distribuições. Você pode instalar o pacote usando o gerenciador de pacotes da sua distribuição.

cut

$ cut [opções] arquivo

O comando cut traduzido ao pé da letra significa cortar. Ele lê o conteúdo de um ou mais arquivos e tem como saída uma coluna vertical.

Suas opções mais frequentes são:

- **-b número**: Imprime uma lista vertical com o byte número (da esquerda para direita);
- **-c número**: Imprime uma lista vertical com o caractere número (da esquerda para direita);
- **-d delimitador**: Configura o delimitador que separa uma coluna da outra. O padrão é o Tab;
- **-f número**: Imprime a coluna número.

Exemplos:

Para pegar só os logins das contas de usuários no arquivo /etc/passwd, usando o cut. Neste caso o delimitador será o ":" e a primeira coluna.

```
$ cut -d":" -f 1 /etc/passwd
```

Para pegar só o primeiro byte do arquivo /etc/passwd:

```
$ cut -b 1 /etc/passwd
```

Para pegar os nomes de grupos:

```
$ cat /etc/group | cut -f1 -d':'
```

od

$ od [opções] arquivo

O comando od (**O**ctal e **D**emais formatos) é utilizado para visualizarmos o conteúdo de um arquivo nos formatos hexadecimal, octal, ASCII e nome dos caracteres.

A opção frequentemente utilizada o **-t tipo** que especifica o tipo de saída que o comando od deve gerar.

Os **tipos** possíveis são:

- a: Nome do caractere;
- c: ASCII;
- o: Octal;
- x: Hexadecimal.

Exemplos:

```
$ cat > arquivo.txt
Certificação Linux
Ctrl d
```

```
$ od —t x arquivo.txt
0000000 74726543 63696669 6fe3e761 6e694c20
0000020 00007875
0000022
```

paste

$ paste [opções] arquivo1 arquivo2

O comando paste (colar) é utilizado para concatenar as linhas de diversos arquivos em colunas verticais.

As opções frequentemente utilizadas são:

- **-d's'**   Separa as colunas com o símbolo **s** dentro das aspas simples;
- **-s**   Concatena todo o conteúdo de um arquivo com uma linha para cada arquivo.

No exemplo abaixo suponha que você quer pegar todos os logins dos usuários do Linux no arquivo /etc/passwd e juntar com o sufixo "@empresa.com" para formar uma lista de emails:

```
$ cut -d":" -f1 /etc/passwd > usuarios
$ cat usuarios
root
uira
carla
arthur
alessandra
```

```
flavia
demetrios
paulo
```

Neste caso, como você tem um arquivo com 8 nomes, você precisa criar um arquivo com 8 linhas com "empresa.com":

```
$ cat empresa
empresa.com
empresa.com
empresa.com
empresa.com
empresa.com
empresa.com
empresa.com
empresa.com
```

Agora podemos usar o comando paste com a opção -d para informar o delimitador:

```
$ paste -d"@" usuarios empresa
root@empresa.com
uira@empresa.com
carla@empresa.com
arthur@empresa.com
alessandra@empresa.com
flavia@empresa.com
demetrios@empresa.com
paulo@empresa.com
```

sort

$ sort [opções] arquivo

O comando sort ordena as linhas de um arquivo.

Suas opções são:

- **-b**: Ignora espaços no início da linha;
- **-d**: Coloca as linhas em ordem alfabética e ignora a pontuação;
- **-f**: Ignora a diferença entre maiúsculas e minúsculas;
- **-l**: Ignora caracteres de controle;
- **-h**: ordenar em formato humano
- **-m**: Mescla dois ou mais arquivos em um arquivo ordenado de saída;
- **-M**: Trata as três primeiras letras das linhas como mês (ex: JAN);
- **-n**: Ordena pelos números no início das linhas;
- **-r**: Ordena em ordem inversa;
- **-u**: Se a linha for duplicada, mostra somente a primeira;
- **-o**: Envia a saída do comando para o arquivo.

Como exemplo, vamos criar um arquivo de emails do comando paste anterior:

```
$ paste -d"@" usuarios empresa > emails
```

```
$ sort emails
alessandra@empresa.com
arthur@empresa.com
carla@empresa.com
demetrios@empresa.com
flavia@empresa.com
paulo@empresa.com
root@empresa.com
uira@empresa.com
```

Um cuidado deve ser tomado ao ordenar números. Veja o exemplo do arquivo desordenado abaixo:

```
$ cat numeros
330
40
4
3
31
19
1
```

Ao usar o sort sem nenhum parâmetro, ele ordena primeiro usando o primeiro byte, depois o segundo:

```
$ sort numeros
1
19
3
31
330
4
40
```

Para ordenar usando os números como caracter, você pode usar a opção -n, ou a opção -h para ordenar em formato humano:

```
$ sort -n numeros
1
3
4
19
31
40
330
```

uniq

$ uniq [opções] [Arquivo_Entrada] [Arquivo_Saída]

O comando uniq remove as linhas duplicadas de um arquivo ordenado. Por isso ele é muito usado em conjunto com o comando sort.

As opções mais comuns são:

- -c: Indica no início das linhas o número de ocorrências;
- -d: Imprime somente as linhas duplicadas;
- -i: Ignora a diferença entre maiúsculas e minúsculas;
- -u: Imprime somente as linhas únicas, que não têm duplicatas.

Sem ordenação, o uniq não consegue eliminar as duplicatas. Veja o exemplo abaixo:

```
$ uniq supermercado
arroz
feijão
carne
```

```
batata
alface
tomate
arroz
carne
```

```
$ sort supermercado | uniq
alface
arroz
batata
carne
feijão
tomate
```

tr

$ tr [opções] variável_busca variável_troca

O comando tr faz a troca de uma variável por outra especificada. Este comando não trabalha diretamente com arquivos, portanto deve ser utilizado com a saída padrão de outro comando, com o condutor pipe.

O comando tr pode fazer a troca de caracteres da variável de busca pela variável de troca, mas o número de caracteres precisa ser o mesmo em ambas.

As opções mais frequentes são:

- -d: Apaga as ocorrências da variável de busca;
- -s: Suprime as ocorrências repetidas da variável de busca;

Veja o exemplo com a lista de supermercado, onde o tr é usado para trocar todas as letras minúsculas para maiúsculas:

```
$ cat supermercado | tr a-z A-Z
ARROZ
FEIJãO
CARNE
BATATA
ALFACE
TOMATE
ARROZ
CARNE
```

wc

$ wc [opções] [arquivo]

Suponha que você quer contar o número de linhas, palavras ou caracteres de um arquivo. O comando wc pode ser usado para contar as linhas, palavras e caracteres de um ou mais arquivos. Se mais de um arquivo for passado como argumento, ele irá apresentar as estatísticas de cada arquivo e também o total.

As opções mais frequentes são:

- -c: Conta o número de caracteres de um ou mais arquivos;
- -l: Conta o número de linhas de um ou mais arquivos;
- -L: Conta o número de caracteres da maior linha do arquivo;
- -w: Conta as palavras de um ou mais arquivos.

Neste exemplo, vamos usar o wc para contar os itens únicos da lista de supermercado:

```
$ sort supermercado | uniq | wc
6        6       41
```

Nossa lista tem 6 itens (um por linha), seis palavras e 41 caracteres.

sed

$ sed [opções] {script} [arquivo de entrada]

O comando sed é um poderoso editor de strings para filtrar ou editar sequências de texto.

Ele é muito utilizado para encontrar e alterar configurações em arquivos. A saída padrão do sed pode ser o terminal, ou um arquivo, utilizando-se os condutores **>** ou **>>**.

As opções mais comuns são:

- -e: Adiciona um script aos comandos a serem executados;
- -f arquivo: Adiciona o conteúdo de um arquivo como script a ser executado;
- -r: Usa expressões regulares no script.

Exemplos:

Para substituir expressões por outras, utilizamos o "s", com os delimitadores "/", de forma que a primeira ocorrência é o texto a ser procurado, e a segunda o texto que será substituído. Observe que o sed somente irá trocar a primeira ocorrência de cada linha, e é sensível a maiúsculas e minúsculas.

Veja o exemplo abaixo onde o sed é usado para trocar a palavra noite por dia:

```
$ cat arquivo
Hoje fará calor de noite. A Noite é bela.
```

```
$ sed s/noite/dia/ arquivo
Hoje fará calor de dia. A Noite é bela.
```

O comando sed será tratado novamente neste livro, no tópico de expressões regulares.

split

$ split [opções] arquivo_entrada [sufixo do nome do arquivo_saida]

O comando split (dividir) é usado para dividir grandes arquivos em n-arquivos menores. Os arquivos de saída são gerados de acordo com o número de linhas do arquivo de entrada. O padrão é dividir o arquivo a cada 1000 linhas. Os nomes dos arquivos de saída seguem o padrão arquivo**aa** arquivos**ab** arquivo**ac**, assim por diante. É possível especificar um sufixo para o arquivo de saída.

A opção mais frequente é:

- **-n**:   Onde n é o número de linhas que irão dividir o arquivo de entrada;
- **-b bytes**: Divide o arquivo em um número definido de bytes.

Neste exemplo o arquivo da lista de supermercado é dividido em 4 arquivos com sufixo "lista" com duas linhas cada:

```
$ split -2 supermercado lista
$ ls -l
-rw-rw-r-- 1 ec2-user ec2-user      14 set 13 09:08 listaaa
-rw-rw-r-- 1 ec2-user ec2-user      13 set 13 09:08 listaab
-rw-rw-r-- 1 ec2-user ec2-user      14 set 13 09:08 listaac
-rw-rw-r-- 1 ec2-user ec2-user      12 set 13 09:08 listaad
-rw-rw-r-- 1 ec2-user ec2-user      53 set 13 08:40 supermercado
```

sha256sum

$ sha256sum [opções] arquivo

Imagine que você quer baixar um DVD de instalação de sua distribuição Linux preferida. Você até achou mirror mais próximo e rápido para fazer o download, mas não se sente seguro que a cópia é autêntica e íntegra.

O programa sha256sum foi projetado para verificar a integridade dos dados usando o algoritmo SHA-256 (família SHA-2 com um tamanho de resumo de 256 bits). Os hashes SHA-256 gerados pelo programa sha256sum podem confirmar a integridade e a autenticidade do arquivo, comparando-se a chave SHA-256 que o autor do arquivo geralmente disponibiliza.

O teste é feito pela comparação de hashes, que torna possível detectar alterações nos arquivos. A possibilidade de alterações é proporcional ao tamanho do arquivo; a possibilidade de erros aumenta à medida que o arquivo aumenta.

Neste exemplo vamos verificar o SHA-256 do Ubuntu 19.04 Desktop.

O Ubuntu distribui os hashes de soma de verificação SHA-256 em um arquivo chamado SHA256SUMS na mesma listagem de diretório da página de download da versão http://releases.ubuntu.com. Após baixar o arquivo, você pode usar o sha256sum para imprimir uma única linha depois de calcular o hash:

```
$ sha256sum ubuntu-19.04-desktop-amd64.iso
2da6f8b5c65b71b040c5c510311eae1798545b8ba801c9b63e9e3fd3c0457cbe
*ubuntu-19.04-desktop-amd64.iso
```

Este número deve ser comparado com o hash SHA-256 disponibilizado no site da distribuição.

sha512sum

$ sha512sum [opções] arquivo

O programa sha512sum faz a mesma coisa que o sha256sum, mas com hashes de 512 bits. Ele aumenta a confiabilidade do hash, especialmente em arquivos grandes.

Seu funcionamento é o mesmo do sha256sum, mas com hash maior:

```
$ sha512sum ubuntu-19.04-desktop-amd64.iso
6a2c8acc42b2e2f5ae9f9382656a311f46b93983c9b5063b465c33c3da3fcd577
00d73f525d14ba420f598349787b1ab26b58b343c427975b77f53cd63cea316
ubuntu-19.04-desktop-amd64.iso
```

Este número deve ser comparado com o hash SHA-512 disponibilizado no site da distribuição.

md5sum

$ md5sum [opções] arquivo

O programa md5sum serve para fazer a mesma coisa que o sha256sum, mas com a soma de verificação usando o algorítimo MD5. Apesar de ser menos confiável que o SHA-256 e SHA-512, o md5sum está disponível em versões para Windows e Mac OS.

Seu funcionamento é o mesmo do sha256sum:

```
$ md5sum ubuntu-19.04-desktop-amd64.iso
6fa9686bc299c19c97d280f79a723868  ubuntu-19.04-desktop-amd64.iso
```

Este número deve ser comparado com o hash MD5 disponibilizado no site da distribuição.

zcat

$ zcat arquivo.gz

Imagine que você tem um arquivo texto compactado, e você deseja ver seu conteúdo sem a necessidade de descompactar o arquivo. O zcat é um utilitário que pode ser usado para esse finalidade.

É muito útil para verificar arquivos de LOG que foram compactados. Em alguns sistemas, o zcat pode ser instalado como gzcat para preservar o nome original.

O zcat descompacta usando a saída padrão ou terminal.

No exemplo abaixo vamos comprimir a lista de supermercado usando o compactador gzip, e logo em seguida usar o zcat para ver seu conteúdo compactado sem descompactar o arquivo:

```
$ gzip supermercado
```

```
$ zcat supermercado.gz
arroz
feijão
carne
batata
alface
tomate
arroz
```

```
carne
```

bzcat

$ bzcat arquivo.bz2

O utilitário bzcat faz a mesma coisa que o zcat, mas utiliza o algoritmo de compressão de dados bzip2. Ele é ligeiramente mais eficiente que o gzip, gerando arquivos menores.

No exemplo abaixo vamos comprimir a lista de supermercado usando o compactador bzip2, e logo em seguida usar o bzcat para ver seu conteúdo compactado sem descompactar o arquivo:

```
$ bzip2 supermercado
```

```
$ bzcat supermercado.bz2
arroz
feijão
carne
batata
alface
tomate
arroz
carne
```

xzcat

$ xzcat arquivo.xz

O utilitário xzcat faz a mesma coisa que o zcat, mas utiliza o algoritmo de compressão de dados LZMA/LZMA2. O xz implementa uma compressão com taxas de compressão muito elevadas e normalmente superiores às obtidas pelos utilitários gzip e bzip2.

No exemplo abaixo vamos comprimir a lista de supermercado usando o compactador xz, e logo em seguida usar o xzcat para ver seu conteúdo compactado sem descompactar o arquivo:

```
$ xz supermercado
```

```
$ xzcat supermercado.xz
arroz
```

```
feijão
carne
batata
alface
tomate
arroz
carne
```

103.3 – Gerenciamento Básico de Arquivos

Este capítulo trata dos comandos de gerenciamento básico de arquivos. Vamos ver os comandos que criam, leem, gravam, modificam, copiam, movem e apagam arquivos e diretórios.

touch

$ touch [opções] arquivo

Todo arquivo contém informações de metadados, como o seu nome, data de criação, data de modificação e data de último acesso, dentre outras informações. O comando touch serve para alterar os metadados de tempo dos arquivos, modificando a data de último acesso ou de modificação dos arquivos.

Isto pode ser útil para marcar um arquivo sofrer backup incremental ou diferencial a partir de uma determinada data, ou ser sincronizado num repositório, sem a necessidade de alterar o conteúdo do arquivo, bastando alterar a sua data de modificação.

O comando touch também é útil para criar um arquivo vazio, se o parâmetro de arquivo informado não existir.

As opções mais comuns são:

- -a   Muda a informação de último acesso do arquivo
- -c   Não cria o arquivo se ele não existir
- -d data   Permite que uma **data** no formato texto seja informada ao invés da data e hora corrente
- -m   Muda a hora de modificação do arquivo
- -t stamp   Usa o formato [[CC]YY]MMDDhhmm[.ss] ao invés da data e hora corrente
- --time=PALAVRA   Muda a informação de tempo informada, que pode ser atime (acesso) ou modificação (mtime)

A opção -d=data é texto de data legível por humanos, na sua maioria livre, como "Dom, 29 de fevereiro de 2004 16:21:42 -0800 "ou" 2004-02-29 16:21:42 "ou até "próxima quinta-feira". Uma sequência de datas pode conter itens indicando data do calendário, hora do dia, fuso horário, dia da semana, hora relativa, data relativa e números.

No exemplo abaixo o touch é usado para criar um arquivo fazio chamado config.txt:

```
$ touch config.txt
$ ls -l
```

```
-rw-rw-r-- 1 ec2-user ec2-user        0 set 13 22:29 config.txt
```

Uma lista também pode ser usada para criar vários arquivos:

```
$ touch teste{1..3}.txt
$ ls -l
-rw-rw-r-- 1 ec2-user ec2-user      226 set 12 16:14 teste1.c
-rw-rw-r-- 1 ec2-user ec2-user        0 set 13 22:31 teste1.txt
-rw-rw-r-- 1 ec2-user ec2-user        0 set 13 22:31 teste2.txt
-rw-rw-r-- 1 ec2-user ec2-user        0 set 13 22:31 teste3.txt
```

O touch pode ser usado para alterar a data de modificação de um arquivo, como por exemplo teste1.c que foi alterando em 12/set:

```
$ touch teste1.c
$ ls -l
-rw-rw-r-- 1 ec2-user ec2-user      226 set 13 22:35 teste1.c
-rw-rw-r-- 1 ec2-user ec2-user        0 set 13 22:31 teste1.txt
-rw-rw-r-- 1 ec2-user ec2-user        0 set 13 22:31 teste2.txt
-rw-rw-r-- 1 ec2-user ec2-user        0 set 13 22:31 teste3.txt
```

Você também pode especificar uma data e hora específica ao invés da data e hora correntes. Neste exemplo: 11/05/1978 às 18:40:30 :

```
$ touch -t 197805111840.30 teste1.c
$ ls -l
-rw-rw-r-- 1 ec2-user ec2-user   226 mai 11  1978 teste1.c
```

O formato da hora específica é definido pelo padrão CCYYMMDDhhmm.ss, em que:

- CC – Os dois primeiros dígitos do ano.
- YY – Os dois dígitos subsequentes do ano.
- MM – O mês do ano [01-12].
- DD – O dia do mês [01-31].
- hh – A hora do dia [00-23].
- mm – O minuto da hora [00-59].
- ss – O segundo do minuto [00-59]

Você também pode especificar a data e a hora como um conjunto (string) usando a opção -d. A linha de comando a seguir mostra um exemplo que define a data para 23 de fevereiro e a hora é automaticamente definida para 00:00:

```
$ touch -d '23 Feb'  teste1.c
$ ls -l teste*
-rw-rw-r-- 1 ec2-user ec2-user  226 fev 23  2019 teste1.c
```

ls

$ ls [opções] [arquivo]

O comando ls é sem dúvida um dos mais utilizados. Ele serve basicamente para listar arquivos e conteúdo de diretórios.

Suas opções mais comuns são:

- **-a**, **--all**   Mostre todos os arquivos, inclusive os arquivos escondidos que começam com "."
- **-A**, **--almost-all**   Mostra quase todos os arquivos, menos as entradas "." e ".."
- **-b**, --escape   Mostra os arquivos com escape, para caracteres não gráficos
- **-c**   Mostra e ordena pela adata de modificação dos arquivos
- **-C**   Mostra por colunas
- **-d**   Mostra somente os diretórios
- **-1**   Mostra uma coluna somente com nomes dos arquivos
- **-h**   Mostra tamanho dos arquivos em formato humano
- **-l**   Mostra uma lista longa dos arquivos
- **-m**   Listas os arquivos separados por virgula
- **-S**   Ordena por tamanho
- **-R**   Lista os subdiretórios recursivamente
- **-x**   Lista em linhas ao invés de colunas
- **--color=auto**   Diferencia os tipos de arquivos por cor

Exemplos:

```
$ ls -m /boot/*138*
/boot/config-4.14.138-114.102.amzn2.x86_64,
/boot/initramfs-4.14.138-114.102.amzn2.x86_64.img,
/boot/symvers-4.14.138-114.102.amzn2.x86_64.gz,
/boot/System.map-4.14.138-114.102.amzn2.x86_64,
/boot/vmlinuz-4.14.138-114.102.amzn2.x86_64
```

```
$ ls -Sl ~/
-rw-rw-r-- 1 ec2-user ec2-user 221427 dez  7  2018 mysqltuner.pl
-rw-rw-r-- 1 ec2-user ec2-user  35487 mai 21  2017
vfsync-2017-05-21.tar.gz
```

• No Linux os arquivos que iniciam com "." não são mostrados sem a opção -a do ls
• O arquivo "." é um apontador para o diretório corrente
• O arquivo ".." é um apontador para o diretório acima (ou anterior)
• Todos os diretórios possuem os arquivos "." e ".."

file

$ file [opções] arquivo

O comando file é utilizado para se determinar qual é o tipo de arquivo informado como parâmetro.

Ao contrário do Windows, as extensões de arquivo nada significam no Linux. O comandos file faz três tipos de checagem para determinar qual é o tipo do arquivo:

- Teste de sistema de arquivos;
- Teste de Magic Number;
- Teste de Linguagem

O primeiro teste de sistema de arquivos é feito para determinar se o arquivo é um arquivo comum, um diretório, um link, um dispositivo, um socket de conexão, etc. No Linux absolutamente tudo é um arquivo. O tipo de arquivo no sistema de arquivos determina se ele é um arquivo comum ou outro tipo especial.

O segundo teste de Magix Number verifica os dois primeiros bytes do arquivo para determinar o seu tipo. Existe uma convenção na computação que determina que os dois primeiros bytes do arquivo devem conter um código que indica o seu tipo. Por exemplo, os scripts começam com o código "#!", seguido do caminho completo do interpretador que irá interpretar e executar o script.

O terceiro teste, uma vez que foi determinado que o arquivo é um programa, script ou código fonte, indica qual é a linguagem do programa.

Exemplos:

```
$ file teste1.c
teste1.c: C source, UTF-8 Unicode text
```

```
$ file teste1
teste1: ELF 64-bit LSB executable, x86-64, version 1 (SYSV),
dynamically linked (uses shared libs), for GNU/Linux 2.6.32,
BuildID[sha1]=f63857e5ce1a259a5228b1ea15ced24867583793, not
stripped
```

```
$ file backup.sh
backup.sh: Bourne-Again shell script, ASCII text executable
```

```
$ file supermercado.xz
supermercado.xz: XZ compressed data
```

```
$ file MAPA_MENTAL_LPI.pdf
MAPA_MENTAL_LPI.pdf: PDF document, version 1.6
```

Uso de coringas

Quando estamos trabalhando com arquivos e diretórios no shell é muito comum precisarmos trabalhar com diversos arquivos de uma vez. Para tornar este tipo de tarefa mais simples, o Linux oferece o recurso de coringa para os nomes dos arquivos e diretórios.

Assim como no baralho de cartas, os coringas são símbolos que podem significar muitas coisas. No Linux possibilitam que você os utilize como parte do nome dos arquivos e diretórios. Veja a tabela abaixo:

Símbolo	Descrição
*	Significa "vale qualquer coisa" e pode substituir um ou mais caracteres de um nome. Por exemplo "Certifi*" pode significar "Certificado", "Certificação" ou qualquer outra combinação de nomes de arquivos que inicie com "Certifi".
?	Significa que pode substituir um caractere somente de um nome. Por exemplo: "?ertificado" pode substituir "Certificado", "certificado" ou qualquer outra combinação de nomes de arquivos que inicie com um caracter qualquer e termine com "certificado".
{texto1, texto2...}	Substitui a parte dentro das chaves pelos texto1, depois pelo texto2, assim por diante. Por exemplo: "parte_{a,b,c}" vai resultar em "parte_a", "parte_b" e "parte_c".

Exemplos:

```
$ ls *.txt
```

Lista todos os arquivos com o sufixo .txt

```
$ cat doc??? >> documentos
```

Concatena todos os arquivos iniciados com "doc" que tenham 6 caracteres de tamanho no arquivo documentos.

cp

$ cp [opções] origem destino

O comando cp copia os arquivos para outros arquivos ou para diretórios. O comando cp pode copiar um arquivo ou múltiplos arquivos.

As opções mais frequentes são:

- -d: Preserva os links ao copiar os arquivo;
- -p: Preserva todas as informações dos atributos dos arquivos, como dono do arquivo, grupo, permissões e data;
- -R: Copia os arquivos recursivamente. Útil para copiar os arquivos e diretórios abaixo do diretório especificado;
- -a: Faz o mesmo que as opções "-dpR" combinadas;
- -f: Força a cópia gravando por cima do destino;
- -i: Pergunta ao usuário antes de copiar cada arquivo por cima do local de destino;
- -v: Mostra o nome de cada arquivo copiado.

Exemplos:

Copia o arquivo1 para arquivo2 no mesmo diretório:

```
$ cp arquivo1 arquivo2
```

Copia o arquivo1 para o diretório /tmp:

```
$ cp arquivo1 /tmp
```

Copia o arquivo1 localizado no diretório /tmp para o diretório local. O símbolo "." (ponto) especifica o diretório como local:

```
$ cp /tmp/arquivo1 .
```

Copia todo o conteúdo do diretótio /var/log, incluindo todos os subdiretórios para o diretório "loglocal":

```
$ cp —Rf /var/log/ loglocal
```

mv

$mv [opções] origem destino

O mv move ou renomeia arquivos e diretórios. Ele não altera os atributos dos arquivos ou diretórios movidos se a transferência for o mesmo sistema de arquivos. Se o destino para onde os arquivos ou diretórios forem movidos não existir, o comando renomeia a origem, senão os dados são gravados por cima.

As opções mais frequentes são:

- -f: Força a movimentação dos arquivos suprimindo mensagens de confirmação para gravar por cima.
- -i: Pergunta ao usuário antes de mover cada arquivo.

Exemplos:

Renomeia o arquivo1 para arquivo2:

```
$ mv arquivo1 arquivo2
```

Move o arquivo1 para o diretório /tmp:

```
$ mv arquivo1 /tmp
```

Você também pode usar o mv com o ".." para mover algo para o diretório superior:

```
$ mv arquivo1 ../
```

rm

$ rm [opções] arquivo

O comando rm é utilizado para remover arquivos.

Você precisa ter a permissão de gravação no diretório onde o arquivo está localizado para removê-lo. Utilizando as opções –R e –f o comando rm remove diretórios.

Em algumas distribuições o comando "rm -i" é utilizado como apelido do comando rm, forçando sempre confirmar antes de remover.

As opções são:

- -f   Força a remoção dos arquivos sem perguntar ao usuário.
- -r, -R Remove um diretório e todo o seu conteúdo.
- -i   Pergunta antes de remover
- -d, --dir   Remove diretórios vazios

Exemplos:

Remove o arquivo1:

```
$ rm arquivo1
```

Remove o diretório documentos e todo o seu conteúdo:

```
$ rm –Rf documentos
```

 Mesmo que um arquivo seja apagado pelo comando rm, é possível recupera-lo com algumas técnicas avançadas e tempo, uma vez que o rm apaga os metadados dos arquivos na tabela do sistema de arquivos, de forma que os inodes ainda podem existir no disco, permitindo recuperação. Para apagar arquivos de forma virtualmente irrecuperável, o comando shred deve ser usado.

Agora que você já sabe criar, copiar, mover e renomear arquivos, vamos lidar com um tipo especial de arquivo: Diretórios.

mkdir

$ mkdir [opções] diretório

O comando mkdir cria um ou mais diretórios abaixo do diretório local. Você precisa ter permissões para escrita no diretório para executar o mkdir.

As opções mais frequentes são:

- -p: Cria o diretório especificado mesmo que o diretório pai não exista. Neste caso, cria também o diretório pai;
- -m: Configura a permissão do diretório criado. As permissões possíveis são rxwrxwrxw (veremos mais adiante).
- Exemplos:

Cria o diretório documentos:

```
$ mkdir documentos
```

Cria o diretório cartas abaixo do diretório documentos. Se documentos não existir, cria-o primeiro antes do cartas:

```
$ mkdir —p documentos/cartas
```

Cria o diretório modelos abaixo do diretório documentos com as permissões de leitura, escrita e execução para o dono do diretório, seu grupo e outros usuários:

```
$ mkdir —m 777 documentos/modelos
```

rmdir

$ rmdir [opções] diretório

O comando rmdir remove um ou mais diretórios vazios do sistema.

As opções mais comuns são:

- -p   Remove um diretório e seus sub diretórios
- --ignore-fail-on-non-empty   Ignora o erro em caso do diretório não estar vazio

Exemplos:

Remove o diretório favoritos:

```
$ rmdir favoritos
```

Remove os subdiretórios a/b/c/d :

```
$ rmdir -p a/b/c/d
```

Tenta remover o diretório musicas, mas ele não está vazio:

```
$ rmdir musicas
rmdir: falhou em remover "musicas": Directory not empty
```

find

$ find [caminho] [expressão]

O comando find procura por arquivos e diretórios no sistema de arquivos. Dependendo do tamanho do sistema de arquivos, esse comando pode ser muito demorado.

Sua sintaxe básica é:

```
$ find [caminho] [expressão]
```

Você deve indicar um ponto de início da busca na árvore de diretórios do Linux. Se quiser que ele comece no raiz, indique "/". Se quiser que a busca inicie a partir do diretório corrente, use como caminho "./" ou simplesmente ".".

O find permite uma infinidade expressões como opções de busca, tais como nome, tamanho, data de criação de arquivo, data de acesso, por tipo de arquivo, permissões, etc.

Exemplos:

Procura pelo arquivo texto.txt a partir do raiz (/), do tipo arquivo (f):

```
$ find / -name texto.txt -type f
```

Procura por todos os arquivos com extensão .txt a partir do diretório corrente (.):

```
$ find . -name "*.txt"
```

Procura pelo diretório "usuarios" a partir do diretório corrente, independente se está escrito com letras maiúsculas ou minúsculas:

```
$ find . -iname usuarios -type d
```

Procura por arquivos que não terminam com .html a partir do diretório corrente:

```
$ find . -type f -not -name "*.html"
```

O find também permite executar um comando com a lista de arquivos que ele encontrar. Neste exemplo o find copia todos os arquivos .mp3 encontrados a partir do diretório corrente para /tmp:

```
$ find . -type f -name "*.mp3" -exec cp {} /tmp/ \;
```

Apaga todos os diretórios BACKUP encontrados a partir do diretório corrente:

```
$ find . -type d -name BACKUP -exec rm -r {} \;
```

Procura os arquivos modificados nos últimos 7 dias:

```
$ find . -mtime -7 -type f
```

Procura arquivos com permissão 0777:

```
$ find . -type f -perm 0777 —print
```

Procura todos os arquivos com mais de 50Mb:

```
$ find / -size +50M
```

Arquivamento de Arquivos

O Linux também possibilita o arquivamento de arquivos em dispositivos de fita, como um arquivo único, ou mesmo uma imagem.

Isto é útil principalmente para transferir vários arquivos de uma mídia para outra, ou de um computador para outro, ou mesmo para backup.

Existem vários comandos que possibilitam essa concatenação de arquivos em um só arquivo: tar, cpio e dd.

tar

$ tar [ctxurgjJzpvfNCMF] [destino] [fonte]

O nome deste comando provém de "Tape-ARchive". Ele lê arquivos e diretórios e salva em fita ou arquivo.

Juntamente com os dados, ele salva informações importantes como a última modificação, permissões de acesso e outros. Isso o torna capaz de restaurar o estado original dos dados.

As opções do comando tar não são tão opcionais assim. Ele recebe pelo menos dois argumentos:

- **opções**: Diz o que o tar deve fazer
- **[fonte]**: Se o tar for utilizado para fazer backup, este parâmetro pode ser um arquivo, um dispositivo, um diretório a ser copiado;
- **[destino]**: Se o comando for utilizado para backup, esta opção irá especificar o destino para os dados. Pode ser um arquivo tarball ou um dispositivo. Se for utilizado para restaurar os arquivos, ela irá especificar um arquivo tarball e um dispositivo de onde os dados serão extraídos.

Primeiro deve-se escolher o que tar deve fazer através das opções:

- -c: Cria um novo arquivo .tar;
- -u: Adiciona mais arquivos ao arquivo .tar somente se estes forem novos ou modificados;
- -r: Adiciona os arquivos especificados no final do arquivo .tar;
- -g: Cria um backup incremental;
- -t: Lista o conteúdo de um arquivo .tar;
- -x: Extrai os arquivos de arquivo .tar;

Ele ainda tem opções auxiliares:

- -j: Utiliza o bzip2 para compactar e descompactar os arquivos .tar.bz2;
- -J: Utiliza o xz para compactar e descompactar os arquivos .tar.xz
- -z: Utiliza o gzip para compactar e descompactar os arquivos .tar.gz;
- -p: Extrai os arquivos com as mesmas permissões de criação;
- -v: Lista todos os arquivos processados;
- -f: Indica que o destino é um arquivo em disco, e não uma unidade de fita magnética;
- -N: data Salva somente os arquivos mais novos que a data especificada;
- -C: Especifica o local para onde os dados serão extraídos;
- -M: Habilita múltiplos volumes;
- -T: Cria um pacote .tar a partir de uma lista de arquivos e diretórios.

As opções do tar podem ser combinadas em um único parâmetro como "cvzf".

Por ser um comando que originalmente foi feito para ler/gravar em fita, para criar um arquivamento tar ou ler um arquivamento tar em disco, deve-se sempre usar a opção "f".

Exemplos:

Para salvar um determinado diretório /var/lib/mysql em um no arquivo

/var/backup/mysql.tar.gz:

```
$ tar cvzf /var/backup/mysql.tar.gz /var/mysql
```

Para extrair o mesmo pacote:

```
$ tar xvzf /var/backup/mysql.tar.gz —C /
```

Para criar um backup do diretório /home/documentos em múltiplos volumes:

```
$ tar cvMf /dev/fd0 /home/documentos
```

Para criar um pacote a partir de uma relação de diretórios em um arquivo e com a data superior a 01/05/2004:

```
$ cat listabackup.txt
/etc
/var/lib/mysql
/usr/local/apache2/conf
```

```
$ tar czPf backup-011019.tar.gz -N 01/10/2019 -T listabackup.txt
```

Para salvar o diretório /etc em fita SCSI no dispositivo /dev/st0:

```
$ tar cvz /dev/st0 /etc
```

Para listar o conteúdo de uma fita SCSI no dispositivo /dev/st0:

```
$ tar tfz /dev/st0
```

Para extrair somente o arquivo de password:

```
$ tar xvfz /dev/st0 etc/passwd
```

cpio

$ cpio -o [parâmetros] < arquivo > saída

O comando cpio é o programa original do UNIX para a troca de arquivos entre máquinas por meio de mídias magnéticas. Ele permite gravar sistemas de arquivos de diferentes formatos e o redirecionamento dos dados para outros programas.

No modo cópia de entrada, o cpio lê uma lista de nome de arquivos, um em cada linha, na entrada padrão ou de um arquivo texto, e copia cada um deles em um arquivo maior na saída padrão.

Sintaxe do modo de cópia de entrada:

```
$ cpio -o [parâmetros] < arquivo > saída
```

Sintaxe do modo de cópia de saída:

```
$ cpio -i [parâmetros] < arquivo
```

As opções abaixo podem ser usadas em qualquer um dos modos:

- -c: Grava o cabeçalho do arquivo em ASCII para portabilidade;
- -d: Cria quantos diretórios forem precisos;
- -v: Lista os arquivos processados;
- -V: Gera uma barra de progresso com o símbolo ponto "." para cada arquivo processado;
- -u: Faz uma cópia incondicional dos arquivos.

No exemplo abaixo o comando copia todos os arquivos de um diretório para uma fita em /dev/st0:

```
$ ls -R | cpio -oVc > /dev/st0
```

Para listar os arquivos de um arquivo cpio:

```
$ cpio -itvf < nome_do_arquivo
```

Para voltar um backup em fita utilizando o cpio:

```
$ cpio -icvd < /dev/st0
```

dd

$ dd if=entradadedados of=saidadedados

O comando dd converte e copia arquivos, discos e partições para um arquivo, para um disco e dispositivos de bloco. Ele é muito útil para produzir cópias de partições e discos inteiros em imagens, bem como o inverso: gravar imagens em discos.

Seus parâmetros mais comuns são:

- bs=BYTES   Lê e converte até uma quantidade de BYTES por vez
- count=N   Copia somente N quantidade de blocos
- if=ARQUIVO   Lê os dados de um arquivo ou dispositivo ao invés da entrada padrão
- of=ARQUIVO   Grava os dados em um arquivo ou dispositivo ao invés da saída padrão

Para copiar um DVD para uma imagem em arquivo:

```
$ dd if=/dev/sr0 of=/tmp/disco1.img
```

Para gravar uma imagem em um disquete:

```
$ dd if=/root/disco1.bin of=/dev/fd0
```

Este comando também pode ser usado para fazer um clone de um disco para outro.

Suponhamos dois discos, um instalado como primary master (/dev/sda) e o outro como primary slave (/dev/sdb):

```
$ dd if=/dev/sda of=/dev/sdb
```

Como a cópia é feita bit a bit, não importa qual é sistema operacional, nem o sistema de arquivos usado no disco de origem. A cópia é completa, incluindo a tabela de partição do disco e o setor de boot.

Fazendo Backup do Master Boot Record

O MBR é o primeiro setor do disco, na trilha 0. Ocupa um setor no cilindro 0, lado 0 e setor 1. Seu tamanho é sempre de 512 bytes. Nos últimos 64 bytes do MBR, é onde está armazenada a Tabela de Partições onde estão armazenadas as informações sobre as partições do disco, informando se é inicializável, se são primárias ou estendidas e qual sistema de arquivos elas utilizam (EXT2, EXT3, EXT4, FAT, NTFS, etc).

Além da tabela de partições, o MBR inicia o setor de boot da primeira partição primária ativa do disco. No setor de boot dessa partição são armazenadas as informações necessárias para ler os arquivos de inicialização do sistema operacional.

Desta maneira, a MBR contém informações muito importantes para o funcionamento do sistema. Ter uma cópia desta informação é muito importante, mas quase ninguém se lembra disto.

O backup do MBR pode ser feito usando o dd, com a opção bs=512 (tamanho do MBR) e com count=1 para copiar somente os primeiros 512 bytes do disco:

```
$ dd if=/dev/sda of=/tmp/mbr.backup bs=512 count=1
```

Para restaurar:

```
$ dd if=/tmp/mbr.backup of=/dev/sda bs=512 count=1
```

Os Compressores de Dados

Para uma maior eficiência e economia de mídias de backup, existe o recurso de compressão de dados.

O Linux trabalha normalmente com três programas com algoritmos de compressão de dados diferentes. O primeiro a surgir foi o GZIP, depois o BZIP2 e por último o XZ.

gzip e gunzip

$ gzip arquivo

O primeiro compressor de dados muito utilizado é o gzip. Ele utiliza um algoritmo de compreensão chamado Lempel-Ziv. Esta técnica encontra caracteres duplicados nos dados de entrada. A segunda ocorrência dos caracteres é substituída por ponteiros para a referência anterior, na forma de pares de distância e comprimento. Ao compactar um arquivo, o gzip adiciona o sufixo .gz.

Para compactar um arquivo:

```
$ gzip arquivo
```

Para descompactar um arquivo:

```
$ gzip –d arquivo.gz
```

Ou

```
$ gunzip arquivo.gz
```

bzip2 e bunzip2

$ bzip2 arquivo

O compactador bzip2 compacta arquivos utilizando o algoritmo de Burrows-Wheeler e Huffman. Esta técnica opera em blocos de dados grandes. Quanto maior o tamanho dos blocos, maior a taxa de compressão atingida. Ele é considerado melhor que os compressores convencionais de dados. Ao compactar um arquivo, o bzip2 adiciona o sufixo .bz2.

Para compactar um arquivo:

```
$ bzip2 arquivo
```

Para descompactar um arquivo:

```
$ bzip2 -d arquivo.bz2
```

Ou

```
$ bunzip2 arquivo.bz2
```

Existem alguns casos onde o arquivo compactado pode ficar maior que o arquivo original. Isto pode ocorrer se o algoritmo utilizado não encontrar ocorrências para fazer a compressão dos dados e o cabeçalho do compactador é adicionado ao arquivo original.

xz e unxz

$ xz arquivo

Ainda, temos o compressor de dados xz, que utiliza o algoritmo similar ao gzip. Ele produz arquivos com a extensão .xz ou .lzma.

Para compactar um arquivo:

```
$ xz arquivo
```

Para descompactar:

```
$ xz --decompress arquivo.xz
```

Ou

```
$ unxz arquivo.xz
```

Para você ter uma ideia da diferença entre os três compactadores gzip, bzip2 e xz, veja o exemplo comparativo do pacote TAR de um arquivo de backup de um site:

```
site.tar        9,8M    # arquivo sem compactação
site.tar.gz     2,6M    # arquivo compactado com gzip
site.tar.bz2    2,4M    # arquivo compactado com bzip
```

```
site.tar.xz      2,1M    # arquivo compactado com xz
```

103.4 - Fluxos de Dados, Condutores e Redirecionamentos

Outro conceito importante é o redirecionamento. Como o Linux foi criado por programadores para programadores, fez-se necessário que os comandos e processos tivessem a habilidade de tratar as entradas e saídas de dados com grande facilidade.

Antes de detalharmos a habilidade de redirecionamento do Linux precisamos definir o que são entradas padrão, saída padrão e saída de erro:

- A Entrada Padrão (stdin) é a entrada de um fluxo de texto. Como exemplos temos o teclado, o mouse, um disquete, etc. Todos eles alimentam o computador com informações. Pode ser representado pelo número 0.
- A Saída Padrão (stdout) é a saída de um fluxo de texto em condições normais. Como exemplos temos o monitor, a impressora, o disquete, um arquivo, etc. Todos eles recebem informações do computador. Pode ser representado pelo número 1.
- A Saída de Erro (stderr) é a saída de um fluxo de texto em condições de erro ou insucesso em um determinado processamento. A saída de erro poderá ser direcionada para o monitor ou para um arquivo de LOG. Pode ser representado pelo número 2.

Você pode ver esses fluxos de dados no diretório /dev com o comando:

```
$ ls -l /dev/std*
lrwxrwxrwx 1 root root 15 ago 15 10:53 /dev/stderr ->
/proc/self/fd/2
lrwxrwxrwx 1 root root 15 ago 15 10:53 /dev/stdin  ->
/proc/self/fd/0
lrwxrwxrwx 1 root root 15 ago 15 10:53 /dev/stdout ->
/proc/self/fd/1
```

Como você pode perceber, o arquivo /dev/stderr é um link simbólico para um arquivo no /proc/self/fd/2. O arquivo /dev/stdin aponta para o /proc/self/fd/0 e /dev/stdout para /proc/self/fd/1.

O diretório /proc/self é uma representação do Kernel para dar informações sobre o processo em execução. Neste pseudo-diretório especial é possível acessar várias informações sobre o processo que está sendo executado no momento. O diretório /proc/self/fd é também uma abstração que contém os descritores de arquivos (file descriptors), que é outra abstração que o Linux e o Unix fazem para representar através de um arquivo um recurso de entrada ou saída de dados. É a forma que os programadores encontraram de dar acesso fácil para entrada e saída de dados.

É por isso que o stderr é representado pelo número 2, o stdin pelo número 0 e o stdout pelo

1.

É por causa dos descritores de arquivos que podemos redirecionar a entrada padrão ou a saída padrão do fluxo de dados de um determinado processo para outro processo ou um arquivo com muita facilidade.

Para redirecionar um resultado de uma saída para uma entrada de dados ou arquivo utilizamos o sinal de maior "**>**".

E para direcionarmos algum arquivo como uma entrada de dados usamos o sinal de menor "**<**".

O sinal duplo "**>>**" significa adicionar algo, geralmente ao final de um arquivo, sem sobrescrever o seu conteúdo.

E o sinal duplo "**<<palavra**" geralmente serve para permitir que o usuário entre com dados digitando no terminal, até que a **palavra** indicada seja digitada, uma vez que a **palavra** funciona como um delimitador.

O sinal "**&**" pode ser usado para juntar as saídas como em **2>&1**.

Ainda podemos redirecionar uma saída para uma entrada usando uma barra vertical especial, o sinal em inglês chamado "pipe" "**|**" ou duto.

Neste exemplo listamos os arquivos num diretório gravando o resultado no arquivo saída.txt :

```
$ ls > saida.txt
```

O redirecionamento é utilizando principalmente por programas ou quando o resultado de um processamento não será observado diretamente pelo usuário no terminal, mas enviado para outro programa, para um arquivo ou para um dispositivo.

Aqui o programa mail recebe como argumento o endereço de e-mail e ao invés de utilizarmos o teclado como entrada padrão, redireciona-se o arquivo texto e-mail.txt para o programa mail na entrada padrão dele com o sinal "**<**":

```
$ mail uribeiro@gmail.com < e-mail.txt
```

Para enviar toda a saída do programa folha_pagamento para o arquivo1, inclusive com os erros:

```
$ ./folha_pagamento > arquivo1
```

É possível filtrar somente a saída padrão do programa folha_pagamento para arquivo1, SEM os erros, usando somente o descritor "1":

```
$ ./folha_pagamento 1 > arquivo1
```

Se quisermos enviar toda a saída de erros para o arquivo arquivo_ erro.log, podemos usar o descritor "2":

```
./folha_pagamento 2 > arquivo_erro.log
```

Tanto a saída padrão e os erros podem ser enviados de forma combinada para o arquivo arquivo1, usando "2>&1" ou "1>&2" (não faz diferença a ordem) :

```
$ ./folha_pagamento > arquivo1 2>&1
```

É possível também separar as saídas em arquivos diferentes, enviando o resultado com a saída normal para o arquivo_ sucesso.log e a saída de erro para o arquivo_erro.log.

```
$ ./folha_pagamento 1 > arquivo_sucesso.log 2> arquivo_erro.log
```

Outra possibilidade é enviar somente a saída de erros para o limbo usando a abstração de /dev/null:

```
$ ./folha_pagamento 2 > /dev/null
```

O mesmo pode ser feito para enviar os erros para a impressora, usando a abstração que representa impressoras no /dev/lp0:

```
$ ./folha_pagamento 2 > /dev/lp0
```

Toda vez que você quer enviar a saída padrão de um programa para a entrada padrão de outro programa, você precisa usar um condutor, com o sinal "|" do teclado.

Neste exemplo, o resultado do programa folha_pagamento é enviado como entrada para o programa imprime_boletos e a saída de erro do imprime_boletos para o arquivo erro.log:

```
$ ./folha_pagamento | imprime_boletos 2> erros.log
```

Para mandar um email do terminal com o conteúdo de um arquivo, pode-se usar o redirecionador "<":

```
$ mail uribeiro@gmail.com -s urgent < mail.txt
```

Para receber dados do terminal e enviá-los para a entrada padrão de um comando, pode-se usar o "<<palavra". Desta forma o terminal irá receber um texto do teclado, até que a palavra "fim" for digitada em uma linha:

```
$ mail uribeiro@gmail.com -s urgent <<fim
> Olá,
> Este é um email de teste
> fim
```

É comum o Linux redirecionar a saída de erros para o descritor de arquivos especial /dev/null. Este arquivo especial é o limbo do Linux, onde tudo que vai para lá some:

```
$ find / -name arquivo 2>/dev/null
```

Desta forma, os erros que o find encontrar não serão mostrados no terminal, somente a saída padrão.

tee

$ tee [opções] arquivos

O comando tee recebe dados de uma entrada padrão, grava o que recebeu em um arquivo e ainda envia para sua saída padrão. É utilizado para gravar a saída padrão de um comando em um arquivo e ainda enviar esta saída para outro comando.

Ele resolve o problema de enviar a saída de um programa para um arquivo e ao mesmo tempo para um outro programa.

A opção é:

- -a: Adiciona no final do arquivo o que foi recebido ao invés de gravar por cima.

Exemplo:

```
$ folha_pagamento | tee folha.txt | imprime_boleto | tee
boleto.txt | lpr 2> erros.log
```

O resultado do programa folha_pagamento é gravado pelo tee no arquivo folha.txt e enviado para o programa imprime_boleto. Por sua vez o programa imprime_boleto redireciona sua saída para o segundo tee que grava o resultado no arquivo boleto.txt que também é enviado para o programa lpr que imprime os boletos. Se houver erro na impressão, este erro é gravado no arquivo erros.log.

xargs

$ xargs comando [opções] argumento

O xargs executa o comando ou programa e passa como argumento para esse comando o que foi recebido como entrada padrão.

Ele resolve o problema de pegar a saída padrão de um programa e usa-la como argumentos ou parâmetros para um comando ou programa.

As opções mais frequentes são:

- -p: Pergunte ao usuário se o comando deve ser executado antes de fazê-lo
- -r: Não execute o comando quando receber linhas vazias
- -t: Mostre o comando na tela antes de executá-lo

Veja a lista de supermercado:

```
$ cat supermercado
arroz
feijão
carne
batata
alface
tomate
arroz
carne
```

Agora vamos fazer o xargs receber como entrada padrão esta lista, e executar o comando echo com os itens da lista como parâmetro:

```
$ cat supermercado | xargs echo
```

O que o xargs faz é como se escrevesse o seguinte comando:

```
$ echo arroz feijão carne batata alface tomate arroz carne
```

Da mesma forma, pode-se criar diretórios com os nomes dos itens da lista. Neste exemplo o comando xargs irá criar um diretório executando o mkdir com o nome de cada item contido no arquivo supermercado:

```
$ cat supermercado | xargs mkdir
```

Como você pode ver, o xargs pode ser muito útil para automatizar várias tarefas.

Neste exemplo, lista-se todos os arquivos com extensão txt, e depois utiliza-se o xargs para compactar cada um deles:

```
$ ls -1 *.txt  | xargs gzip
```

A opção "-t" do xargs é interessante, pois ele escreve o comando que irá executar:

```
$ ls -1 *.txt  | xargs -t gzip
gzip teste1.txt teste2.txt teste3.txt
```

103.5 - Criar, Monitorar e Terminar Processos

Saber lidar com os programas em execução, mudar a prioridade de execução e terminar os processos são habilidades requeridas para o exame.

É bem verdade que o Kernel do Linux tem uma capacidade excelente para trabalhar com processos sem intervenção do usuário. Mas às vezes é preciso que o root intervenha e termine um processo que esteja comportando de forma egoísta e exaurindo os recursos da máquina.

Este controle de processos é especialmente importante porque o Linux é um sistema multitarefa, multiusuário e multiprocessado. O conceito de multitarefa significa que o Linux é capaz de executar diversos programas e serviços ao mesmo tempo de forma preemptiva.

Se tivermos apenas um processador central no computador com Linux, o sistema fará o escalonamento (rodízio) dos processos de forma tão eficiente que o usuário terá a impressão de que ele pode executar mais de um programa ao mesmo tempo.

E o Linux ainda possui a capacidade de gerenciar os processos de forma eficaz com o multiprocessamento real quando temos mais de um processador central envolvido.

Sinais

Cada processo no Linux fica à escuta de sinais. Estes sinais são utilizados pelo Kernel, por outros processos ou por usuário para avisar a um determinado processo sobre algum evento em particular. O guru de UNIX W. Richard Stevens descreve os sinais como interrupções de software.

Quando um sinal é enviado para um processo ele toma uma determinada ação dependendo do valor que este sinal carrega.

Cada sinal tem um nome exclusivo e um valor numérico.

Vejamos alguns valores e suas ações:

TABELA - Sinais mais importantes

Sinal	Valor Numérico	Ação
SIGHUP	1	Hang-Up ou desligamento. Este sinal é utilizado automaticamente quando você desconecta de uma sessão ou fecha um terminal. Ele também é utilizado por processos servidores para invocar a releitura do arquivo de configuração.
SIGINT	2	É o sinal de interromper o funcionamento. Ele é acionado por exemplo quando se aperta as teclas Ctrl C.
SIGKILL	9	Terminar o processo incondicionalmente de forma rápida e drástica. Este tipo de sinal pode deixar arquivos abertos e bases de dados corrompidas. Deve ser utilizado caso o processo pare de responder ou em uma emergência.
SIGTERM	15	Termina o processo de forma elegante, possiblitando que ele feche arquivos e execute suas rotinas de fim de execução.
SIGCONT	18	É um sinal para um processo que foi parado com o sinal SIGSTOP para que ele continue a executar.
SIGSTOP	19	É um sinal que pode ser enviado para um processo parar de funcionar momentaneamente. Ele continua existindo, mas não recebe mais CPU para executar, até que receba o sinal SIGCONT.
SIGTSTP	20	Termina a execução para continuar depois. Este sinal é enviado automaticamente quando utilizamos as teclas ctrl-z. É utilizado para colocar o processo em segundo plano.

O Linux possui mais de 30 sinais definidos. A maioria é utilizada pelo Kernel e alguns pelos usuários em situações específicas.

O entendimento de sinais é importante para sabermos como o sistema interage com os processos em execução. Os comandos kill e killall podem ser usados para enviar sinais específicos para um processo em execução.

A maioria dos administradores ao parar um processo, usa o SIGKILL. No entando, este sinal é muito "forte", pois faz uma parada abrupta no processo em execução, e pode deixar arquivos abertos, indexes mal feitos, e dados corrompidos. É melhor usar o sinal SIGTERM, que permite que o programa termine elegantemente, fechando os arquivos, indexes e bases de dados.

Figura 11 – Charge do Sigterm

Multitarefa: processos em segundo plano e processos em primeiro plano

Como sistema operacional multitarefa, o Linux suporta a execução de muitos processos - que nada mais são do que programas em execução. Estes programas podem ser executados conectados ao terminal ou não. Se estão conectados ao terminal, dizemos que ele está em primeiro plano. E se não precisam estar conectados ao terminal para funcionar, dizemos que ele está em execução em segundo plano.

Processos em primeiro plano (Foreground)

Um processo em primeiro plano é qualquer programa que quando executado, ele está diretamente conectado ao terminal. Alguns processos em primeiro plano permitem algum tipo de interface que oferece suporte à interação contínua do usuário, enquanto outros executam uma tarefa e "congelam" o terminal enquanto a tarefa é concluída.

O próprio bash é um processo que está em execução no primeiro plano, esperando por uma interação do usuário ao aguardar e executar comandos.

Quando você executa um comando no bash, um processo filho é criado, e o terminal fica a cargo do processo filho, que detém o terminal até que termine de executar.

No exemplo, quando você digita ls no bash, o comando ls é executado em primeiro plano, e fornece uma lista de arquivos. Ele não devolve o terminal ao bash até que termine de listar os arquivos:

```
$ ls
```

Se existirem muitos arquivos no diretório, o ls pode demorar a devolver o prompt de comandos para o usuário.

Processos em segundo plano (Background)

Um processo em segundo plano é qualquer programa que quando executado, ele não está conectado ao terminal. Ele simplesmente executa, sem nenhuma interação direta com usuário. Este tipo de programa geralmente são damons (serviços) que o sistema provê, tais como um servidor web, servidor de email, etc.

&

Virtualmente qualquer programa que possa ser executado sem exigir a interação do usuário pode ser executado em segundo plano. Para isso, basta adicionar o sinal de "&" no final do comando.

A saída do comando em segundo plano ainda pode ser descarregada no terminal, mesmo que esse comando esteja executando em segundo plano.

No exemplo, o ls pode ser executando em segundo plano, mas sua saída ainda vai para o terminal:

```
$ ls -l &
[1] 14907
[ec2-user@ip-172-30-0-241 etc]$ total 1444
drwxr-xr-x  4 root    root        35 jun 21 18:54 acpi
-rw-r--r--  1 root    root        16 mar  8 2019 adjtime
-rw-r--r--  1 root    root      1518 jun  7 2013 aliases
-rw-r--r--  1 root    root     12288 abr  5 13:44 aliases.db
drwxr-xr-x  2 root    root       261 abr 18 20:16 alternatives
drwxr-xr-x  3 root    root        17 mar  8 2019 amazon
drwxr-xr-x  2 root    root        50 abr 10 11:06 amplify-agen
( ... )
```

Geralmente os programas que executam em segundo plano são preparados para isso, de modo que não enviam nada para saída padrão (STDOUT). Mas você pode mandar a saída padrão de um comando que não foi preparado para isso com o condutor:

```
$ ls -l > /tmp/saida &
```

Controle de Processos

Cada programa que é colocado em execução no shell é tratado como um Job (trabalho), que nada mais é do que um Processo que o shell gerencia.

Cada Job recebe uma ID sequencial. Como um job é um processo, cada job também tem um ID de pocesso (PID) associado. Existem três tipos de status de jobs:

1. **Primeiro plano (foreground)**: Quando você insere um comando em uma janela do terminal, o comando ocupa a janela do terminal até que seja concluída. Este é um job em primeiro plano.
2. **Segundo plano (background)**: quando você insere o símbolo **&** no final de uma linha de comando, o comando é executado sem ocupar a janela do terminal. O prompt do shell é exibido imediatamente depois que você pressiona Enter. Este é um exemplo de um trabalho em segundo plano.
3. **Parado (stoped)**: se você pressionar Control + Z para um job em primeiro plano ou inserir o comando stop para um job em segundo plano, o job será interrompido. Este job é chamado de job interrompido.

Existem alguns comandos que permitem gerenciar os Jobs no Linux, tais como bg, fg e jobs.

bg

$ bg [número da tarefa]

Depois que um processo entrou em execução em primeiro plano, isto é, conectado a um terminal, ele pode ser colocado em segundo plano.

Para fazer isso é necessário interromper temporariamente sua execução com o sinal **SIGTSTP** (20) pressionando as teclas **Ctrl-z** e acionando logo depois do comando bg.

O comando bg coloca em segundo plano um processo em execução que foi "congelado" pelo sinal SIGTSTP. Veja no exemplo:

```
$ find / -name mss > lista_msg.txt
CTRL-z
[1]+ Stopped                  find / -name mss >lista_msg.txt
```

```
$ bg
[1]+ find / -name mss >lista_msg.txt &
```

Neste exemplo o utilitário find é executado normalmente. Durante a sua execução é enviado o sinal TSTP (ctrl-z) e depois ele é colocado em segundo plano com o comando bg e ganha o número de tarefa 1 pelo controle de tarefas.

Cada processo que for colocado em execução com o "&" também ganha um número de Job pelo controle de tarefas.

O bg também aceita que número do job - seja passado como parâmetro.

fg

$ fg [número da tarefa]

O comando fg faz exatamente o oposto do comando bg, colocando a tarefa ou processo em segundo plano em primeiro plano e ligada a um terminal.

Ele também aceita que um número de job seja passado como parâmetro.

Neste exemplo novamente o comando find é colocado em segundo plano com o Ctrl-Z e ele ganha o número de Job1:

```
$ find / -iname a* 2>/dev/null
^Z
[1]+  Parado                    find / -iname a* 2> /dev/null
```

Pode-se verificar os Jobs e seu status com o comando jobs:

```
$ jobs
[1]+  Parado                    find / -iname a* 2> /dev/null
```

Para devolver o Job para primeiro plano e conectado ao terminal, basta executar o fg. Neste exemplo, foi passado como parâmetro o número do Job:

```
$ fg 1
find / -iname a* 2> /dev/null
```

jobs

$ jobs [opções] [número_da_tarefa]

O comando jobs lista os processos que estão em execução em segundo plano. Se um número da tarefa é fornecido o comando retornará as informações pertinentes somente à tarefa em questão.

O número da tarefa é fornecido quando o processo é colocado em segundo plano.

As opções mais frequentes são:

- -l   Lista o PID dos processos em segundo plano.
- -r   Lista somente os Jobs em execução

- -s   Lista somente os Jobs parados

Neste exemplo, o find está parado. Como usamos a opção -l, o jobs informa também o PID 27159 do programa find:

```
$ jobs -l
[1]+ 27159 Stopped                    find / -iname ?a* 2> /dev/null
```

O número do job pode ser usado como parâmetro nos comandos bg e fg, principalmente se houver mais de um job na gerência de tarefas.

nohup

$ nohup [comando]

Independentemente se os programas em execução no shell estão e primeiro ou segundo plano, eles serão terminados quando o usuário se desconectar ou fechar o terminal.

Isto acontece porque os Jobs recebem o sinal SIGHUP (desconexão), que é um aviso do terminal a seus processos filhos de que ocorreu uma desconexão.

Para que isso não aconteça, o comando nohup torna o processo imune ao sinal SIGHUP, permitindo que ele continue em execução mesmo se o terminal fechar ou a conexão cair.

Desta forma, o utilitário nohup executa o comando especificado sem atrelá-lo a nenhum terminal, de forma imune a quedas de conexão e desconexões.

Neste exemplo o nohup irá executar o comando find / -name uira* e mandar a saída para arquivos_econtrados, e ainda será executado em segundo plano:

```
$ nohup find / -name uira* > arquivos_econtrados &
```

O nohup executa o comando especificado, mas não permite que ele receba nenhuma entrada de dados pelo terminal.

Todas as saídas (STDOUT), incluindo mensagens de erro (STDERR), serão gravadas no arquivo **nohup.out** no diretório de trabalho ou no diretório local.

Você pode usar o nohup em primeiro ou em segundo plano. O mais comum é executá-lo em segundo plano colocando o "&" no final da linha de comandos.

Monitorar Processos Ativos

Agora que já aprendeu a colocar processos em primeiro ou segundo plano, vamos abordar os comandos que servem para monitorar os processos em execução: ps, pgrep e top.

ps

$ ps [opções]

O comando ps gera uma lista com todos os processos em execução e seus atributos.

Existe uma pequena diferença ideológica ao informar um parâmetro no ps:

- Com o sinal de menos "-" o ps se comporta mostrando os processos no estilo do Unix, usando o padrão POSIX;
- Sem sinal de menos, o ps se comporta mostrando os processos no estilo BSD;
- Com dois sinais de menos "--" o ps se comporta mostrando os processos no estilo GNU.

As opções mais frequentes são:

- a   Mostra os processos em execução ligados a um terminal, de todos os usuários;
- -a   Mostra os processos em execução ligados a um terminal, menos os processos de sessão;
- -e, -A Mostra todos os processos;
- -u   Mostra a lista de processos incluindo o nome dos usuários donos dos processos e início das execuções, percentual de CPU utilizada, percentual de memória utilizada e terminal associado;
- -x   Mostra a lista de processos, incluindo aqueles que não têm um terminal associado a ele. Útil para visualizar processos servidores (daemons);
- -f   Mostra os processos em forma de árvore. Muito útil para identificarmos a relação de processo pai e filho entre os processos em execução;
- -H   Mostra hierarquia dos processos em forma de árvore;

Veja o help do comando ps para mais opções.

Neste exemplo o ps somente mostra os processos do usuário logado e ligados ao terminal :

```
$ ps
  PID TTY          TIME CMD
 1415 pts/0     00:00:00 ps
30019 pts/0     00:00:00 bash
```

Para mostrar todos os processos de todos os usuários ligados a um terminal:

```
$ ps a
```

```
  PID TTY        STAT   TIME COMMAND
 1628 pts/0      R+     0:00 ps a
 3297 tty1       Ss+    0:00 /sbin/agetty --noclear tty1 linux
27159 pts/0      T      0:00 sudo find / -iname backup.sh
27160 pts/0      T      0:00 find / -iname backup.sh
30019 pts/0      Ss     0:00 -bash
```

Repare como a opção "-a" é diferente do "a":

```
$ ps -a
  PID TTY          TIME CMD
 1675 pts/0     00:00:00 ps
27159 pts/0     00:00:00 sudo
27160 pts/0     00:00:00 find
```

A opção "u" adiciona alguns atributos dos processos:

```
$ ps au
USER       PID %CPU %MEM    VSZ   RSS TTY      STAT START   TIME
COMMAND
root      3297  0.0  0.0 121336  1600 tty1     Ss+  ago15   0:00
/sbin/agetty --noclear tty1 linux
root      3298  0.0  0.1 120984  2064 ttyS0    Ss+  ago15   0:00
/sbin/agetty --keep-baud 115200,38400,9600
ec2-user  3414  0.0  0.1 164440  4032 pts/0    R+   18:38   0:00
ps au
root     27159  0.0  0.3 216984  6608 pts/0    T    17:46   0:00
sudo find / -iname backup.sh
root     27160  0.0  0.1 128308  3944 pts/0    T    17:46   0:00
find / -iname backup.sh
ec2-user 30019  0.0  0.2 127120  4348 pts/0    Ss   14:48   0:00
-bash
```

Para obter uma lista completa dos processos em execução, não só aqueles que estão conectados ao terminal, adicione a opção "x":

```
$ ps aux
USER       PID %CPU %MEM    VSZ   RSS TTY      STAT START   TIME
COMMAND
root         1  0.0  0.2 199452  4968 ?        Ss   ago15   9:23
/usr/lib/systemd/systemd --switched-root --
root         2  0.0  0.0      0     0 ?        S    ago15   0:00
```

```
[kthreadd]
( ... )
ec2-user 30018  0.0  0.2 152864  4384 ?          S    14:48   0:00
sshd: ec2-user@pts/0
ec2-user 30019  0.0  0.2 127120  4348 pts/0      Ss   14:48   0:00
-bash
postfix  30391  0.0  0.3  90536  6928 ?          S    18:06   0:00
pickup -l -t unix -u
```

As opções "efH" mostram todos os processos, com a hierarquia deles em forma de árvore:

```
$ ps -efH
UID          PID  PPID  C STIME TTY          TIME CMD
root        3252     1  0 ago15 ?        00:00:00   /usr/sbin/sshd
-D
root       29998  3252  0 14:48 ?        00:00:00     sshd: ec2-
user [priv]
ec2-user   30018 29998  0 14:48 ?        00:00:00       sshd: ec2-
user@pts/0
ec2-user   30019 30018  0 14:48 pts/0    00:00:00         -bash
ec2-user    4176 30019  0 18:43 pts/0    00:00:00           ps -efH
```

É possível brincar com os comandos, como por exemplo saber quais são os processos que mais consomem a CPU:

```
$ ps aux | sort -nrk 3,3 | head -n 5
USER        PID %CPU %MEM    VSZ   RSS TTY      STAT START   TIME
COMMAND
nginx      3342  0.2  1.6 426976 34048 ?        Sl   ago15 133:04
amplify-agent
rpc        2729  0.0  0.1  73828  3276 ?        Ss   ago15   0:02
/sbin/rpcbind -w
root       9421  0.0  0.0      0     0 ?        I    set13   0:01
[kworker/u30:1]
root          9  0.0  0.0      0     0 ?        I    ago15   0:00
[rcu_bh]
```

Independente de como você queira ver os processos em execução, alguns atributos são importantes para um administrador Linux, tais como:

Usuário dono do processo

É impossível executar um programa no Linux sem que ele tenha um usuário dono. Isto significa que o programa vai ter as permissões de acesso ao disco e recursos do usuário que executou o programa. Essa noção é importante, pois é possível executar um programa como outro usuário que não seja o usuário logado.

Número de Processo - Process ID - PID

Todo programa em execução recebe um ID numérico único. Esse número pode ser usado para enviar sinais para o programa em execução.

Processo Pai - PPID

Todo programa exceto o init ou systemd, tem processo pai, que originou sua execução. É comum um programa servidor por exemplo ter um processo pai (master) e vários processos ou threads (filhos).

Threads podem ser entendidas como pedaços do programa que executam como se fossem processos filhos, porém mais leves, pois compartilham muita coisa com o processo pai. Esta tecnologia é muito usada nos processadores com vários núcleos (cores) para permitir execução de várias threads ao mesmo tempo.

% de CPU

Cada processo ganha uma fatia do tempo da CPU, que pode ser contabilizada, e serve como parâmetro para o administrador saber quais são os processos que consomem muita CPU.

% de Memória

Cada processo em execução também ganha uma fatia da memória RAM, que também pode ser contabilizada para que o administrador saiba os processos que consomem muita RAM

Hora de início

Cada processo também tem como atributo a hora em que foi executado.

Linha de comando

Os processos também mantém um atributo que é a linha de comando que foi usada na execução

A título de curiosidade, o que o comando ps faz é varrer algumas informações do diretório /proc. Tome como exemplo o processo sshd:

```
$ ps aux | grep ssh
root      3252  0.0  0.3 112928  7848 ?        Ss   ago15   0:00
/usr/sbin/sshd -D
```

Se olharmos o diretório /proc, ele terá um subdiretório com o número 3252, que corresponde ao PID do programa sshd:

```
# cd /proc/3252
# ls
attr        coredump_filter  gid_map      mem          oom_adj
   root             stack    timerslack_ns
autogroup   cpuset                io            mountinfo    oom_score
   sched            stat     uid_map
auxv        cwd                   latency      mounts
oom_score_adj  schedstat         statm      wchan
cgroup      environ               limits       mountstats   pagemap
   sessionid        status
clear_refs  exe                   loginuid     net          patch_state
   setgroups        syscall
cmdline     fd                    map_files    ns           personality
   smaps            task
comm        fdinfo                maps         numa_maps    projid_map
  smaps_rollup  timers
```

Por exemplo, a linha de comando do programa com o PID 3252 pode ser consultada com um simples cat:

```
# cat cmdline
/usr/sbin/sshd-D
```

Várias informações sobre um processo podem ser visualizadas no diretório /proc/[número do PID]. O utilitário ps apenas organiza a informação para uma leitura mais humana.

pgrep

$ pgrep [expressão]

O comando pgrep permite que se procure por expressões na lista de processos em execução e retorna o PID do processo em questão. Ele também permite que sinais sejam enviados para esses processos elencados na expressão de busca.

Neste exemplo o pgrep lista todos os PIDs dos processos do nginx:

```
$ pgrep nginx
27991
27993
27994
```

Para listar todos os PIDs dos processos cujo dono é o root:

```
$ pgrep -u root
1
2
3
```

Para enviar um sinal para os processos, basta usar a opção --signal e o número do sinal. Neste exemplo é enviado o sinal SIGHUP ao nginx:

```
# pgrep --signal 1 nginx
27991
27993
27994
```

top

$ top [opções]

Outra forma interessante de ver os processos em execução é com o comando top.

O comando top mostra os processos em execução como o comando ps, mas atualizando a tela. Este recurso é útil para monitorarmos como um ou mais processos agem no sistema. Este comando também ordena os processos que utilizam mais CPU no **TOP**o da tela.

As opções mais utilizadas são:

- -b: Executar em modo batch ou arquivo em lote. É utilizada para direcionarmos a saída do comando para outro processo ou para um arquivo;
- -d n: Determina o tempo das atualizações da tela em n segundos. O padrão é cinco segundos;
- -n num: Mostra o número de vezes na tela as atualizações dos processos em execução e depois termina. Útil para ser utilizado com a opção -b;
- -q: Executar com atualizações em tempo real. Esta opção deve ser utilizada com cautela, pois pode consumir uma grande quantidade de cpu;
- -u: Monitora os processos em execução de um determinado usuário;
- -p: Monitora um determinado processo identificado pelo seu PID. Mais de um processo pode ser definido com esta opção.

O comando top ainda pode suportar alguns comandos que alteram o seu comportamento durante a sua execução. São eles:

- Z: Muda o esquema de cores do top. Para que esta opção esteja ativa é necessário que o terminal suporte ANSI;

- F: Adiciona colunas com mais opções de monitoramento dos processos;
- u: Mostra os processos de um determinado usuário;
- k: Termina (kill) com um determinado processo;
- r: Muda a prioridade de execução do processo (renice);
- R: Muda a ordem dos processos de acordo com a utilização da CPU;
- q: Sai do modo interativo do top.

```
top - 19:26:01 up 31 days,  8:32,  1 user,  load average: 0.00, 0.02, 0.00
Tasks: 105 total,   2 running,  63 sleeping,   0 stopped,   0 zombie
%Cpu(s):  0.7 us,  0.7 sy,  0.0 ni, 98.7 id,  0.0 wa,  0.0 hi,  0.0 si,  0.0 st
KiB Mem :  2039524 total,   257304 free,   169088 used,  1613132 buff/cache
KiB Swap:        0 total,        0 free,        0 used.  1523612 avail Mem

  PID USER      PR  NI    VIRT    RES    SHR S %CPU %MEM     TIME+ COMMAND
 3342 nginx     20   0  426976  34048   5780 S  1.0  1.7 133:09.32 amplify-agent
 2740 root      20   0   28616   2984   2500 S  0.3  0.1   2:00.52 systemd-logind
11346 root      20   0  171068   4400   3736 R  0.3  0.2   0:00.01 top
    1 root      20   0  199452   4968   3356 S  0.0  0.2   9:23.94 systemd
    2 root      20   0       0      0      0 S  0.0  0.0   0:00.20 kthreadd
    4 root       0 -20       0      0      0 I  0.0  0.0   0:00.00 kworker/0:0H
    6 root       0 -20       0      0      0 I  0.0  0.0   0:00.00 mm_percpu_wq
    7 root      20   0       0      0      0 S  0.0  0.0   2:23.18 ksoftirqd/0
    8 root      20   0       0      0      0 I  0.0  0.0   2:19.54 rcu_sched
    9 root      20   0       0      0      0 I  0.0  0.0   0:00.00 rcu_bh
   10 root      rt   0       0      0      0 S  0.0  0.0   0:00.00 migration/0
   11 root      rt   0       0      0      0 S  0.0  0.0   0:06.51 watchdog/0
   12 root      20   0       0      0      0 S  0.0  0.0   0:00.00 cpuhp/0
   13 root      20   0       0      0      0 S  0.0  0.0   0:00.00 kdevtmpfs
   14 root       0 -20       0      0      0 I  0.0  0.0   0:00.00 netns
   20 root      20   0       0      0      0 S  0.0  0.0   0:00.00 xenbus
   21 root      20   0       0      0      0 S  0.0  0.0   0:00.02 xenwatch
  171 root      20   0       0      0      0 S  0.0  0.0   0:00.59 khungtaskd
  172 root      20   0       0      0      0 S  0.0  0.0   0:00.00 oom_reaper
  173 root       0 -20       0      0      0 I  0.0  0.0   0:00.00 writeback
  175 root      20   0       0      0      0 S  0.0  0.0   0:00.00 kcompactd0
  176 root      25   5       0      0      0 S  0.0  0.0   0:00.00 ksmd
  177 root      39  19       0      0      0 S  0.0  0.0   0:17.25 khugepaged
  178 root       0 -20       0      0      0 I  0.0  0.0   0:00.00 crypto
```

Figura 12 – Top

Enviar Sinais aos Processos

Agora que você sabe monitorar os processos, vamos adiante com o envio de sinais aos processos usando os comandos kill, killall e pkill.

kill

$ kill [-sinal | -s sinal] PID

O comando kill envia sinais para os processos.

Ele é usado geralmente para terminar a execução de processos identificados pelo seu PID.

Se nenhum sinal específico for passado como parâmetro, o kill irá enviar o sinal SIGTERM (15) para terminar o processo de forma elegante.

Neste exemplo o kill força o servidor de web identificado pelo PID 1953 a ler novamente o seu arquivo de configuração:

```
$ ps aux | grep httpd
wwwrun 1952 0.0 1.7 93232 2248 ?          S          16:15          0:00
/usr/sbin/httpd -f /etc/httpd/httpd.conf
wwwrun 1953 0.0 1.7 93232 2248 ?          S          16:15
0:00 /usr/sbin/httpd -f /etc/httpd/httpd.conf
wwwrun 1954 0.0 1.7 93232 2248 ?          S          16:15
0:00 /usr/sbin/httpd -f /etc/httpd/httpd.conf
```

```
# kill —HUP 1953
```

Termina abruptamente os processos de serviço de web com os PIDs 1953 e 1954:

```
# kill —9 1953 1954
```

A opção -l do kill oferece uma lista de sinais e seus respectivos códigos:

```
$ kill -l
 1) SIGHUP     2) SIGINT    3) SIGQUIT   4) SIGILL    5) SIGTRAP
 6) SIGABRT    7) SIGBUS    8) SIGFPE    9) SIGKILL  10) SIGUSR1
11) SIGSEGV   12) SIGUSR2  13) SIGPIPE  14) SIGALRM  15) SIGTERM
( ... )
```

killall

$ killall [-sinal] NOME_DO_PROCESSO

O comando killall envia sinais para os processos e recebe como parâmetro não o PID do processo, mas seu nome. Ele é usado geralmente para terminar a execução de processos que possuem diversos processos filhos executando ao mesmo tempo.

Se nenhum sinal específico for passado como parâmetro, o killall irá enviar o sinal TERM (15) para terminar o processo de forma elegante.

Neste exemplo o killall força o servidor de web identificado pelo nome httpd correspondente aos processos 1952, 1953 e 1954 a lerem novamente o seu arquivo de configuração:

```
$ ps aux | grep httpd
wwwrun 1952 0.0 1.7 93232 2248 ?          S              16:15 0:00
/usr/sbin/httpd -f /etc/httpd/httpd.conf
wwwrun 1953 0.0 1.7 93232 2248 ?          S              16:15 0:00
/usr/sbin/httpd -f /etc/httpd/httpd.conf
wwwrun 1954 0.0 1.7 93232 2248            ? S            16:15 0:00
/usr/sbin/httpd -f /etc/httpd/httpd.conf
# killall —HUP httpd
```

Para terminar abruptamente o serviço de web abortando todos os processos httpd:

```
# killall —9 httpd
```

É importante que você entenda a diferença dos comandos kill e killall. O primeiro envia sinais para um ou mais processos identificados pelo PID. O segundo envia sinais para todos os processos na fila de execução que possuem um determinado nome.

Os sinais enviados pelo kill e pelo killall podem ser passados pelo nome ou pelo número inteiro correspondente.

Situações Especiais de Erro nos Processos

Processos Zombie

É possível, dentro de uma hierarquia de processos, que um determinado processo filho termine por algum motivo inesperado, e o processo pai se torne um processo zoombie ou defunto (defunct). Os processos zoombie não podem ser terminados com o comando kill, porque eles já não existem mais. Como um zombie, já estão mortos.

Isso acontece porque cada processo criado recebe um lugar na tabela de processos do Kernel. Quando ele termina, seu lugar na tabela do Kernel recebe o resultado da sua execução. O resultado da execução é retido na tabela até alguém consultá-lo quando, então, é removido da tabela.

O estado do processo é chamado de "zumbi" quando o mesmo termina e seu resultado ainda não foi retirado da tabela do Kernel.

Os processos zumbis não usam CPU e apenas uma quantidade ínfima de memória para armazenar o descritor do processo. No entanto, cada processo zumbi mantém seu ID do processo (PID).

Os sistemas Linux possuem um número finito de IDs de processo - 32767 por padrão em sistemas de 32 bits.

Se os zumbis estiverem acumulando em uma taxa muito rápida - por exemplo, se um software de servidor com problemas estiver criando processos zumbis muito rápido, o conjunto de PIDs disponíveis acabará sendo atribuído aos processos zumbis, impedindo a execução de outros processos.

A única maneira de limpar a tabela de processos do kernel para acabar com os Zombies é enviar o sinal SIGCHLD para o processo pai. Esse sinal informa ao processo pai para executar a chamada do sistema **wait ()** e limpar seus filhos zumbis. O sinal pode ser enviado com o comando kill, substituindo pid no comando abaixo pelo PID do processo pai:

```
$ kill -s SIGCHLD pid
```

Processos Órfãos

Outra possibilidade especial é quando um processo pai que criou novos processos filhos termine inesperadamente de forma abrupta.

Neste caso, os processos filhos perdem o seu processo pai e são adotados pelo processo systemd (PID 1) que é o pai de todos os processos.

Observe a hierarquia entre os processos com o comando pstree -c -p:

```
$ pstree -c -p
systemd(1)─┬─acpid(3338)
           ├─agetty(3297)
           ├─agetty(3298)
           ├─atd(3274)
           ├─nginx(27991)─┬─nginx(27993)
           │              └─nginx(27994)
           └─systemd-udevd(2286)
```

Estas duas situações descritas não são normais e podem ser ocasionadas por bugs nos programas.

Programas auxiliares

O Linux tem três programas auxiliares que servem para ver a quanto tempo o sistema está ativo, usuários logados e carga de CPU, outro para ver a quantidade de memória existente, usada e disponível e outro para rodar os programas em loop para monitorar algo.

uptime

$ uptime [opções]

O comando uptime mostra quanto tempo o sistema está no ar, a quantidade de usuário logados e a carga da CPU.

As opções mais comuns são:

- -p   Mostra desde quando o sistema está ligado de uma forma "bonitinha"
- -s   Mostra desde quando o sistema está ligado no formato ANO-MES-DIA HORA:MINUTO:SEGUNDO

As médias de carga de CPU mostradas pelo comando uptime são calculadas com uma média dos processos em execução ou esperando pela CPU. Essas médias não são normalizadas pelo número de CPUs.

É muito importante memorizar que o uptime mostra a média de carga de CPU no último 1 minuto, nos últimos 5 minutos e nos últimos 15 minutos, nesta ordem.

Se a carga de CPU for maior que 1, e se o sistema tem apenas uma CPU, significa que o uso da CPU está além da capacidade, portanto, há uma espera grande por CPU pelos processos.

Mas para tirar conclusões mais acertadas, vai depender do tempo em que a média de CPU está acima de 1. Se houve um pico de uso de CPU no último minuto, mas as médias de carga nos tempos de 5 e 15 minutos são baixas, não é um indicativo que há necessidade de troca da CPU. Mas se as médias são altas com 5 e 15 minutos também, significa que a capacidade de processamento pode estar mal planejada em relação à carga do sistema.

Também é importante saber que essas médias não são normalizadas pelo número de processadores. Um número de carga de 1 em um sistema com 4 processadores, significa que as CPUs estão ociosas 75% do tempo. Desta forma, pode-se entender que para sobrecarregar um sistema com 4 CPUs, a carga média precisa ser maior que 4.

Veja neste exemplo que há CPU de sobra:

```
$ uptime
 20:35:37 up 31 days,  9:41,  1 user,  load average: 0,02, 0,02,
0,00
```

A opção -p mostra desde quando o sistema está ligado no estilo contagem de dias:

```
$ uptime -p
up 4 weeks, 3 days, 9 hours, 45 minutes
```

E a opção -s mostra desde quanto tempo o sistema está ligado no formato de data:

```
$ uptime -s
2019-08-15 10:53:45
```

A quantidade de CPUs de um sistema pode ser visualizada com o comando:

```
$ grep -c 'model name' /proc/cpuinfo
1
```

free

$ free [opções]

Também importante quando se gerencia os processos no Linux é saber a quantidade de memória total disponível, quantidade em uso e quantidade disponível para uso.

O utilitário free mostra as quantidades de memória RAM no sistema.

As opções "-b", "-k" e "-m" mostram a quantidade em bytes, kbytes e megabytes respectivamente:

```
$ free
           total     used     free   shared  buff/cache  available
Mem:     2039524   189396   178424   131684     1671704     1503316
Swap:          0        0        0
```

A opção -h mostra as quantidades de maneira mais fácil de ler:

```
$ free -h
          total   used   free   shared  buff/cache  available
Mem:       1,9G   153M   205M     128M        1,6G       1,5G
Swap:        0B     0B     0B
```

Abaixo o significado de cada campo:

- **total**:   Total de memória RAM instalada no sistema;
- **used**:   Memória utilizada (total - free - buffers - cache);
- **free**:   Memória disponível;
- **shared**:   Memória compartilhada entre os processos usando o tmpfs. Os processos podem alocar memória que compartilham por exemplo com seus processos filhos;

- **buffers**:   Memória usada como área de transferência pelo kernel;
- **cache**:   Memória usada pelo cachê de páginas de memória;
- **available**   Memória disponível sem levar em conta a memória utilizada em buffers e cache

O comando free também mostra a quantidade de memória disponível e usada em swap.

O swap é uma área de disco que pode ser usada como espaço de troca de páginas de memória entre a RAM e o disco, possibilitando aumentar virtualmente a memória do sistema através das paginações entre memória e disco. É um recurso que pode ser usado para evitar um esgotamento da memória RAM.

Se o sistema faz bastante uso do Swap, é um forte indicativo que há necessidade de se aumentar a quantidade de memória RAM em função do uso do sistema.

watch

$ watch [opções] comando

Imagine que você quer monitorar uma situação executando um comando de forma periódica.

Você pode usar o history do bash e executar manualmente o programa tantas vezes quanto necessário, ou usar o programa watch.

O comando watch executa um comando periodicamente, que permite observar como a saída do programa muda ao longo do tempo.

Se nenhum intervalo for informado, o watch usa 2 segundos como padrão.

As opções mais comuns são:

- -d   Mostra as diferenças entre as atualizações;
- -n X   Define o intervalo em X segundos;
- -t   Desabilita o cabeçalho;
- -g   Termina a execução quando a saída do comando muda;

Neste exemplo o watch pode ser usado para monitorar as conexões TCP:

```
$ watch -n 1 ss -t
Every 1,0s: ss -t           Sun Sep 15 21:37:32 2019
State    Local Address:Port          Peer Address:Port
ESTA        127.0.0.1:http               127.0.0.1:39608
ESTAB       127.0.0.1:39608              127.0.0.1:http
```

Multiplexação de Terminais

O Linux permite que o shell seja multiplexado, criando "janelas" virtuais, que permitem executar mais de um programa ao mesmo tempo, trocando as janelas do terminal. É muito util quando você está logado em um servidor remoto utilizando o ssh. O exame cobra conhecimento em duas ferramentas: screen e tmux.

É importante ressaltar que nem sempre essas ferramentas estão instaladas como padrão nas distribuições.

screen

$ screen [comando [parâmetros]]

O comando screen é um poderoso gerenciador de janelas que multiplexa um terminal físico entre diversos processos. Ele permite que o usuário abra diversas instâncias de terminais diferentes em um mesmo terminal físico. Você ainda pode compartilhar seu terminal com outros usuários.

Se você necessitava de abrir diversas conexões SSH com seu Linux para ter mais de um terminal disponível, é porque você ainda não conhece o screen.

Exemplo:

```
$ screen
```

Uma vez que você digite screen, ele vai abrir um terminal como qualquer outro. Mas ele possibilitará diversos comandos.

Para ver o HELP do screen, digite Ctrl-A e "?" (sem aspas).

Todos os comandos do screen devem ser precedidos pelo Ctrl-A.

Imagine que você está conectado via SSH em um servidor e vai fazer um download de um arquivo grande que irá demorar 2 horas. Você pode rodar o download "dentro" do screen, se desconectar do terminal, e então reconectar mais tarde, até de outro computador.

```
$ screen
$ wget http://servidornaweb.com.br/arquivomuitogrande.tar.gz
```

Você poderá digitar Crtl-A e a tecla "d" para se desconectar do terminal. Agora você pode inclusive se desconectar da sessão SSH.

Quando quiser reconectar ao terminal do screen, reconecte na sessão SSH, e então digite o comado:

```
$ screen —r
```

Se você tiver mais de uma sessão aberta no screen, deverá informar a sessão a que deseja se conectar. Para ver quais sessões estão abertas:

```
$ screen -ls
There is a screen on:
        12604.pts-0.svnserver    (Attached)
1 Socket in /var/run/screen/S-ec2-user.
```

Para se conectar na sessão 12604:

```
$ screen —r 12604
```

Você também pode abrir diversas sessões com o Ctrl-A, depois "c".

Para alternar entre as sessões, você deve digitar Ctrl-A e depois "n" ou "p" para navegar para frente (Next) ou para trás (Previous). Isto evita que você precise se conectar em diversas vezes via SSH.

Você também pode ativar o log de tudo que foi digitado no terminal, ativando o log através do comando Ctrl-A e "H". Para desativar o log, basta apertar Ctrl-A e "H" novamente.

tmux

$ tmux [opções]

O tmux é outro multiplexador de terminal. Ele permite que múltiplos terminais possam ser criados, acessados e controlados de uma única janela.

Assim como o screen, o tmux pode ser desconectado do terminal e continuar rodando, e depois reconectado ao terminal.

Assim que o tmux é executado ele cria uma sessão com uma janela única e mostra ela na tela do terminal. Uma linha de status é exibida no rodapé do terminal indicando a sessão corrente.

Uma sessão nada mais é do que um conjunto de pseudo-terminais controlados pelo tmux com uma ou mais janelas. As janelas podem ocupar toda a tela, ou serem divididas em um, ou mais painéis retangulares. Cada janela será um pseudo-terminal.

Se todas as sessões forem terminadas, o tmux também termina.

O tmux aceita comandos através da combinação de teclas Ctrl b.

Uma vez no modo de comando, as opções mais comuns são:

- **;**   Muda para o painel anterior
- **c**   Cria uma nova janela
- **d**   Disconecta do cliente
- **n**   Muda para próxima janela
- **p**   Muda para a janela anterior
- **x**   Mata o painel corrente
- **"**   Divide a janela ao meio horizontalmente
- **%**   Divide a janela ao meio verticalmente

Para iniciar o tmux:

```
$ tmux
```

Para criar uma nova janela com divisão horizontal, deve-se digitar Ctrl b, seguido da aspas simples " :

```
top - 22:09:13 up 31 days, 11:15,  1 user,  load average: 0,00, 0,00, 0,00
Tasks: 104 total,   1 running,  65 sleeping,   0 stopped,   0 zombie
%Cpu(s):  0,0 us,  0,0 sy,  0,0 ni,100,0 id,  0,0 wa,  0,0 hi,  0,0 si,  0,0 st
KiB Mem :  2039524 total,   247488 free,   171008 used,  1621028 buff/cache
KiB Swap:        0 total,        0 free,        0 used.  1521824 avail Mem

  PID USER      PR  NI    VIRT    RES    SHR S %CPU %MEM     TIME+ COMMAND
    1 root      20   0  199452   4968   3356 S  0,3  0,2   9:26.04 systemd
    2 root      20   0       0      0      0 S  0,0  0,0   0:00.20 kthreadd
    4 root       0 -20       0      0      0 I  0,0  0,0   0:00.00 kworker/0:0H
    6 root       0 -20       0      0      0 I  0,0  0,0   0:00.00 mm_percpu_wq
    7 root      20   0       0      0      0 S  0,0  0,0   2:23.71 ksoftirqd/0
    8 root      20   0       0      0      0 I  0,0  0,0   2:20.12 rcu_sched
    9 root      20   0       0      0      0 I  0,0  0,0   0:00.00 rcu_bh
   10 root      rt   0       0      0      0 S  0,0  0,0   0:00.00 migration/0

dbus-1                  init.d              nsswitch.conf.bak   request-key.d       udev
default                 inittab             ntp                 resolv.conf         updatedb.conf
depmod.d                inputrc             ntp.conf            rpc                 update-motd.d
dhcp                    iproute2            openldap            rpm                 vimrc
DIR_COLORS              issue               openvpn             rsyncd.conf         virc
DIR_COLORS.256color     issue.net           opt                 rsyslog.conf        wgetrc
DIR_COLORS.lightbgcolor krb5.conf           os-release          rsyslog.d           X11
dracut.conf             krb5.conf.d         pam.d               rwtab               xdg
dracut.conf.d           ld.so.cache         passwd              rwtab.d             xinetd.d
e2fsck.conf             ld.so.conf          passwd-             sasl2               yum
egl                     ld.so.conf.d        pear                scl                 yum.conf
environment             libaudit.conf       pear.conf           screenrc            yum.repos.d
exports                 libnl               php.d               securetty
[ec2-user@ip-172-30-0-241 etc]$
[0] <c2-user@ip-172-30-0-241:/etc- 1:ec2-user@ip-172-30-0-241:/etc* "ip-172-30-0-241.ec2.in" 22:08 15-Sep-19
```

Figura 13 - Tmux com duas janelas horizontais

As setas do teclado também podem ser usadas para alterar entre os painéis.

103.6 - Modificar a Prioridade dos Processos

É possível alterar a prioridade de execução dos processos, através dos comandos nice e renice. Estes comandos são extremamente úteis em ambientes multiusuário, onde é preciso dar mais ou menos fatias de CPU aos diversos programas dos usuários, para manter um ambiente estável e organizado.

nice

$ nice [-n ajuste_de_prioridade] [comando]

O comando nice ajusta o tempo disponível de CPU de um processo para mais ou para menos prioridade.

No inglês a palavra "nice" quer dizer "legal". Se o ajuste de prioridade para um processo for um número positivo, quer dizer que ele está sendo mais legal com os outros programas diminuindo a sua prioridade.

Se o ajuste for um número negativo, quer dizer que o programa está sendo menos legal, aumentando a sua prioridade de execução e sobrando menos tempo de CPU para os outros programas.

O ajuste de prioridade possível vai do –20 (mais prioridade / menos legal) até o 19 (mais legal, menos prioridade).

Se não for passado nenhum valor de ajuste, o comando nice ajustará a prioridade para +10, diminuindo o tempo de execução do processo.

Por padrão todos os programas iniciam com prioridade zero. Apenas o administrador root pode definir prioridades negativas (aumento de fatia de CPU).

Neste exemplo o comando updatedb tem menos prioridade de execução:

```
$ nice updatedb &
```

Neste exemplo o comando folha_pagamento será executado com mais prioridade.

```
$ nice —n —10 folha_pagamento
```

Para verificar a prioridade dos processos em execução, o comando ps pode ser usado. A coluna **NI** mostra a prioridade:

```
$ ps -eo pid,ni,comm
  PID   NI COMMAND
```

```
    1    0 systemd
    2    0 kthreadd
    4  -20 kworker/0:0H
    6  -20 mm_percpu_wq
 ( ... )
30018    0 sshd
30019    0 bash
```

Alguns processos do sistema tem naturalmente prioridade máxima (-20).

O comando top também pode ser usado para ver a prioridade dos procesoss, na coluna NI:

```
top - 10:38:39 up 33 min,  2 users,  load average: 0.00, 0.01, 0.05
Tasks:  85 total,   2 running,  83 sleeping,   0 stopped,   0 zombie
%Cpu(s):  0.0 us,  0.0 sy,  0.0 ni,100.0 id,  0.0 wa,  0.0 hi,  0.0 si,  0.
KiB Mem:   1017936 total,   294112 used,   723824 free,    11744 buffers
KiB Swap:  2826236 total,        0 used,  2826236 free.   117820 cached Mem

  PID USER       PR  NI    VIRT    RES    SHR S %CPU %MEM     TIME+ COMMAND
 1055 teamspe+    8 -12  763192  18292   7320 S  0.7  1.8   0:07.86 ts3ser+
 2148 root       20   0  123528   1496   1096 S  0.3  0.1   0:04.03 top
    1 root       20   0   46144   6652   3932 S  0.0  0.7   0:01.25 systemd
    2 root       20   0       0      0      0 S  0.0  0.0   0:00.00 kthrea+
    3 root       20   0       0      0      0 S  0.0  0.0   0:00.04 ksofti+
    5 root        0 -20       0      0      0 S  0.0  0.0   0:00.00 kworke+
    6 root       20   0       0      0      0 S  0.0  0.0   0:00.00 kworke+
    7 root       rt   0       0      0      0 S  0.0  0.0   0:00.00 migrat+
    8 root       20   0       0      0      0 S  0.0  0.0   0:00.00 rcu_bh
    9 root       20   0       0      0      0 S  0.0  0.0   0:00.00 rcuob/0
   10 root       20   0       0      0      0 S  0.0  0.0   0:00.24 rcu_sc+
```

Figura 14 – Top com coluna NI em destaque

renice

$ renice [+/-] ajuste_prioridade [opções] PID/Usuário

O comando renice ajusta a prioridade de execução de processos em execução.

Por padrão, o comando renice recebe como parâmetro o PID de um determinado processo. O ajuste de prioridade é um número inteiro do –20 (maior prioridade) até o +19 (executar qualquer coisa antes deste processo).

As opções mais usuais são:

- -p: Recebe um PID para alterar sua prioridade.
- -u: Recebe um nome de usuário para alterar a prioridade de todos os processos deste usuário em execução.
- -g: Recebe um nome de um grupo para alterar a prioridade de todos os processos pertencentes a este grupo.

Neste exemplo, o processo de número PID 987, PID 32 e todos os processos de que os usuários daemon e root são donos vão ter mais prioridade.

```
# renice -1 987 -u daemon root -p 32
```

Os usuários comuns somente podem alterar a prioridade dos processos de que eles são donos, e somente para diminuir a prioridade (do -20 até +19). Uma vez que o usuário comum diminui a prioridade, ele não pode normalmente voltar para a prioridade anterior.

Somente o usuário root pode alterar a prioridade de qualquer processo, aumentando ou diminuindo a prioridade.

Neste exemplo o programa com o PID 30018 passou de prioridade 0 para +2:

```
$ renice +2 30018
30018 (process ID) com prioridade antiga 0, prioridade nova 2
```

Se um usuário comum tenta aumentar a prioridade, ele não consegue:

```
$ renice +1 30018
renice: falha ao definir prioridade pra 30018 (process ID):
Permission denied
```

Somente o root consegue aumentar a prioridade. Neste exemplo o comando sudo executa o renice como root:

```
$ sudo renice 0 30018
30018 (process ID) com prioridade antiga 2, prioridade nova 0
```

103.7 - Procurar por Arquivos Texto Usando Expressões Regulares

Uma expressão regular é um método formal de se especificar um padrão de texto a ser procurado em um ou mais arquivos. É uma composição de caracteres com funções especiais (metacaracteres) que agrupados entre si com caracteres literais (de A a Z) e números podem formar uma sequência, uma expressão que o shell e editores de texto podem entender e buscar.

As expressões regulares são úteis para buscar ou validar textos variáveis como:

- Número de endereço IP;
- Endereço de e-mail;

- Endereço de Internet (URL);
- Dados na coluna em um texto;
- Dados que estão entre <tags></tags> de uma linguagem, como o HTML;
- Número de CNPJ, RG, CPF etc.;
- Data e Horário.

Vários editores de texto e linguagens de programação oferecem suporte a expressões regulares. As ferramentas importantes que trabalham com este recurso para o exame são o grep e suas variações e o sed.

Conceitos Básicos

Uma expressão regular (ou, um padrão) descreve um conjunto de cadeias de caracteres, de forma concisa, sem precisar listar todos os elementos do conjunto.

Por exemplo, um conjunto contendo as cadeias "Handel", "Händel" e "Haendel" pode ser descrito pelo padrão H(ä|ae?)ndel.

Alternância

Uma barra vertical (|) separa alternativas.

Por exemplo, psicadélico|psicodélico pode casar "psicadélico" ou "psicodélico".

Agrupamento

Parênteses ((,)) são usados para definir o escopo e a precedência de operadores, entre outros usos.

Por exemplo, psicadélico|psicodélico e psic(a|o)délico são equivalentes e ambas descrevem "psicadélico" e "psicodélico".

Quantificação (ou repetição)

Um quantificador após um token (como um caractere) ou agrupamento especifica a quantidade de vezes que o elemento precedente pode ocorrer. Os quantificadores mais comuns são o ponto de interrogação ?, o asterisco * e o sinal de adição +.

- **?** indica que há zero ou uma ocorrência do elemento precedente. Por exemplo, ac?ção casa tanto "acção" quanto "ação".
- ***** indica que há zero ou mais ocorrências do elemento precedente. Por exemplo, ab*c casa "ac", "abc", "abbc", "abbbc", e assim por diante.
- **+** indica que há uma ou mais ocorrências do elemento precedente. Por exemplo, ab+c casa "abc", "abbc", "abbbc", e assim por diante, mas não "ac".

Essas construções podem ser combinadas arbitrariamente para formar expressões complexas, assim como expressões aritméticas com números e operações de adição, subtração, multiplicação e divisão. De forma geral, há diversas expressões regulares para descrever um mesmo conjunto de cadeias de caracteres. A sintaxe exata da expressão regular e os operadores disponíveis variam entre as implementações.

POSIX

De 1986, a norma IEEE POSIX 1003.2 (POSIX.2) padroniza expressões regulares, e fornece duas especificações, a saber:

- o conjunto básico (BRE) e
- o conjunto estendido (ERE).

BRE: expressões regulares básicas

A sintaxe tradicional de expressões regulares em Unix seguiu convenções comuns, mas diferiu entre as implementações. A norma IEEE POSIX BRE (Basic Regular Expressions, do inglês, expressões regulares básicas) foi desenvolvida primordialmente por compatibilidade com a sintaxe tradicional, mas fornecia uma norma comum que desde então foi adotada por diversas ferramentas.

Na sintaxe de BRE, a maioria dos caracteres são tratados como literais — eles casam somente com eles próprios (por exemplo, a casa "a"). As exceções são chamadas metacaracteres ou metassequências, definidos abaixo:

Metacaractere	Descrição
.	Representa qualquer caractere. Algumas implementações excluem quebra de linha e codificação de caracteres. Nas expressões POSIX de listas de caracteres (ver logo abaixo), o caractere ponto é tratado como o literal. Por exemplo, a.c pode encontrar "abc", etc., mas [a.c] encontra somente "a", "." ou "c".
[ ]	As chaves representam lista de caracteres. Serve para encontrar uma ocorrência de qualquer caracteres contido na lista. Por exemplo, [abc] encontra "a", "b" ou "c". É possível definir intervalos de caracteres: [a-z] encontra qualquer caractere de "a" a "z", e [0123456789] é igual a [0-9]. O caractere "-" é tratado como literal se for o primeiro ou o último da lista, ou se vier depois de contra-barra: [abc-], [-abc] ou [a\-bc].
[^]	O acento circunflexo faz com que uma lista invertida de caracteres. Encontra uma ocorrência de qualquer caractere não contido na lista. Por exemplo, [^abc] encontra qualquer caractere que não seja "a", "b" ou "c". [^a-z] casa qualquer caractere que não seja minúsculo.
^	Encontra o começo da cadeia de caracteres. Numa situação de múltiplas linhas, encontra o começo das linhas. Logo percebe-se que as âncoras não encontram pedaços do texto, elas servem apenas como uma referência de início de linha.
$	Encontra o fim da cadeia de caracteres ou a posição logo antes da quebra de linha do fim da cadeia. Numa situação de múltiplas linhas, encontra o fim das linhas.
BRE \(\) ERE ( )	Grupo de captura. Marca uma subexpressão. A cadeia de caracteres que encontra com o conteúdo dentro dos parênteses pode ser chamada posteriormente.
\n	Associado com o item anterior. Encontra a n-ésima subexpressão marcada, em que n é um dígito de 1 a 9. Essa construção é teoricamente irregular e não foi adotada pela sintaxe POSIX ERE. Algumas ferramentas permitem referenciar mais de nove grupos de captura.

Metacaractere	Descrição
*	Encontra o elemento precedente zero ou mais vezes. Por exemplo, ab*c encontra "ac", "abc", "abbbc", etc.. [xyz]* encontra "", "x", "y", "z", "zx", "zyx", "xyzzy", e assim por diante. \(ab\)* encontra "", "ab", "abab", "ababab", e assim por diante.
BRE \{m,n\} ERE {m,n}	Encontra o elemento precedente pelo menos **m** vezes e não mais que **n** vezes. Por exemplo, a\{3,5\} encontra somente "aaa", "aaaa", e "aaaaa". Esta funcionalidade não é encontrada em algumas implementações muito antigas. Outras opções incluem omitir um dos campos. Por exemplo, a\{3,\} encontra pelo menos três "a"s. Já \{3\} encontra somente três "a"s. b{0,} é análogo a b*, b{0,1} é análogo a b? (ver o quantificador ?) e b{1,} é idêntico a b+ (ver o quantificador +).

Uma característica da BRE é que os metacaracteres geralmente exigem barras invertidas para serem tratados como tal.

Por exemplo, em BRE, a{1,2} é composto somente por literais, e encontrará somente "a{1,2}". Para encontrar entre uma a duas ocorrências de "a", deve-se usar a expressão regular **a\{1,2\}**. A motivação desse sistema é a compatibilidade com sistemas antigos, já que na época da padronização já havia código Unix legado que usava chaves como literais.

ERE: expressões regulares estendidas

POSIX ERE (Extended Regular Expression, do inglês, expressões regulares estendidas).

Neste padrão a barra invertida "\" faz justamente o contrário do padrão BRE. A presença da contra-barra significa que o caractere posterior deve ser interpretado como literal. Isso significa que não são usadas barras invertidas para identificar metacaracteres. Pelo contrário, elas servem justamente para transformar metacaracteres em literais. Retomando o exemplo da seção anterior, em ERE, a{1,2} encontra uma a duas ocorrências de "a", enquanto a\{1,2\} encontra o literal "a{1,2}".

Classes de caracteres

Já que diversos grupos de caracteres dependem de uma configuração de localização específica, variando de acordo com a configuração de língua do sistema, o POSIX define algumas classes (ou categorias) de caracteres para fornecer um método padrão de acesso a alguns grupos específicos de caracteres bastante utilizados, como mostrado a seguir:

Classe	Descrição
[:alnum:]	Caracteres alfanuméricos, o que no caso de ASCII corresponde a [A-Za-z0-9].
[:alpha:]	Caracteres alfabéticos, o que no caso de ASCII corresponde a [A-Za-z].
[:blank:]	Espaço e tabulação, o que no caso de ASCII corresponde a [\t].
[:cntrl:]	Caracteres de controle, o que no caso de ASCII corresponde a [\x00-\x1F\x7F].
[:digit:]	Dígitos, o que no caso de ASCII corresponde a [0-9]. O Perl oferece o atalho \d.
[:graph:]	Caracteres visíveis, o que no caso de ASCII corresponde a [\x21-\x7E].
[:lower:]	Caracteres em caixa baixa, o que no caso de ASCII corresponde a [a-z].

Classe	Descrição
[:print:]	Caracteres visíveis e espaços, o que no caso de ASCII corresponde a [\x20-\x7E].
[:punct:]	Caracteres de pontuação, o que no caso de ASCII corresponde a [-!"#$%&'()*+,./:;<=>?@[\\\]_`{|}~].
[:space:]	Caracteres de espaços em branco, o que no caso de ASCII corresponde a [\t\r\n\v\f]. O Perl oferece o atalho \s, que, entretanto, não é exatamente equivalente; diferente do \s, a classe ainda inclui um tabulador vertical, \x11 do ASCII.[5]
[:upper:]	Caracteres em caixa alta, o que no caso de ASCII corresponde a [A-Z].
[:xdigit:]	Dígitos hexadecimais, o que no caso de ASCII corresponde a [A-Fa-f0-9].

Vejamos os comandos que podem ser usados no shell para fazer buscas de textos usando expressões regulares.

grep

$ grep [opções] expressão-regular arquivos

O comando grep é largamente usado no dia a dia das tarefas administrativas em Linux. Ele filtra as linhas de um determinado arquivo procurando por uma expressão regular como padrão. O grep pode ler um ou mais arquivos que são passados como argumento ou pode receber na entrada padrão o redirecionamento da saída de outro processo. Se o grep receber mais de um arquivo ou um wildcard como argumento para efetuar a sua busca, ele vai indicar o nome do arquivo seguido de dois pontos e a linha encontrada.

O grep utiliza o padrão BRE. Assim, os meta-characters **? + { } | ( )** não tem significado especial. No padrão BRE esses caracteres somente são interpretados com significado especial se precedidos com a contra-barra **\? \+ \{ \} \| \(\)**.

Suas opções mais frequentes são:

- -c: Mostra somente a contagem das ocorrências nos arquivos e não as linhas onde as ocorrências foram encontradas;
- -h: Mostra somente as linhas encontradas, sem a indicação do nome dos arquivos;
- -i: Procura as ocorrências ignorando se as letras estão em maiúsculas ou minúsculas;
- -v: Mostra todas as linhas do arquivo procurado menos as ocorrências encontradas. Tem o efeito inverso;
- -n: Mostra, além do texto das linhas encontradas, o número das linhas dentro dos arquivos;
- -B n: Mostra n linhas antes da linha encontrada;
- -A n: Mostra n linhas depois da linha encontrada.
- -E   Muda o padrão POSIX BRE para POSIX ERE.
- -F   Não interpreta nenhum meta-caractere

Exemplos:

Procura a palavra uira no arquivo /etc/passwd:

```
$ grep uira /etc/passwd
uira:x:500:100:uira:/home/uira:/bin/bash
```

Procura todas as linhas começadas com a letra u no arquivo /etc/passwd. O acento circunflexo simboliza o início de uma linha:

```
$ grep "^u" /etc/passwd
uucp:x:10:14:Unix-to-Unix CoPy system:/etc/uucp:/bin/bash
uira:x:500:100:uira:/home/uira:/bin/bash
```

Procura todas as linhas terminadas com a palavra false. O símbolo $ representa o fim de uma linha:

```
$ grep "false$" /etc/passwd
mail:x:8:12:Mailer daemon:/var/spool/clientmqueue:/bin/false
wwwrun:x:30:8:WWW daemon apache:/var/lib/wwwrun:/bin/false
```

Procura todas as linhas que iniciam com as vogais no /etc/passwd. A expressão regular chamada lista procura qualquer um dos caracteres dentro do colchete:

```
$ grep "^[aeiou]" /etc/passwd
uucp:x:10:14:Unix-to-Unix CoPy system:/etc/uucp:/bin/bash
at:x:25:25:Batch jobs daemon:/var/spool/atjobs:/bin/bash
uira:x:500:100:uira:/home/uira:/bin/bash
alias:x:501:1000::/var/qmail:/bin/false
```

Procura por todas as linhas em que o primeiro caracter seja qualquer um e o segundo caracter seja uma vogal. O ponto final na expressão regular simboliza "um caractere qualquer":

```
$ grep "^.[aeiou]" /etc/passwd
root:x:0:0:root:/root:/bin/bash
bin:x:1:1:bin:/bin:/bin/bash
news:x:9:13:News system:/etc/news:/bin/bash
uira:x:500:100:uira:/home/uira:/bin/bash
```

Procura por linhas que contenham uma sequência de pelo menos quatro números consecutivos:

```
$ grep "[0-9][0-9][0-9][0-9]" /etc/passwd
squid:x:31:65534:WWW-proxy squid:/var/cache/squid:/bin/false
nobody:x:65534:65533:nobody:/var/lib/nobody:/bin/bash
alias:x:501:1000::/var/qmail:/bin/false
qmaild:x:502:1000::/var/qmail:/bin/false
```

Procura em todos os arquivos num diretório a ocorrência da palavra security.

```
$ grep security *
```

Veja o arquivo datas:

```
$ cat datas
1978-05-11      João
1976-02-23      Maria
2001-07-11      Pedro
1980-05-14      Carla
```

Para procurar as pessoas nascidas no dia 11 usando o grep, deve-se indicar que os caracteres **{ }** são metacaracteres usando a contra-barra:

```
$ grep "^[0-9]\{4\}-[0-9]\{2\}-11" datas
1978-05-11      João
2001-07-11      Pedro
```

egrep

$ egrep [opções] expressão-regular arquivos

O comando egrep funciona como a opção -E do grep.

Ele na verdade utiliza o padrão POSIX ERE na busca. Isto significa que a contra-barra deve ser usada para definir que o próximo caractere é um caractere literal e não um metacaractere como no padrão POSIX BRE.

Isto significa que os caractes **? + { } | ( )** não precisam da contra-barra para funcionar como meta-caracteres.

Tome como exemplo a lista de aniversários. Com o comando grep e sem as contra-barras, o grep não e capaz de encontrar os aniversariantes de Maio:

```
$ grep "^[0-9]{4}-05-[0-9]{2}" datas
```

Já o egrep é capaz de interpretar as **{ }** como meta-caracteres sem a contra-barra. É importante que você guarde a diferença do uso das contra-barras entre o grep (que necessita delas para indicar metacaracteres) e o egrep (cujo efeito das contra-barras é inverso, indicando um caractere comum):

```
$ egrep "^[0-9]{4}-05-[0-9]{2}" datas
1978-05-11      João
1980-05-14         Carla
```

Somente com a opção -E o grep é capaz de achar as ocorrências:

```
$ grep -E "^[0-9]{4}-05-[0-9]{2}" datas
1978-05-11    João
1980-05-14         Carla
```

É muito importante você saber o que faz a contra-barra no padrão POSIX BRE x POSIX ERE.

fgrep

$ fgrep [opções] chave-procura arquivos

O comando fgrep também é parecido com o grep, mas ele não suporta expressões regulares, procurando somente uma chave de busca ou um texto comum nos arquivos.

Por este motivo, é mais rápido que o grep, mas menos versátil.

Ele é o mesmo que a opção -F do grep.

Exemplo:

```
$ fgrep batata *
listaab:batata
supermercado:batata
```

sed

$ sed [opções] {script} [arquivos]

Agora que você já conhece expressões regulares, voltamos ao comando sed.

O comando sed é um editor de textos simples utilizado para fazer pequenas transformações no conteúdo dos arquivos. Ele utiliza o padrão POSIX ERE para expressões regulares.

O sed recebe um texto de um ou mais arquivos passados como argumento na linha de comando e o transforma enviando a modificação para a saída padrão STDOUT (monitor de vídeo).

Se quisermos que o sed realmente altere o conteúdo do arquivo é necessário utilizarmos o redirecionador maior-que ">" para um outro arquivo qualquer.

Outra possibilidade é usar a opção "-iSUFIXO" que possibilita editar diretamente o arquivo original e salvando uma cópia de segurança com o nome do arquivo seguido do SUFIXO indicado.

As opções do sed são:

- **-iSUXIFO** altera o arquivo
- **-e** imprime na tela sem alterar o arquivo
- **-n** faz a supressão, mostra só o resutado do comando
- **-f arquivo** Lê um script com expressões do sed

Os comandos que o sed aceita são:

- **s** substitui um trecho de texto por outro
- **!** inverte a lógica do comando
- **;** separador de comandos
- **|** separador de strings
- **d** no final deleta
- **p** no final imprime
- **g** no final (como se usa o d e p) altera todas as ocorrências

Para trocar ocorrências por outro texto, a opção "s" do sed pode ser utilizada. As barras normais "/" são usadas para separar o texto a ser buscado e o texto novo. Neste caso, a troca é enviada para a saída padrão STDOUT e o arquivo permanece intacto:

```
$ sed "s/velho/novo/"  arquivo
```

Para troca o nome uira pelo nome carla no arquivo /etc/passwd e imprimir na saída padrão:

```
$ sed 's/uira/carla/' /etc/passwd
```

Neste exemplo abaixo a ocorrência /usr/local/bin é alterada para /usr/bin e gravada em textonovo.txt sem alterar o arquivo original. O uso da conta-barra foi necessário para indicar que o caracter "'/" do caminho não é o separador de substituição do sed:

```
$ sed 's/\/usr\/local\/bin/\/usr\/bin/' texto.txt >
textonovo.txt
```

Você pode optar por utilizar a opção –i, de forma que o sed irá alterar o arquivo e manter um backup do arquivo original em arquivo.bkp

```
$ sed —i.bkp 's/\/usr\/local\/bin/\/usr\/bin/' arquivo
```

Coloca a palavra "comprar" no início de cada linha:

```
$ sed 's/^/comprar /' supermercado
comprar arroz
comprar feijão
comprar carne
comprar batata
comprar alface
comprar tomate
comprar arroz
```

Imprime somente a terceira linha do arquivo supermercado:

```
$ sed -n '3p' supermercado
carne
```

Imprime da terceira até a quinta linha do arquivo supermercado:

```
$ sed -n '3,5p' supermercado
carne
batata
alface
```

O comando "d" pode ser usado para apagar todas as linhas que contém a palavra carne e cria uma cópia:

```
$ sed -i.bkp '/carne/d' supermercado
$ cat supermercado
arroz
feijão
batata
alface
tomate
arroz
```

Troca todas as ocorrências de arroz e batata por couve-flor:

```
$ sed 's/arroz\|batata/couve-flor/' supermercado
couve-flor
feijão
couve-flor
alface
tomate
couve-flor
```

Apaga todas as linhas em branco, alterando o arquivo:

```
$ sed -i '/^$/d' arquivo.txt
```

Retira todas as TAGs HTML do arquivo:

```
$ sed 's/<[^>]*>//g' arquivo.txt
```

Um conjunto de expressões do sed pode ser gravado em arquivo texto para ser lido por ele como um interpretador com a opção -f. Neste caso, varios comandos do sed foram gravados em um arquivo chamada expressoes:

```
$ cat expressoes
s/carla/uira/
s/<p>/<p align=center>/
```

```
$ sed -f expressoes arquivo.txt
```

103.8 - Edição Básica de Arquivos

O exame cobra proficiência básica no editor de texto padrão do Unix/Linux vi. Ele é uma poderosa e eficiente ferramenta para criar e alterar textos.

Os modos de operação, bem como comandos básicos do vi são cobrados no exame.

vi/vim

$ vi [opções] arquivo

O vi é um editor de textos ASCII poderoso e muito usado na interface de caractere do Linux para edição de arquivos e programas. Seu uso não é muito intuitivo à primeira vista, mas a edição simples de textos pode ser feita usando poucos comandos.

Basicamente ele tem dois modos de trabalho: o modo de operação e o modo de inserção. No modo de operação o vi espera comandos que vão realizar alguma ação. No modo de inserção, tudo que for digitado é considerado texto.

```
                    VIM - VI Melhorado

                     versão 7.3.547
                  por Bram Moolenaar et al.
     Modificado por pkg-vim-maintainers@lists.alioth.debian.org
        Vim tem código aberto e é livremente distribuível

          Torne-se um usuário registrado do Vim!
        digite  :help register<Enter>  para informações

        digite  :q<Enter>               para sair
        digite  :help<Enter> ou <F1>   para ajuda on-line
        digite  :help version7<Enter>  para info da versão



-- INSERÇÃO --                                    0,1            Tudo
```
Figura 15 – Vi

O modo de operação é acessado através da tecla ESC. O vi sempre inicia nesse modo. Para entrar no modo de inserção, basta a pressionar a tecla INSERT ou o comando "i".

Para fazer a edição simples de arquivos no vi:

```
$ vi nomedoarquivo
```

Altere o modo para inserção com a tecla INSERT. O cursor pode ser movido neste modo com as setas de posição. Ao terminar a digitação aperte a tecla ESC e digite:

:w para salvar as modificações;
:wq para salvar e sair do vi;
:q! para sair sem salvar;

Veja a seguir a tabela de comandos aceitos pelo vi. Todos os comandos deverão ser dados no modo de operação. O sinal "+" indica teclas que devem ser pressionadas simultaneamente. A vírgula indica que as teclas devem ser digitadas em sequência.

Ação	Comando
Abrir Arquivo	:e arquivo

Ação	Comando
Salvar Arquivo	:w
Salvar Arquivo Como	:w arquivo
Salvar e Sair	:wq
Sair sem salvar	:q!
Gravar conteúdo se alterado	:ZZ
Para marcar um texto para cópia ou corte	v, setas de direção
Para copiar texto marcado	y
Para cortar texto marcado	c
Para colar texto marcado	p
Copiar uma linha	yy
Copiar até o final do arquivo	yG
Apagar texto à frente (DEL)	x
Apagar texto para trás (BACKSPACE)	X
Apagar uma linha	dd
Apagar até o final do arquivo	dG
Apagar até o final da linha	D
Localizar texto à frente	/texto
Localizar novamente	/
Localizar texto para trás	?texto
Localizar novamente	?
Desfazer alterações	u
Refazer alterações	CTRL+r
Formatar Alinhamento Centralizado	:ce
Alinhamento à direta	:ri
Alinhamento à esquerda	:le
Abrir nova janela	:new
Dividir a janela atual em duas	:split
Abrir arquivo em nova janela	:split arquivo

Ação	Comando
Ir para janela de cima	CTRL+w, k
Ir para janela de baixo	CTRL+w, j
Ir para o início da linha	0
Ir para o final da linha	$
Ir para o final do arquivo	G
Ir para a linha de baixo	j
Ir para a linha de cima	k
Ir para a esquerda	h
Ir para a direita	l
Ir para o final da tela	L
Ajuda	:help
Insere texto antes do cursor	i
Insere texto depois do cursor	a
Insere texto em uma nova linha	o

Editor Padrão

Para configurar um editor padrão no Linux, você precisa editar o arquivo no seu diretório HOME **.bashrc** e inserir ou alterar as linhas:

```
export VISUAL=vim
export EDITOR="$VISUAL"
```

Neste caso, o editor vim (Vi Improved) é configurado.

Outros editores

Outros editores de texto como EMACS e NANO podem ser utilizados para editar textos. No exame você só precisa ter ciência deles.

nano

$ nano arquivo

O nano é um editor pequeno e amigável. Ele não tem modo de comando. Tudo é simples como editar um textos no Bloco de Notas do Windows.

Para executar o nano:

```
$ nano arquivo
```

Os comandos do nano são bem simples, e podem ser acionados com a tecla Control mais a letra correspondente.

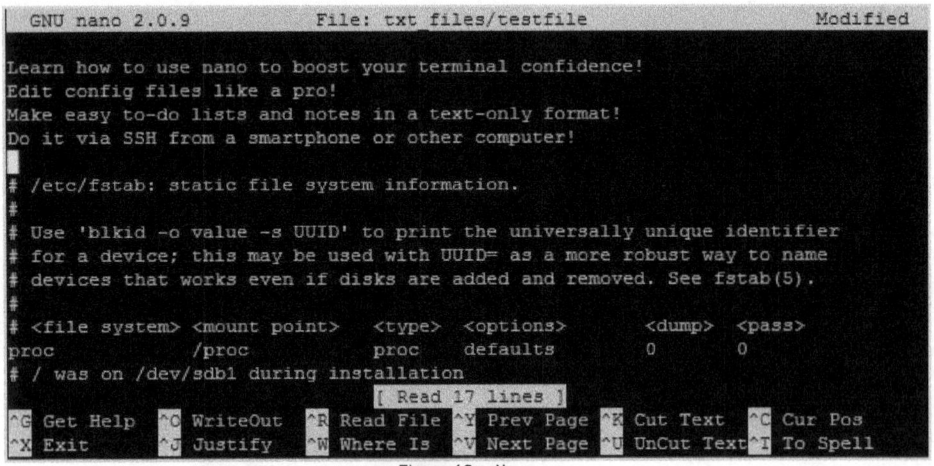

Figura 16 – Nano

emacs

$ emacs [comandos] [arquivo]

O Emacs é um editor de texto, usado por programadores e usuários que necessitam desenvolver documentos técnicos, em diversos sistemas operacionais. A primeira versão do Emacs foi escrita em 1976 por Richard Stallman.

O Emacs tem um dialeto próprio chamado Emacs Lisp, que o transforma numa espécie de "canivete suíço" para escritores, analistas e programadores.

Ele consegue ser mais complexo e completo que o vi.

Para executar o emacs:

```
$ emacs arquivo
```

Figura 17 – Emacs

Para sair do emacs, aperte **Ctrl x Crtl c**.

"São as nossas escolhas, Harry, que revelam o que realmente somos, muito mais do que as nossas qualidades."

Alvo Dumbledore

104 - Dispositivos, Sistemas de Arquivos e Padrão Filesystem Hierarchy Standard

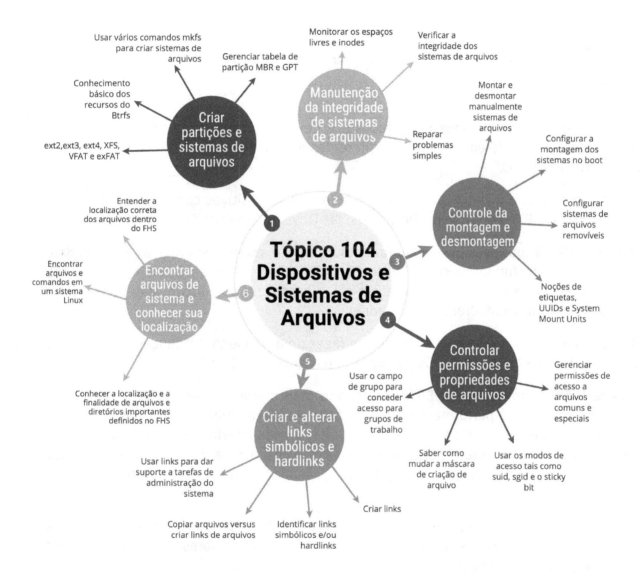

"Os homens hesitam menos em ofender quem se faz amar do que em ofender quem se faz temer; porque o amor é mantido por um vínculo de obrigação que, por serem os homens pérfidos, é rompido por qualquer ocasião em benefício próprio; mas o temor é mantido por um medo de punição que não abandona jamais."

-- Niccolo Maquiavel

104.1 - Criar Partições e Sistemas de Arquivos

O sistema de arquivos do Linux é tão robusto e flexível que possibilita ao usuário criar e manter arquivos em diferentes partições, diferentes discos, diferentes dispositivos e até em computadores remotos.

É neste contexto que o Linux tem suporte a inúmeros dispositivos como discos IDE, SCSI, SSD, CD-ROM, CD-RW, Pen-Drivers, Zip-Drivers, Jaz-Drivers, Memórias Flash, dentre outros.

Cada um destes dispositivos podem ser formatados para o sistema de arquivos EXT2, padrão do Linux, ou outros formatos, como: ReiserFS, FAT, FAT32, NTFS, EXT3, EXT4, BTRFS, XFS etc. Poucos sistemas operacionais oferecem esta liberdade. Cada distribuição pode adotar um sistema de arquivos diferente como padrão.

Antes de falarmos dos dispositivos é preciso fazer uma pequena introdução nos tipos de discos mais comuns no mercado: Os padrões IDE (PATA ou SATA) e SCSI.

Os discos IDE (Integrated Device Eletronics) são os mais utilizados pelos usuários caseiros e oferecem uma relativa performance a baixo custo. As placas mãe comuns possuem duas interfaces IDE chamadas de primária e secundária. E cada interface possibilita a conexão com dois discos. Dependendo de qual interface o disco está conectado, ele vai ser configurado como mestre primário, escravo primário, mestre secundário e escravo secundário.

O padrão SATA é o adotado nos dias atuais, pois esta tecnologia fornece melhores velocidades, cabos menores e, consequentemente, conectores menores, que ocupam menos espaço, simplificando a vida de usuários e fabricantes de hardware.

Os discos SCSI (Small Computer System Interface) geralmente oferecem um desempenho melhor que os discos IDE. Geralmente são mais caros e utilizados em servidores. Para utilizar um disco SCSI é necessária uma placa SCSI que oferece suporte à pelo menos 15 discos.

Estes conceitos são importantes para podermos entender a nomenclatura que os discos têm no sistema de arquivos do Linux.

Por padrão, os discos eram nomeados da seguinte forma no Linux:

Nome Lógico do Dispositivo	Dispositivo Físico (disco)
/dev/hda	Disco IDE conectado na interface primária mestre
/dev/hdb	Disco IDE conectado na interface primária escravo
/dev/hdc	Disco IDE conectado na interface secundária mestre
/dev/hdd	Disco IDE conectado na interface secundária escravo
/dev/sda	Disco SCSI ou SATA conectado no primeiro canal
/dev/sdb	Disco SCSI ou SATA conectado no segundo canal
/dev/sdc	Disco SCSI ou SATA conectado no terceiro canal

Mas nas distribuições atuais, devido a evolução das interfaces IDE, e o sistema de Hotplug que permitiu que os dispositivos sejam usados de forma imediata, todos os dispositivos de disco "permanentes" foram nomeados para /dev/sd*.

No Linux, o sistema UDEV controla como os discos serão nomeados. O scritpt **/lib/udev/rules.d/60-persistent-storage.rules** define as regras de como cada distribuição vai enxergar e nomear os discos.

No modelo antigo usado pelo MS-DOS para tabela de partições de disco, o Master Boot Record - MBR, cada disco pode ter de uma a dezesseis partições. As partições funcionam como um contêiner para os sistemas de arquivos. No Windows cada partição pode ser representada por uma letra (ex.: C:).

Já no novo modelo de tabela de partições usados com advento dos Firmwares EFI e UEFI, a Tabela de Partição GUID - GPT, permite que um disco seja particionado em até 128 partições.

No Linux cada partição é representada por um número inteiro. Por exemplo, a primeira partição de um disco conectado na interface primária vai ser nomeada como /dev/sda1. Se neste disco existir uma segunda partição, o nome será /dev/sda2 e assim por diante.

Para visualizar as partições encontradas pelo Kernel, você pode ver o conteúdo do arquivo /proc/partitions:

```
$ cat /proc/partitions
major     minor    #blocks   name
   8         0     67108864  sda
   8         1      1048576  sda1
   8         2     66059264  sda2
  11         0      1048575  sr0
 253         0     42975232  dm-0
 253         1      2097152  dm-1
 253         2     20979712  dm-2
```

Tipos de Partições

Existem três tipos de partições possíveis:

Partições Primárias

No sistema de tabela de partições do MBR, cada disco pode conter no máximo quatro partições primárias. Estas partições contêm necessariamente um sistema de arquivos e pelo menos uma deve ser criada.

As partições primárias podem ser nomeadas como: /dev/sda1, /dev/sda2, /dev/sda3 e /dev/sda4. Pelo menos uma destas partições primárias deve ser marcada como ativa para que a carga do sistema operacional (boot) seja possível.

O sistema GPT permite que até 128 partições sejam criadas. O GPT não usa o conceito de partições primárias ou estendidas, apenas partições.

Partições Estendidas

Para driblar a limitação de apenas quatro partições primárias no sistema MBR, foi criado as partições estendidas.

As partições estendidas são uma variação das partições primárias, mas não podem conter um sistema de arquivos. Elas funcionam como um contêiner para as partições lógicas. Em um disco com MBR somente podemos ter uma partição estendida e ela toma lugar de uma partição primária.

Uma partição estendida somente poderá ser utilizada com um sistema de arquivos se contiver uma ou mais partições lógicas. Em uma configuração padrão, poderíamos ter o seguinte esquema de particionamento dos discos:

```
/dev/sda1 (partição primária)
/dev/sda2 (partição estendida)
```

Partições Logicas

As partições lógicas existem em conjunto com uma partição estendida e podemos ter de uma a quinze partições deste tipo no sistema MBR clássico. Elas são nomeadas a partir do número cinco até dezesseis. As partições lógicas estão contidas "dentro" de uma partição estendida.

```
/dev/sda1 (partição primária)
/dev/sda2 (partição estendida)
/dev/sda5 (partição lógica)
(...)
/dev/sda16 (partição lógica)
```

Podemos ter no máximo 15 partições com sistema de arquivos em um único disco, sendo 3 primárias e doze lógicas.

Tipo de Partição	MBR	GPT
Primárias	Até 4 Nomeadas de sda1 até sda4	Permite até 128 partições. Não divide por tipo de partição
Estendida	Apenas 1 Nomeadas de sda1 até sda4	
Lógica	Até 12 Nomeadas de sda5 até sda16	

Partição de Swap (arquivo de troca)

Existe ainda outro tipo especial de partição no Linux chamado de partição de swap. Esta possibilita que o Linux tenha uma memória virtual em disco. Este tipo de memória é usado como arquivo de troca de dados entre a memória física e o disco. Seu objetivo é aumentar o desempenho do sistema. Esta partição precisa de uma designação especial e uma formatação especial também. Geralmente a partição de swap tem pelo menos o tamanho da memória RAM e, em sistemas com pouca memória, o dobro.

Uma vez definidos os tamanhos das partições é difícil aumentar ou diminuir sem a perda dos dados, a menos que se use o LVM.

Sistemas de Arquivos

O Linux possui suporte para diversos tipos de sistemas de arquivos. Cada um tem características relevantes e também limitações. Portanto, a escolha vai depender da finalidade do sistema e do tipo de arquivo (tamanho, volume de dados, fragmentação etc.) que será armazenado.

ext2

O Ext2 é uma evolução das limitações impostas pelo ext. O Ext2 (second extended file system) é um sistema de arquivos para dispositivos de blocos (disco rígido, disquete, pen-drive).

Foi projetado para o Linux por Rémy Card e Stephen Tweedie para corrigir as deficiências do Ext e prover um sistema que respeitasse a semântica UNIX, de forma a agrupar os dados em blocos de bytes.

Um bloco nada mais é do que um conjunto de setores do disco (cada setor tem 512 bytes). Desta forma, um bloco de dados é a menor unidade de alocação para o Ext2 e seu tamanho pode ser de 1.024, 2.048 ou 4.096 bytes definido durante o processo de formatação do disco.

O ext2 trouxe vantagens sobre o ext, como o tamanho máximo da partição de 2TiB e o tamanho máximo dos arquivos de 2GB, dependendo do tamanho do bloco.

ext3

O Ext3 (third extended file system) é um sistema de arquivos que acrescenta o recurso de journaling ao Ext2.

O journaling consiste em um registro (log ou journal) de transações cuja finalidade é recuperar o sistema em caso de desligamento não programado, falhas de disco ou queda de energia.

Há três níveis de journaling disponíveis no Ext3:

- **Journal**: Os metadados e os dados (conteúdo) dos arquivos são escritos no journal antes de serem de fato escritos no sistema de arquivos principal. Isso aumenta a confiabilidade do sistema, mas significa uma perda de desempenho, devido à necessidade de todos os dados serem escritos no disco duas vezes;
- **Writeback**: Os metadados são escritos no journal, mas não o conteúdo dos arquivos. Essa opção permite um melhor desempenho em relação ao modo journal, porém introduz o risco de escrita de dados com "lixo" aos arquivos em caso de queda de energia;
- **Ordered**: Somente os metadados são gravados no journal. Mas neste modo, o conteúdo dos arquivos deve ser gravado antes de gravar os metadados no Journal. Desta forma um arquivo que foi alterado, mas que não teve seu metadado gravado no journal, pode voltar ao conteúdo original antes da perda de energia. Esse modo é considerado um meio-termo aceitável entre confiabilidade e desempenho, sendo, portanto, o nível padrão.

Embora o desempenho do ext3 seja menor que o de outros sistemas de arquivos (como ReiserFS e XFS), ele permite que seja feita a atualização direta a partir de um sistema com ext2, sem a necessidade de realizar um backup e restaurar posteriormente os dados.

A estrutura da partição ext3 é semelhante à da ext2, com a adição do recurso de journaling através do arquivo .journal que fica oculto pelo código ext3 na partição.

Assim como o ext2, o ext3 precisa ter o tamanho do bloco definido durante o processo de formatação do disco.

O ext3 ampliou o suporte a grandes arquivos e discos, como o tamanho máximo da partição de 16TiB e o tamanho máximo dos arquivos de 16GB, dependendo do tamanho do bloco.

ext4

O fourth extended filesystem é um sistema de arquivos também de journaling que a partir do kernel 2.6.28 ficou disponível de forma estável no sistema.

O ext4 trabalha com volumes de até 1 exbibyte e é totalmente compatível com ext2 e ext3, com performance melhor. Além disso ele possui menor fragmentação de arquivos e seu checksum do Journaling é mais confiável. A checagem de disco é mais rápida do que com o e2fsck. Muitas distribuições o adotam como padrão de sistema de arquivos.

XFS

O XFS é um sistema de arquivos inicialmente desenvolvido pela Silicon Graphics para o seu sistema operacional IRIX. Posteriormente teve seu código fonte liberado e foi adaptado para funcionar no Linux.

O XFS é um sistema de arquivos desenvolvido em 64 bits, compatível com sistemas de 32 bits. Em plataformas de 64 bits, possui um limite de tamanho de 8 EiB para volume e para cada arquivo. Em sistemas de 32 bits, o tamanho máximo do volume ou de um arquivo é limitado a 16 TiB.

O XFS oferece suporte a journaling com um desempenho melhor que o journaling do ext3. O XFS também oferece suporte nativo a RAID de discos, gerando um sistema de arquivos único em diversos discos.

Diferente do ext3, o XFS permite que o tamanho do bloco possa variar entre 512 bytes a 64 kilobytes. De forma que, se o sistema for comportar um grande número de pequenos arquivos, o XFS irá escolher um bloco pequeno de forma a maximizar espaço. Já se o uso for de arquivos muito grandes, ele irá escolher blocos grandes para aumentar o desempenho.

O XFS foi projetado para resistir à alta fragmentação de arquivos de forma a aumentar o desempenho. Ele possui também uma ferramenta chamada xfs_fsr que faz a reorganização do disco em partições montadas e ativas.

O XFS permite que o tamanho dos sistemas de arquivos possa ser redimensionado através da ferramenta xfs_growfs.

O XFS também possui ferramentas para backup e recuperação dos dados chamadas xfsdump e xfsrestore, que facilitam a salvaguarda dos dados.

Reiserfs v3

O ReiserFS foi um dos sistemas de arquivos mais usado em sistemas Linux. Depois da chegada do XFS e do BTRFS, ele foi praticamente abandonado.

Entre suas principais características, possui tamanho de blocos variáveis, suporte a arquivos de até 1 EiB de tamanho, e o acesso à árvore de diretórios é um pouco mais rápido que o ext3.

O ReiserFS usa árvores balanceadas para tornar o processo de busca de arquivos, informações sobre segurança e outros metadados mais eficiente. Para arquivos muito pequenos, seus dados podem ser armazenados próximos aos metadados; então, ambos podem ser recuperados com um pequeno movimento do mecanismo da "cabeça" de leitura do disco.

O ReiserFS usa alocação dinâmica de inodes, já que esse sistema de arquivos não os aloca em espaços fixos ou blocos e, sim, aloca o tamanho exato que o arquivo precisa.

No caso de um desligamento incorreto do sistema, o ReiserFS é capaz de recuperar a consistência do sistema de arquivos em pouco tempo e a possibilidade de perda de pastas ou partições é reduzida.

Uma desvantagem do ReiserFS é o seu consumo de CPU muito elevado. Utiliza no mínimo 7 por cento da CPU, chegando a usar até 99 por cento, quando a atividade de disco é elevada.

VFAT

O VFAT (Virtual File Allocation Table) é uma extensão para os sistemas de arquivos FAT16 e FAT32 incluída a partir do Windows 95 com suporte no Linux.

Este sistema de arquivos é largamente usado em cartões de memória e pen-drivers.

Ele possui grandes limitações e não deve ser usado em sistemas de arquivos Linux, de forma que seu uso deve ser restrito para leitura e gravação de dados em dispositivos de memória.

BTRFS

O B-Tree File System é um sistema de arquivos desenhado para ser escalável, confiável e de fácil gerenciamento. Ele possui desfragmentação on-line, possibilidade de aumentar e diminuir o volume on-line, balanceamento de dados entre discos para distribuição de carga, correção de erros on-line, compactação de dados transparente, possibilidade de criar snapshots (imagens dos discos on-line), conversão a partir de sistemas ext3 e ext4, suporte a RAID 0, RAID 1, RAID 5, RAID 6 e RAID 10, Data trim para discos SSD, dentre outras funcionalidades.

Dentre as suas funcionalidades, podemos destacar:

- Recuperação automática de dados;
- Desfragmentação online;
- Aumento e redução do volume online;
- Adição e remoção de dispositivo de bloco online;
- Balanceamento online (movimento de objetos entre dispositivos de bloco para balanceamento de carga);
- Suporte a RAID 0, RAID 1 e RAID 10;
- Uso de Subvolumes;
- Compressão de forma transparente via zlib, LZO e ZSTD, configurável por arquivo ou volume;
- Instantâneos (snapshots) de subvolumes somente leitura ou gravável atomicamente ;
- Clonagem de arquivo;
- Conversão de ext3/4 para Btrfs;
- Descarte de blocos (recupera espaço em ambientes virtualizados e melhora o nivelamento da escrita em SSDs com TRIM)
- Backup incremental

Sem dúvida o BTRFS é um sistema de arquivos moderno, robusto e cheio de qualidades que fazem parte de um ambiente em cloud computing.

Criando Partições

Os programas fdisk e gdisk e parted são responsáveis por criar as partições de disco.

fdisk

fdisk [dispositivo]

O fdisk é um utilitário para criar, listar, alterar e apagar partições de disco. Ele é muito robusto e possibilita criarmos uma lista grande de tipos de partições para o Linux e diferentes sistemas operacionais. O fdisk funciona em modo texto na forma de diálogo amigável.

O fdisk é capaz de manupular tabelas de partições GPT, MBR, Sun, SGI e BSD.

A opção -l do fdisk lista todos os discos e partições encontrados no sistema:

```
$ sudo fdisk -l
Disco /dev/xvda: 8 GiB, 8589934592 bytes, 16777216 setores
Unidades: setor de 1 * 512 = 512 bytes
Tamanho de setor (lógico/físico): 512 bytes / 512 bytes
Tamanho E/S (mínimo/ótimo): 512 bytes / 512 bytes
Tipo de rótulo do disco: gpt
Identificador do disco: 33E98A7E-CCDF-4AF7-8A35-DA18E704CDD4


Dispositivo   Início     Fim   Setores Tamanho Tipo
/dev/xvda1      4096 16777182 16773087      8G Linux sistema de
arquivos
/dev/xvda128    2048    4095     2048      1M BIOS inicialização
Disco /dev/xvdb: 8 GiB, 8589934592 bytes, 16777216 setores
Unidades: setor de 1 * 512 = 512 bytes
Tamanho de setor (lógico/físico): 512 bytes / 512 bytes
Tamanho E/S (mínimo/ótimo): 512 bytes / 512 bytes
```

Neste exemplo acima, o sistema tem dois discos xvda e xvdb. O primeiro disco tem uma partição de 8GB e uma partição de boot e 1MB e usa o sistema GPT. O segundo disco de 8GB está sem nenhuma partição criada.

Em sistemas em Cloud Computing é comum os discos usarem a nomenclatura "**xvd**" para designar os discos no lugar de "**sd**".

Para particionar o disco você deverá passar como parâmetro para o fdisk o dispositivo de blocos que deseja trabalhar. É preciso ter permissões de root para alterar as partições.

```
# fdisk /dev/xvdb

Bem-vindo ao fdisk (util-linux 2.30.2).
As alterações permanecerão apenas na memória, até que você decida
gravá-las.
Tenha cuidado antes de usar o comando de gravação.


A unidade não contém uma tabela de partição conhecida.
Criado um novo rótulo de disco DOS com o identificador de disco
0xa8431f5e.


Comando (m para ajuda):
```

Neste exemplo o fdisk vai poder particionar o disco virtual xvdb.

As opções de menu mais frequentes são:

DOS (MBR)
a   alterna a opção de inicialização
b   edita o rótulo do disco BSD aninhado
c   alterna a opção "compatibilidade"

Genérico
d   exclui uma partição
F   lista partições não particionadas livres
l   lista os tipos de partições conhecidas
n   adiciona uma nova partição
p   mostra a tabela de partição
t   altera o tipo da partição
v   verifica a tabela de partição
i   mostra informação sobre uma partição

Miscelânea

m   mostra este menu
u   altera as unidades das entradas mostradas
x   funcionalidade adicional (somente para usuários avançados)

Script
I   carrega layout de disco de um arquivo script de sfdisk
O   despeja layout de disco para um arquivo script de sfdisk

Salvar & sair
w   grava a tabela no disco e sai

q   sai sem salvar as alterações

Cria um novo rótulo
g   cria uma nova tabela de partição GPT vazia
G   cria uma nova tabela de partição SGI (IRIX) vazia
o   cria uma nova tabela de partição DOS vazia
s   cria uma nova tabela de partição Sun vazia

Para criar uma nova partição do tipo MBR você deverá escolher a opção "**n**" no fdisk. Depois você terá de escolher se a nova partição será primária, estendida ou lógica. Se a partição for primária ou estendida, você terá de entrar o número da partição de 1 a 4. Se a partição for lógica, o fdisk se encarrega de numerar para você.

Neste exemplo abaixo foi criada uma partição primária de 8GB usando a tabela MBR:

```
# fdisk /dev/xvdb
Bem-vindo ao fdisk (util-linux 2.30.2).
As alterações permanecerão apenas na memória, até que você decida
gravá-las.
Tenha cuidado antes de usar o comando de gravação.
A unidade não contém uma tabela de partição conhecida.
Criado um novo rótulo de disco DOS com o identificador de disco
0x5cfd153d.
Comando (m para ajuda): n
Tipo da partição
    p    primária (0 primárias, 0 estendidas, 4 livre)
    e    estendida (recipiente para partições lógicas)
Selecione (padrão p): p
Número da partição (1-4, padrão 1): 1
Primeiro setor (2048-16777215, padrão 2048):
Último setor, +setores ou +tamanho{K,M,G,T,P} (2048-16777215,
padrão 16777215):
Criada uma nova partição 1 do tipo "Linux" e de tamanho 8 GiB.
```

O tamanho da partição deverá ser escolhido digitando o cilindro inicial e o cilindro final desejado ou pelo tamanho em megabytes ou gigabytes. Por exemplo, para criar uma partição de 1 giga, você pode digitar +1024M ou +1G.

Se você quiser utilizar o GPT para criar uma partição, use a opção "g" e depois a opção "n".

```
# fdisk /dev/xvdb
Bem-vindo ao fdisk (util-linux 2.30.2).
As alterações permanecerão apenas na memória, até que você decida
gravá-las.
```

```
Tenha cuidado antes de usar o comando de gravação.
A unidade não contém uma tabela de partição conhecida.
Criado um novo rótulo de disco DOS com o identificador de disco
0x7395e584.
```

```
Comando (m para ajuda): g
Criado um novo rótulo de disco GPT (GUID:
DAA9FD3A-6F1B-4324-9BF3-4AABE4134037).
Comando (m para ajuda): n
Número da partição (1-128, padrão 1): 1
Primeiro setor (2048-16777182, padrão 2048):
Último setor, +setores ou +tamanho{K,M,G,T,P} (2048-16777182,
padrão 16777182):
Criada uma nova partição 1 do tipo "Linux filesystem" e de
tamanho 8 GiB.
```

Por padrão, toda as partições são criadas com o tipo 83 Linux.

Se você desejar um outro tipo de partição, como a swap, deverá criar a partição e depois mudar o seu tipo com a opção "t".

Veja os tipos de partição que o Linux suporta:

```
0   Vazia               24  DOS NEC            81  Linux antigo/Mi bf  Solaris
1   FAT12               27  WinRE NTFS Esco    82  Linux swap / So c1  DRDOS/sec (FAT1
2   root XENIX          39  Plan 9             83  Linux           c4  DRDOS/sec (FAT1
3   usr XENIX           3c  PartitionMagic     84  OS/2 escondido  c6  DRDOS/sec (FAT1
4   FAT16 <32M          40  Venix 80286        85  Estendida Linux c7  Syrinx
5   Estendida           41  Boot PReP PPC      86  Conjunto de vol da  Dados Não-FS
6   FAT16               42  SFS                87  Conjunto de vol db  CP/M / CTOS / .
7   HPFS/NTFS/exFAT     4d  QNX4.x             88  Linux texto sim de  Utilitário Dell
8   AIX                 4e  QNX4.x 2ª parte    8e  Linux LVM       df  BootIt
9   AIX inicializáv     4f  QNX4.x 3ª parte    93  Amoeba          e1  Acesso DOS
a   Gerenc. inici.      50  DM OnTrack         94  Amoeba BBT      e3  DOS R/O
b   FAT32 W95           51  DM6 OnTrack Aux    9f  BSD/OS          e4  SpeedStor
c   FAT32 W95 (LBA)     52  CP/M               a0  Hibernação IBM  ea  Alinhamento Ruf
e   FAT16 W95 (LBA)     53  DM6 OnTrack Aux    a5  FreeBSD         eb  sist. arq. BeOS
f   Estendida W95 (     54  DM6 OnTrack        a6  OpenBSD         ee  GPT
10  OPUS                55  EZ-Drive           a7  NeXTSTEP        ef  EFI (FAT-12/16/
11  FAT12 Escondida     56  Golden Bow         a8  Darwin UFS      f0  inic. Linux/PA-
12  Diagnóstico Com     5c  Edisk Priam        a9  NetBSD          f1  SpeedStor
14  FAT16 Escondida     61  SpeedStor          ab  inic. Darwin    f4  SpeedStor
16  FAT16 Escondida     63  GNU HURD ou Sys    af  HFS / HFS+      f2  DOS secundário
17  HPFS ou NTFS Es     64  Novell Netware     b7  sist. arq. BSDI fb  VMware VMFS
18  AST SmartSleep      65  Novell Netware     b8  BSDI swap       fc  VMware VMKCORE
1b  FAT32 W95 Escon     70  Multi-Boot Disk    bb  Assist. Inici.  fd  Linux RAID auto
1c  FAT32 W95 Esc.      75  PC/IX              bc  FAT32 LBA Acron fe  LANstep
1e  FAT16 W95 Esc.      80  Minix antigo       be  inicialização d ff  BBT
```

Figura 18 – Tipos de Partição

Uma vez que você definiu as partições, é necessário gravar os dados na tabela de partições com a opção "w".

parted

parted [opções] [dispositivo [comando] [opções]]

O comando parted foi desenvolvido para particionar e redimensionar partições de discos. Ele permite criar, destruir, redimensionar, mover e copiar partições do tipo ext2, Linux-swap, FAT, FAT32, reiserFS e HFS. Ele é muito útil para reorganizar o uso do disco, bem como copiar dados para novos discos.

Sua utilização é para usuários mais experimentados, já que ele pode criar partições diretamente no prompt do shell.

Se nenhum comando for informado como parâmetro, o parted irá mostrar seu próprio prompt de comandos.

Os comandos podem ser:

mklabel label-type
Cria uma nova tabela de partições, que podem ser do tipo "aix", "amiga", "bsd", "dvh", "gpt", "loop", "mac", "msdos", "pc98", ou "sun".

mkpart part-type [fs-type] start end
Cria uma partição.
O **part-type** pode ser "primary", "logical", ou "extended".
O **fs-type** especifica o tipo de sistema de arquivos, que pode ou não ser informado. Os tipos de sistema aceitos são: "btrfs", "ext2", "ext3", "ext4", "fat16", "fat32", "hfs", "hfs+", "linux-swap", "ntfs", "reiserfs" e "xfs".
O parâmetro **start** define o inicio da partição. É um número inteiro seguido de uma unidade.
O parâmetro **end** define o fim da partição. É um número inteiro seguido de uma unidade.
A unidade pode ser a letra "s" de Setor, se o número informado for um setor no disco, ou "B" para informar o início e fim da partição em Bytes. Também é possível definir o inicio e fim das partições em unidades binárias como "MiB", "GiB" e "TiB".

name nome
Este comando permite dar um **nome** para a partição. Somente pode ser usado em tabelas de partição do tipo Mac, PC98, e GPT.

print
Mostra informações sobre uma partição.

Para criar uma tabela de partições GPT no disco /dev/xvdb:

```
$ parted /dev/xvdb mklabel gpt
Aviso: The existing disk label on /dev/xvdb will be destroyed and
all data on this disk will be lost. Do you
want to continue?
Sim/Yes/Não/No? Yes
```

Depois de criado a tabela de partições, pode-se criar a partição:

```
# parted /dev/xvdb  mkpart primary btrfs 1MiB 100%
Informação: You may need to update /etc/fstab.
```

O parted também permite ver a partição recém criada com o comando print:

```
# parted /dev/xvdb print
Model: Xen Virtual Block Device (xvd)
Disk /dev/xvdb: 8590MB
Sector size (logical/physical): 512B/512B
Partition Table: gpt
Disk Flags:
Number  Start     End       Size      File system  Name      Sinalizador
 1      1049kB    8589MB    8588MB                  primary
```

gdisk

gdisk [opções] dispositivo

O comando gdisk é similar ao fdisk e permite manipular e criar partições. Ele foi especialmente criado para lidar com partições GPT.

Ele converte automaticamente o Master Boot Record (MBR) para o novo formato chamado Globally Unique Identifier Partition Table (GPT).

Este novo esquema de tabela de alocação de partições foi criado para funcionar com os novos firmwares das placas-mãe EFI e UEFI. O Windows XP 32- bit e versões anteriores do Windows não podem normalmente ler ou escrever em unidades formatadas com uma tabela de partição GUID, no entanto, Windows Vista e Windows 7 e Windows 8 possuem esta capacidade.

Este novo padrão utiliza o endereçamento de bloco lógico (LBA) no lugar do antigo endereçamento cilindro-cabeça-setor. Este sistema de endereçamento não possui a limitação de enquadrar o gerenciador de boot nos primeiros 1024 cilindros.

Os menus do gdisk, embora com mais opções, são bem similares ao do fdisk. As opções do gdisk são:

- b Faz backup do GPT em um arquivo
- c Muda o nome da partição
- d Apaga uma partição
- i Mostra informações detalhadas de uma partição
- l Lista os tipos de partição
- n Cria uma nova partição
- o Cria uma tabela GUID partition table (GPT) vazia
- p Mostra dados da partição
- q Sai sem salvar
- r Recuperação e transformação (para experts)
- s Ordena as partições
- t Muda o tipo de partição
- v Verifica o disco
- w Grava a tabela de partições
- x Funcionalidades extras (para experts)
- ? Imprime este menu

Neste exemplo foi criada uma partição do tipo GPT no disco /dev/xvdb. Se nada for digitado no prompt interativo, ele vai assumir as opções padrão:

```
# gdisk /dev/xvdb
GPT fdisk (gdisk) version 0.8.6
Partition table scan:
  MBR: protective
  BSD: not present
  APM: not present
  GPT: present
Found valid GPT with protective MBR; using GPT.
Command (? for help): n
Partition number (1-128, default 1):
First sector (34-16777182, default = 2048) or {+-}size{KMGTP}:
Last sector (2048-16777182, default = 16777182) or {+-
}size{KMGTP}:
Current type is 'Linux filesystem'
Hex code or GUID (L to show codes, Enter = 8300):
Changed type of partition to 'Linux filesystem'
Command (? for help): w
```

```
Final checks complete. About to write GPT data. THIS WILL
OVERWRITE EXISTING
PARTITIONS!!
Do you want to proceed? (Y/N): Y
OK; writing new GUID partition table (GPT) to /dev/xvdb.
The operation has completed successfully.
```

Criando Sistemas de Arquivos

Uma vez que as partições já estão definidas, pode-se criar o Sistema de Arquivos que será utilizado. O Linux suporta vários sistemas de arquivos e sua escolha depende muito da utilidade que se dará ao sistema e também o tipo de disco.

Os discos formatados com ext2, ext3 e ext4 possuem uma gama grande de ferramentas. Como utiliza um tamanho de bloco fixo, não são bons sistemas de arquivos para pequenos arquivos, pois podem consumir muito disco desnecessariamente.

Por exemplo, o ext4 usa como padrão blocos de 4K. Se você tem muitos arquivos pequenos como de 1k, cada arquivo vai usar um bloco inteiro de 4k, mesmo que seu tamanho seja menor que isso.

O XFS por sua vez é excelente na execução de operações paralelas de entrada/saída (E/S) com uso de vários discos físicos, pois foi desenhado para alto desempenho de estações gráficas. Ele é ideal para aplicações que editam imagens e vídeos.

Já o BTRFS parece ser a escolha mais acertada, já que permite snapshots, compactação, desfragmentação e tantas outras vantagens, mas nem sempre disponível em todas as distribuições.

A tabela a seguir vai ajudá-lo na escolha do sistema de arquivos:

Tipo de Sistema de Arquivos	Sugestão de Utilização	Vantagens	Desvantagens
ext2	Usado no /boot e em pendrives	Simples e rápido	Não possui journaling
ext3	Uso geral no Linux	Acrescenta Journaling ao ex2 sem precisar formatar	Não tão rápido e confiável como ext4
ext4	Uso geral no Linux	Melhor desempenho e confiabilidade que o ext3	Não permite uma série de funcionalidades que o BTRFS tem
XFS	Uso geral no Linux	Melhor desempenho que o ext3. Ideal para vídeos.	Não permite uma série de funcionalidades que o BTRFS tem

Tipo de Sistema de Arquivos	Sugestão de Utilização	Vantagens	Desvantagens
ReiserFS	Não é mais usado	Eficiente para arquivos pequenos	Consumo elevado de CPU
VFAT	Cartões de memória e pendrive	Portabilidade fácil com Windows	Todas :-)
BTRFS	Uso geral no Linux	Todas :-)	Virtualmente nenhuma

Os utilitários mkfs e mkswap são usados para criar sistemas de arquivos e de swap, respectivamente.

mkfs

mkfs [-t tipo] [opções] dispositivo

O comando mkfs formata a partição criada pelo fdisk / gdisk / parted com o sistema de arquivos.

O tipo de sistema de arquivos é definido pela opção –t e são os formatos nativos ext2, ext3, ext4, fat, vfat, minix, msdos e xfs.

Os comandos mke2fs e mkdosfs são variações do mkfs.

O mkfs possui algumas variações que permitem escolher o tipo de sistema de arquivos diretamente:

```
$ ls -l /usr/sbin/mk*
lrwxrwxrwx 1 root root        8 ago 29 22:48 /usr/sbin/mkdosfs ->
mkfs.fat
-rwxr-xr-x 4 root root    96328 jul 26  2018 /usr/sbin/mke2fs
-rwxr-xr-x 1 root root    11432 jul 26  2018 /usr/sbin/mkfs
-rwxr-xr-x 4 root root    96328 jul 26  2018 /usr/sbin/mkfs.ext2
-rwxr-xr-x 4 root root    96328 jul 26  2018 /usr/sbin/mkfs.ext3
-rwxr-xr-x 4 root root    96328 jul 26  2018 /usr/sbin/mkfs.ext4
-rwxr-xr-x 1 root root    28512 ago  2  2018 /usr/sbin/mkfs.fat
-rwxr-xr-x 1 root root    83824 jul 26  2018 /usr/sbin/mkfs.minix
lrwxrwxrwx 1 root root        8 ago 29 22:48 /usr/sbin/mkfs.msdos
-> mkfs.fat
lrwxrwxrwx 1 root root        8 ago 29 22:48 /usr/sbin/mkfs.vfat ->
mkfs.fat
-rwxr-xr-x 1 root root   372448 jan 24  2019 /usr/sbin/mkfs.xfs
```

Dependendo da variação que você escolher, o mkfs pode ter mais ou menos opções.

De maneira geral, as opções possíveis do comando mkfs são:

- -t: Informa qual o tipo de formatação a partição deverá ser
- -c: Verifica a existência de bad blocks (defeitos) no dispositivo;
- -L: nome Configura o nome do dispositivo;
- -n: nome Configura o nome do dispositivo para o formato msdos;
- -q: Faz com que o mkfs trabalhe com o mínimo de saída no vídeo possível;
- -v: Faz com que o mkfs trabalhe com o máximo de saída no vídeo possível;
- -m: Percentual de disco reservado

Uma opção interessante do mkfs é o "-m percentual" que permite reservar um espaço do disco em percentual para evitar o travamento do sistema em caso de disco cheio. A ideia é o sistema operacional alertar que o disco está cheio para os usuários comuns, ANTES do disco estar realmente completamente cheio. Isso permite que o sistema continue funcionando por um tempo até que o administrador possa tomar alguma medida para evitar que um disco realmente cheio trave o funcionamento do sistema ou ocasione perda de dados.

Exemplo:

Formata com sistema de arquivos ext3:

```
# mkfs.ext3 /dev/xvdb1
mke2fs 1.42.9 (28-Dec-2013)
Filesystem label=
OS type: Linux
```

```
Block size=4096 (log=2)
Fragment size=4096 (log=2)
Stride=0 blocks, Stripe width=0 blocks
524288 inodes, 2096891 blocks
104844 blocks (5.00%) reserved for the super user
First data block=0
Maximum filesystem blocks=2147483648
64 block groups
32768 blocks per group, 32768 fragments per group
8192 inodes per group
Superblock backups stored on blocks:
    32768, 98304, 163840, 229376, 294912, 819200, 884736, 1605632
Allocating group tables: done
```

```
Writing inode tables: done
Creating journal (32768 blocks): done
Writing superblocks and filesystem accounting information: done
```

Formata o disco com xfs:

```
# mkfs.xfs  /dev/xvdb1
meta-data=/dev/xvdb1              isize=512    agcount=4,
agsize=524223 blks
         =                       sectsz=512   attr=2,
projid32bit=1
         =                       crc=1        finobt=1, sparse=0
data     =                       bsize=4096   blocks=2096891,
imaxpct=25
         =                       sunit=0      swidth=0 blks
naming   =version 2             bsize=4096   ascii-ci=0 ftype=1
log      =internal log          bsize=4096   blocks=2560,
version=2
         =                       sectsz=512   sunit=0 blks, lazy-
count=1
realtime =none                  extsz=4096   blocks=0,
rtextents=0
```

mkswap

mkswap [opções] dispositivo [tamanho]

O comando mkswap prepara o dispositivo para ser usado como área de memória virtual (swap).

O argumento **dispositivo** geralmente será uma partição de disco (algo como /dev/sdb7), mas também pode ser um arquivo.

Não é exatamente necessário que a partição seja do tipo Swap - Tipo 82 no fdisk - mas é bom que a partição seja do tipo 82.

Depois de criar o disco de swap com o comando mkswap, é necessário ativar com o comando "swapon" e colocar no /etc/fstab para que a partição seja usada como swap após o reinicio do sistema.

Exemplo de uso:

```
# mkswap /dev/sdb1
mkswap: /dev/sdb1: warning: wiping old swap signature.
```

```
Setting up swapspace version 1, size = 2097148 KiB
no label, UUID=a873901e-5b33-4c78-84f5-e9eeadd9fba3
```

Depois de criada, a partição de swap pode ser ativada:

```
# swapon
NAME        TYPE        SIZE USED PRIO
/dev/dm-1 partition    2G 256K   -1
```

104.2 – Mantendo a Integridade do Sistema de Arquivos

Este tópico aborda como verificar a integridade do sistema de arquivos, monitorar o espaço livre e inodes livres, bem como fazer pequenos reparos no sistema de arquivos.

Monitorar o Espaço Livre

O Linux possui dois comandos que são úteis para monitorar o espaço em disco e inodes. O comando "df" pode ser usado para monitorar o espaço livre no disco bem como os inodes. Já o comando "du" informa o uso do disco.

df

$ df [opções] [diretórios]

O comando df (disk free) mostra a capacidade utilizada de um sistema de arquivos em termos de espaço e inodes.

Um inode é uma estrutura de dados que descreve um objeto do sistema de arquivos, que pode ser uma de várias coisas, incluindo um arquivo ou diretório. Cada inode armazena os atributos e a(s) localização(ões) de bloco de disco dos dados dos objetos. Atributos de objeto do sistema de arquivos podem incluir metadados (horários de última alteração, acesso e modificação), bem como dados de proprietário e permissão (por exemplo, id de grupo, id de usuário, permissões).

Como o número de inodes está diretamente ligado ao número de arquivos que um dispositivo pode armazenar, é possível que ele acabe e ainda tenhamos espaço disponível em disco. Isso é raro, mas pode acontecer quando temos um número enorme de pequenos arquivos. O número de inodes é definido na formação do disco.

Ele pode receber como parâmetro o sistema de arquivos que se deseja informações Se nenhum nome de arquivo for fornecido, o df mostra o espaço disponível em todos os sistemas de arquivos atualmente montados. O espaço em disco é mostrado em blocos de 1K por padrão.

Neste exemplo o df mostra a capacidade do disco montado como raiz / :

```
$ df /
Sist. Arq.           1K-blocos   Usado Disponível Uso% Montado em
/dev/mapper/cl-root  42954248 8079412   34874836  19% /
```

A opção -i do df mostra a quantidade de inodes disponível:

```
$ df -i /
Sist. Arq.            Inodes IUsado   ILivr IUso% Montado em
/dev/mapper/cl-root 21487616 174290 21313326    1% /
```

A leitura do espaço ocupado e disponível pode ser feita de forma mais fácil com a opção -h:

```
$ df -h /
Sist. Arq.           Tam. Usado Disp. Uso% Montado em
/dev/mapper/cl-root  41G  7,8G   34G  19% /
```

Sem informar o arquivo, o df mostra a informação de todos os discos montados:

```
$ df -h
Sist. Arq.     Tam. Usado Disp. Uso% Montado em
devtmpfs       979M     0  979M   0% /dev
tmpfs          996M     0  996M   0% /dev/shm
tmpfs          996M  420K  996M   1% /run
tmpfs          996M     0  996M   0% /sys/fs/cgroup
/dev/xvda1     8,0G  4,7G  3,4G  58% /
/dev/xvdf       20G   12G  7,4G  61% /home
tmpfs          200M     0  200M   0% /run/user/1000
```

du

$ du [opções] [diretórios]

O comando du (disk usage) vai fornecer uma lista detalhada sobre a utilização do disco.

É muito útil para determinarmos para onde foi o espaço disponível em disco, de forma que você pode investigar qual diretório está consumindo o disco.

Se não passarmos um diretório como parâmetro, ele usa o diretório corrente como base de pesquisa.

As opções mais frequentes são:

- -a: Mostra todos os arquivos e não somente diretórios;
- -c: Mostra um total no final da listagem;
- -h: Mostra as informações de forma mais simples. Utiliza as letras M para megabytes e G para gigabytes;
- -s: Mostra um sumário do diretório especificado e não o total de cada subdiretório;
- -S: Exclui os subdiretórios da contagem;

Exemplos:

```
$ du —h    /home
2M         /home/carla
4M         /home/cristiane
5M         /home/guilherme
1M         /home/michel
```

Com a opção -sh, ele mostra o totalizador, incluindo os subdiretórios:

```
$ du —sh /home
12M     /home
```

Com a opção -Sh, ele mostra o totalizador, excluindo os subdiretórios:

```
$ du —Sh /home
1k      /home
```

Se quiser saber o total de cada subdiretório:

```
$ du -sh ./*/
291M ./carlacru/
173M     ./freud/
142M     ./mario/
181M     ./odonto/
273M     ./oficina/
```

A opção --inodes mostra a contagem de inodes:

```
$ du -s --inodes ./*/
```

```
75        ./desafio/
15          ./funnel/
2           ./musicas/
```

Pode-se investigar todo o disco, desde a raiz / :

```
# du -sh ./*/
221M     ./bin/
125M     ./boot/
0        ./dev/
32M      ./etc/
12G      ./home/
513M     ./lib/
219M     ./lib64/
0        ./media/
0        ./mnt/
120K     ./opt/
0        ./proc/
145M     ./root/
420K     ./run/
43M      ./sbin/
0        ./sys/
21M      ./tmp/
527M     ./usr/
2,8G     ./var/
```

Observe que os pseudo-sistemas de arquivos como o /proc, /dev e /sys não ocupam espaço em disco porque na realidade são abstrações do Kernel e subsistemas.

Reparar o Sistema de Arquivos

O Linux é um sistema operacional muito sólido. Seu sistema de arquivos, especialmente ex4, xfs e brtfs, são construídos para se recuperar de falhas de disco e evitar ao máximo perda de dados e inconsistências. Mas isso não garante que o hardware estará imune a falhas, principalmente com incidentes como quedas, descargas elétricas e falta repentina de energia.

E quando uma falha de disco acontece, o Linux tem algumas ferramentas que ajudam na deteção de problemas e recuperação de dados.

fsck

fsck [opções] [-t tipo] [opções do tipo] dispositivo

O comando fsck é na verdade um "wrapper" que serve para chamar outros comandos que são variações do fsck para vários tipos de sistemas de arquivos.

Você pode perceber isso com o comando ls no diretório /usr/sbin:

```
$ ls -l /usr/sbin/*fsck*
```

```
lrwxrwxrwx 1 root root       8 mar  8  2019 /usr/sbin/dosfsck ->
fsck.fat
-rwxr-xr-x 4 root root 256424 jul 26  2018 /usr/sbin/e2fsck
-rwxr-xr-x 1 root root  49896 jul 26  2018 /usr/sbin/fsck
-rwxr-xr-x 1 root root  37200 jul 26  2018 /usr/sbin/fsck.cramfs
-rwxr-xr-x 4 root root 256424 jul 26  2018 /usr/sbin/fsck.ext2
-rwxr-xr-x 4 root root 256424 jul 26  2018 /usr/sbin/fsck.ext3
-rwxr-xr-x 4 root root 256424 jul 26  2018 /usr/sbin/fsck.ext4
-rwxr-xr-x 1 root root  57424 ago  2  2018 /usr/sbin/fsck.fat
-rwxr-xr-x 1 root root  83536 jul 26  2018 /usr/sbin/fsck.minix
lrwxrwxrwx 1 root root       8 mar  8  2019 /usr/sbin/fsck.msdos
-> fsck.fat
lrwxrwxrwx 1 root root       8 mar  8  2019 /usr/sbin/fsck.vfat ->
fsck.fat
-rwxr-xr-x 1 root root     433 jan 24  2019 /usr/sbin/fsck.xfs
```

Dependendo do sistema de arquivos, o fsck invoca o fsck.**algumacoisa** apropriado para lidar com aquele sistema de arquivos.

O objetivo do fsck é checar e corriger a existência de erros no sistema de arquivos. Por padrão, o fsck assume o sistema de arquivos ext2 e, após fazer uma checagem no disco, pergunta ao usuário se ele deseja fazer as correções necessárias.

Como parâmetro o fsck aceita um nome de dispositivo (ex.: /dev/hdc1, /dev/sdb2), um ponto de montagem (ex: /, /usr, /home), ou um Label (ex.: LABEL=root) ou uma identificação de disco UUID (ex.: UUID=8868abf6-88c5-4a83-98b8-bfc24057f7bd).

Um identificador UUID é um número único que identifica um disco, como se fosse o "MAC Address dos discos".

As opções frequentemente usadas são:

- -A: Faz a checagem de todos os discos especificados no arquivo /etc/fstab;
- -t: Especifica o tipo de sistema de arquivos que deverá ser checado;

Ainda podemos ter algumas opções para o sistema de arquivos ext2:

- -b: Superbloco Especifica qual superbloco o fsck irá trabalhar;
- -c: Faz checagem de setores defeituosos (bad blocks);
- -f: Força a checagem do sistema de arquivos mesmo que este pareça íntegro;
- -p: Repara automaticamente o sistema de arquivos;
- -y: Executa o fsck de modo não interativo, não fazendo nenhuma pergunta ao usuário;

Um superbloco é uma área especial no disco que guarda informações importantes dos parâmetros do sistema de arquivos e o seu estado atual. Geralmente o superbloco é copiado em diversas áreas no disco como backup.

O fsck precisa que o disco esteja desmontado para realizar a checagem e reparos:

```
# fsck /dev/xvdb1
/dev/xvdb1 is in use.
```

Uma vez desmontado o sistema de arquivos:

```
# fsck.ext4 /dev/xvdb1
e2fsck 1.42.9 (28-Dec-2013)
/dev/xvdb1: clean, 41436/524288 files, 374905/2096891 blocks
```

Dependendo do tamanho e dos inúmeros reparos que a partição necessita, o processo do fsck pode demorar horas.

Para verificar a partição do sistema raiz há duas opções:

1. Usar um Pendrive com Linux para dar carga em outro Linux e verificar a partição;
2. Usar o comando "touch /forcefsck" para criar o arquivo forcefsck, que força o linux a verificar a partição raiz no boot do sistema

e2fsck

 # e2fsck [opções] dispositivo

O comando e2fsck é usado para checar o sistema de arquivos ext2, ext3 e ext4. Ele é a versão do fsck para os sistemas de arquivos baseados no sistema de arquivos ext.

As opções são comuns ao fsck, já que é ele que é invocado pelo fsck quando se trata de partições do tipo ext2, ext3 e ext4.

Exemplo:

```
$ sudo fsck.ext4 /dev/xvdb1
e2fsck 1.42.9 (28-Dec-2013)
/dev/xvdb1: clean, 41436/524288 files, 374905/2096891 blocks
```

xfs_repair

xfs_repair [opções] dispositivo

O comando xfs_repair é o fsck do sistema de arquivos XFS.

As opções comuns são:

- -f   Dispositivo é um arquivo
- -L   Força zerar o log como último recurso
- -l logdev   Specifies the device where the external log resides.
- -n   Não modifica, apenas checa

O xfs_repair não é capaz de atuar em uma partição montada.

Exemplo:

```
# xfs_repair /dev/xvdb1
Phase 1 - find and verify superblock...
Phase 2 - using internal log
        - zero log...
        - scan filesystem freespace and inode maps...
        - found root inode chunk
Phase 3 - for each AG...
        - scan and clear agi unlinked lists...
        - process known inodes and perform inode discovery...
        - agno = 0
        - agno = 1
        - agno = 2
        - agno = 3
        - process newly discovered inodes...
Phase 4 - check for duplicate blocks...
```

```
            - setting up duplicate extent list...
            - check for inodes claiming duplicate blocks...
            - agno = 0
            - agno = 1
            - agno = 2
            - agno = 3
Phase 5 - rebuild AG headers and trees...
            - reset superblock...
Phase 6 - check inode connectivity...
            - resetting contents of realtime bitmap and summary
inodes
            - traversing filesystem ...
            - traversal finished ...
            - moving disconnected inodes to lost+found ...
Phase 7 - verify and correct link counts...
done
```

xfs_fsr

xfs_fsr [opções] dispositivo

O comando xfs_fsr melhora a organização dos sistemas de arquivos XFS montados. O algoritmo de reorganização opera em um arquivo por vez, compactando ou melhorando o layout das extensões do arquivo (blocos contíguos de dados do arquivo). Funciona como o desfragmentador de arquivos do XFS.

Se nenhum dispositivo for informado como parâmetro, ele vai operar em todos os dispositivos xfs montados

Ele trabalha mesmo com o sistema de arquivos montado:

```
$ sudo mount /dev/xvdb1 /mnt
$ xfs_fsr /mnt
/mnt start inode=0
```

O xfs_fsr pode rodar por horas em segundo plano, reorganizando e compactando os arquivos em disco:

```
$ ps -e | grep xfs
 1854        00:00:00 xfsalloc
 1855        00:00:00 xfs_mru_cache
 1857        00:00:00 xfs-buf/xvda1
 1858        00:00:00 xfs-data/xvda1
```

```
1859        00:00:00 xfs-conv/xvda1
1860        00:00:00 xfs-cil/xvda1
1861        00:00:00 xfs-reclaim/xvd
1862        00:00:00 xfs-log/xvda1
1863        00:00:00 xfs-eofblocks/x
1864        00:00:00 xfsaild/xvda1
4102        00:00:00 xfs-buf/xvdb1
4103        00:00:00 xfs-data/xvdb1
4104        00:00:00 xfs-conv/xvdb1
4105        00:00:00 xfs-cil/xvdb1
4106        00:00:00 xfs-reclaim/xvd
4107        00:00:00 xfs-log/xvdb1
4108        00:00:00 xfs-eofblocks/x
4109        00:00:00 xfsaild/xvdb1
```

tune2fs

tune2fs [opções] dispositivo

O comando tune2fs ajusta vários parâmetros nos sistemas de arquivo ext2, ext3, or ext4.

As possibilidades de ajuste possíveis podem ser visualizadas com a opção -l:

```
$ tune2fs -l
tune2fs 1.42.9 (28-Dec-2013)
Usage: tune2fs
[-c max_mounts_count]
[-e errors_behavior]
[-g group]
```

```
[-i interval[d|m|w]]
[-j]
[-J journal_options]
[-l]
[-m reserved_blocks_percent]
[-o [^]mount_options[,...]]
[-p mmp_update_interval]
[-r reserved_blocks_count]
[-u user]
[-C mount_count]
```

```
[-L volume_label]
[-M last_mounted_dir]
[-O [^]feature[,...]]
[-E extended-option[,...]]
[-T last_check_time]
[-U UUID]
[ -I new_inode_size ] device
```

A opção -c por exemplo altera o números de reboots em que será necessária uma checagem de disco com fsck.

```
# tune2fs -c 5 /dev/sda1
```

xfs_db

$ xfs_db [opções] dispositivo

O comando xfs_db faz um debug nos sistemas de arquivo XFS.

Ele pode ser útil para visualizar informações do XFS. Ele abre um prompt que permite vários comandos:

```
# xfs_db -x /dev/sdg2
xfs_db>
```

Para ver as informações do superbloco:

```
xfs_db> sb
xfs_db> p
magicnum = 0x58465342
blocksize = 4096
```

Para visualizar as informações de um inode em particular:

```
xfs_db> inode 132
xfs_db> p
```

```
core.magic = 0x494e
```

```
core.mode = 0100644
core.version = 2
core.format = 2 (extents)
```

Para ver o fragmentação do disco:

```
xfs_db> frag -d
actual 0, ideal 0, fragmentation factor 0.00%
xfs_db> frag -f
actual 5, ideal 2, fragmentation factor 60.00%
```

104.3 - Montando e Desmontando Sistemas de Arquivos

O sistema de arquivos do Linux é hierárquico e admite que diversos dispositivos sejam mapeados e utilizados a partir da raiz do sistema / (root).

Desta forma DVD, outros discos, pendrivers etc., poderão ser utilizados de forma bastante simples, e o usuário enxergará estes dispositivos como um diretório na estrutura do Linux.

O Filesystem Hierarchy Standard (padrão para sistema de arquivos hierárquico) separou dois diretórios que servirão como hospedeiros para os dispositivos são chamados de ponto de montagem:

- **/mnt**   Ponto de Montagem para sistemas de arquivos montados momentaneamente, como discos rígidos;
- **/media**   Pontos de "montagem" para mídia removível, como CD-ROMs (surgiram na versão 2.3 do FHS).

Em algumas distribuições o diretório /media contém alguns outros subdiretórios opcionais para montar mídias removíveis:

- cdrom   CD-ROM
- cdrecorder   CD writer
- zip   Zip drive

Já o diretório /mnt é fornecido para que o administrador do sistema possa montar temporariamente um sistema de arquivos, conforme necessário.

Este diretório não deve ser utilizado pelos programas de instalação: um diretório temporário adequado que não esteja sendo utilizado pelo sistema deve ser utilizado.Geralmente estes diretórios ficam vazios quando não estão com algum sistema montado.

Apesar do FHS definir estes diretórios como pontos de montagem para dispositívos, qualquer diretório pode servir como ponto de montagem.

Se os diretórios escolhidos como ponto de montagem não estiverem vazios ao montar um dispositivo, o conteúdo não ficará disponível enquanto o dispositivo não for desmontado.

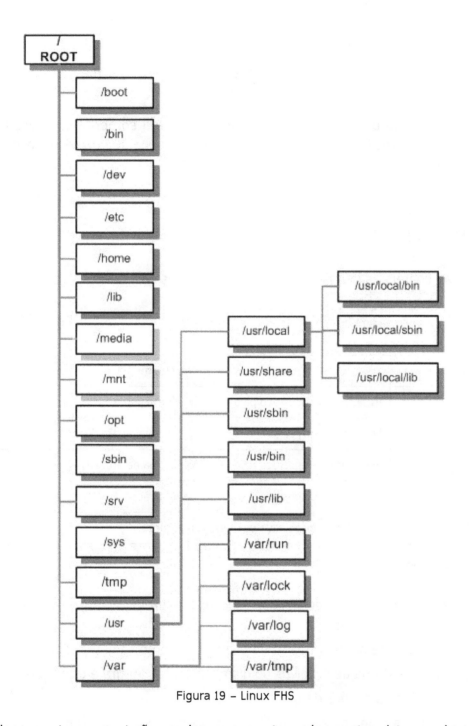

Figura 19 – Linux FHS

Os comandos mount e umount são usados para montar e desmontar sistemas de arquivos.

mount

$ mount [opções] {dispositivo} {diretório}

O comando mount é utilizado para montar um dispositivo na hierarquia do sistema de arquivos do Linux de forma manual.

Geralmente deve ser informado como parâmetro um dispositivo a ser montado e o ponto de montagem.

Existe outra possibilidade de montagem manual informando somente o dispositivo, ou somente o ponto de montagem. Quando isso acontece, o dispositivo ou o ponto de montagem devem existir configurados no arquivo /etc/fstab:

> $ mount [opções] dispositivo
> $ mount [opções] diretório

O arquivo /etc/fstab contém as informações de montagem dos dispositivos.

O mount também possibilita as seguintes notações de dispositivo sejam usadas para se referir a um dispositivo:

Notação	Descrição
/dev/sdaX	Especifica o dispositivo pelo nome dele no sistema;
LABEL=<rótulo>	Especifica o dispositivo pelo rótulo do sistema de arquivos;
UUID=<uuid>	Especifica o dispositivo pelo UUID do sistema de arquivos;
PARTLABEL=<rótulo>	Especifica o dispositivo pelo rótulo da partição;
PARTUUID=<uuid>	Especifica o dispositivo pelo UUID da partição;

As opções mais frequentes são:

- -a   Monta todos os dispositivos especificados no arquivo /etc/fstab que não tem a opção noauto selecionada;
- -r   Monta o sistema de arquivos do dispositivo como somente leitura;
- -w   Monta o sistema de arquivos do dispositivo para leitura e gravação;
- -o   Especifica as opções de montagem;
- -t **tipo**   Especifica o tipo do sistema de arquivos do dispositivo. Exemplo: ext2, ext3, ext4, iso9660, msdos, xfs, btrfs, nfs, etc.

Para montar os diversos sistemas de arquivos, o Linux precisa estar com o suporte a estes sistemas de arquivos habilitados no Kernel ou carregado na forma de um módulo. O arquivo

/etc/filesystems fornece uma lista dos sistemas de arquivos que estão habilitados e aceitos pelo mount:

```
$ cat /etc/filesystems
xfs
ext4
ext3
ext2
nodev proc
iso9660
vfat
```

Exemplos de uso do mount:

Para montar um cartão USB:

```
# mount /dev/sdb1 /mnt
```

Para montar uma partição Windows (vfat) em /dev/sda1 no ponto de montagem /mnt para somente para leitura:

```
# mount /dev/sda1 /mnt -r -t vfat
```

Para remontar a partição raíz como somente leitura:

```
# mount -o remount,rw /
```

Para montar uma imagem ISO, a opção "-o loop" deve ser usada:

```
# mount /tmp/imagem.iso /media/iso -o loop
```

Para que o mount remonte todos os pontos de montagem definidos em /etc/fstab:

```
# mount -a
```

Se não for passado nenhum parâmetro ou opção, o mount mostra todos os dispositivos montados, incluindo os pseudo-file-system /proc, /dev, /run e /sys. Ele também mostra as opções de montagem, como leitura e gravação, bem como o sistema de arquivos:

```
$ mount
sysfs on /sys type sysfs (rw,nosuid,nodev,noexec,relatime)
```

```
proc on /proc type proc (rw,nosuid,nodev,noexec,relatime)
```

```
devtmpfs on /dev type devtmpfs
(rw,nosuid,size=1001736k,nr_inodes=250434,mode=755)
tmpfs on /run type tmpfs (rw,nosuid,nodev,mode=755)
/dev/xvda1 on / type xfs (rw,noatime,attr2,inode64,noquota)
/dev/xvdf on /home type ext4 (rw,noatime,data=ordered)
```

Para montar um dispositivo usando o UUID dele, primeiro deve-se ver qual é o UUID do dispositivo com o comando blkid:

```
# blkid
/dev/sda1: UUID="1c3b15b1-cd13-4a73-b2a8-449fa3aa039f"
TYPE="xfs"
# mount UUID="1c3b15b1-cd13-4a73-b2a8-449fa3aa039f" /mnt
```

umount

$ umount [opções] { dispositivo | ponto de montagem }

O comando umount é utilizado para desmontar dispositivos montados pelo comando mount.

O umount sincroniza o conteúdo do disco com o conteúdo dos buffers (memória própria para transferência de dados) e libera o diretório de montagem.

Ele tanto pode receber como parâmetro o dispositivo que está montado, quanto o diretório do ponto de montagem:

```
$ umount [opções] dispositivo
```

Ou

```
$ umount [opções] diretório
```

As opções disponíveis são:

- -a   Desmonta todos os dispositivos listados no arquivo /etc/mtab, que é mantido pelo comando mount como referência de todos os dispositivos montados;
- -f   Força que um dispositivo seja desmontado;
- -t tipo Desmonta somente os dispositivos que contenham o sistema de arquivos especificado no tipo.

Nenhum arquivo pode estar em uso no sistema de arquivos que será demontado.

Exemplos:

```
$ umount /dev/cdrom
```

Ou

```
$ umount /media/cdrom
```

Nunca retire um disco removível como memórias flash, pendrivers e HDs externos sem antes desmontar o sistema de arquivos, pois haverá grande hipótese de perda de dados.

lsblk

$ lsblk [opções] [dispositivo]

O comando lsblk mostra informações de todos os dispositivos conectados no sistema.

As opções mais comuns são:

- -a, --all   Mostra inclusive dispositivos vazios;
- -d, --nodeps   Mostra informações de somente o dispositivo, sem mostrar por exemplo as partições;
- -f, --fs   Mostra informações detalhadas sobre os sistemas de arquivos;

Exemplo de uso:

```
$ lsblk
NAME           MAJ:MIN RM   SIZE RO TYPE MOUNTPOINT
sda             8:0     0    64G  0 disk
├─sda1          8:1     0     1G  0 part /mnt
└─sda2          8:2     0    63G  0 part
  ├─cl-root   253:0     0    41G  0 lvm  /
  ├─cl-swap   253:1     0     2G  0 lvm  [SWAP]
  └─cl-home   253:2     0    20G  0 lvm  /home
sr0            11:0     1  1024M  0 rom
```

A opção -d mostra as informações, sem as partições:

```
$ lsblk -d
NAME MAJ:MIN RM   SIZE RO TYPE MOUNTPOINT
sda    8:0     0   64G  0 disk
sr0   11:0     1 1024M  0 rom
```

A opção -f pode ser útil para ver o UUID dos dispositivos:

```
$ lsblk -f
NAME          FSTYPE LABEL UUID
 MOUNTPOINT
sda

├─sda1        xfs               1c3b15b1-cd13-4a73-b2a8-449fa3aa039f
 /mnt
└─sda2        LVM2_member GZXwoc-7Zia-AdE3-ZFwD-SUgd-8hK3-j003qr
  ├─cl-root xfs               602fcf7d-d716-4f5b-aa6b-fb34d85a0169    /
  ├─cl-swap swap              a873901e-5b33-4c78-84f5-e9eeadd9fba3
 [SWAP]
  └─cl-home xfs               fcbdceb1-9053-460b-908c-f7913f91dbe6
 /home
sr0
```

blkid

blkid [opções] dispositivo

O comando blkid mostra que tipo de conteúdo um dispositivo de bloco (discos) contém e os seus atributos como nome do dispositivo, e outras metadados.

Se um dispositivo for informado, ele irá mostrar somente as informações do determinado dispositivo. Se nenhum parâmetro for informado, ele irá mostrar as informações de todos os dispositivos de bloco conectados.

Exemplo:

```
# blkid
/dev/sda1: UUID="1c3b15b1-cd13-4a73-b2a8-449fa3aa039f"
TYPE="xfs"
/dev/sda2: UUID="GZXwoc-7Zia-AdE3-ZFwD-SUgd-8hK3-j003qr"
TYPE="LVM2_member"
/dev/mapper/cl-root: UUID="602fcf7d-d716-4f5b-aa6b-fb34d85a0169"
```

```
TYPE="xfs"
/dev/mapper/cl-swap: UUID="a873901e-5b33-4c78-84f5-e9eeadd9fba3"
TYPE="swap"
/dev/mapper/cl-home: UUID="fcbdceb1-9053-460b-908c-f7913f91dbe6"
TYPE="xfs"
```

Ele também mostra informações sobre a topologia do disco:

```
$ sudo blkid -i /dev/sda1
DEVNAME=/dev/sda1
MINIMUM_IO_SIZE=4096
PHYSICAL_SECTOR_SIZE=4096
LOGICAL_SECTOR_SIZE=512
```

/etc/fstab

O arquivo /etc/fstab armazena a configuração de quais dispositivos devem ser montados e qual o ponto de montagem de cada um na carga do sistema operacional, mesmo dispositivos locais e remotos.

A configuração do arquivo /etc/fstab contém os seguintes campos:

- **Dispositivo**: Especifica o dispositivo a ser montado. Pode ser nome do dispositivo em /dev, UUID ou LABEL;
- **Ponto de Montagem**: Especifica o diretório em que o dispositivo será montado;
- **Tipo de Sistema de Arquivos**: Especifica o tipo de sistema de arquivos a ser montado;
- **Opções de Montagem**: Especifica as opções de montagem dependendo do tipo de sistema de arquivos;
- **Frequência de Backup**: O programa dump consulta o arquivo para saber a frequência de Backup. É um campo numérico, onde 1 é para sistemas ext2 e 0 para outros;
- **Checagem de Disco**: determina se o dispositivo deve ou não ser checado na carga do sistema pelo fsck. É um campo numérico, onde 0 é para não ser checado, 1 é para ser checado primeiro (sistema raiz) e 2 para checar depois do sistema raiz.

Os campos podem ser separados por espaço simples, ou TAB.

Cada linha no /etc/fstab deve ser um ponto de montagem separado e deve obrigatoriamente conter todos esses campos para que o registro no /etc/fstab esteja correto.

Os tipos de sistema de arquivos mais comuns são: ext2, ext3, ext4, reiserfs, xfs, btrfs, vfat, iso9660, nfs, swap, etc.

As opções de montagem disponíveis são:

Opção	Descrição
auto	Habilita que o dispositivo seja montado na carga do sistema operacional.
noauto	Desabilita que o dispositivo seja montado na carga do sistema operacional.
ro	Monta o sistema de arquivos como somente leitura.
rw	Monta o sistema de arquivos para leitura e gravação.
exec	Habilita a execução de arquivos no sistema de arquivos especificado.
noexec	Desabilita a execução de arquivos.
user	Possibilita que qualquer usuário monte o dispositivo.
nouser	Somente o superusuário pode montar e desmontar o dispositivo.
sync	Habilita a transferência de dados síncrona no dispositivo.
async	Habilita a transferência de dados assíncrona no dispositivo.
dev	Dispositivo especial de caracteres.
suid	Habilita que os executáveis tenham bits do suid e sgid e executem como se fosse o superusuário.
nosuid	Desabilita que os executáveis tenham bits do suid e sgid.
defaults	Configura as opções de montagem como rw, suid, exec, auto, nouser e async.

Exemplo de /etc/fstab:

```
$ cat /etc/fstab
UUID=8a9e0fcb-f415-4a3f-931d-919fadf8e22c  /    xfs    defaults
0  1
/dev/xvdf                                  /home ext4   defaults
0  1
/dev/xvdg                                  swap  swap   defaults
0  0
```

Neste exemplo, o dispositivo que foi montado como raiz uma a notação UUID, tem o sistema de arquivos xfs, com opções padrão. Um outro disco /dev/xvdf foi montado como diretório /home do sistema, usando o ext4.

E ainda, o /etc/fstab contém informação da partição usada como swap. Neste caso o ponto de montagem será **swap**, bem como o tipo também será **swap**. Desta forma, quando o computador reiniciar, a partição de swap será habilitada automaticamente com o comando "swapon".

Relembre que o comando mount com a opção -a remonta todos os dispositivos configurados no /etc/fstab.

É comum usar o UUID dos discos no /etc/fstab de forma a evitar que o nome do disco em /dev/ seja alterado devido alguma mudança no hardware, como por exemplo a inserção de um novo disco.

Systemd Mount Units

O systemd é um conjunto de software de gerenciamento dos serviços no siostema Linux. É um sistema de inicialização, portanto, o primeiro processo a ser iniciado (com o pid 1).

Ele irá gerenciar os serviços do sistema, executar tarefas agendadas, montar discos, habilitar serviços de rede, etc.

Entre as possibilidades que o systemd gerencia, existem unidades chamadas de Mount, que descrevem pontos de montagem que o systemd faz durante o processo de carga do sistema, sem a necessidade do /etc/fstab. Ele também tem unidades chamadas de .swap que lidam com as partições de swap.

Essas unidades de montagem são arquivos com extensão **.mount** ou **.automount**, geralmente localizados no diretório /etc/systemd/system.

Desta forma, é importante que você tenha noção que o systemd também é capaz de montar discos e partições de swap.

Veja o exemplo de uma unidade de montagem:

```
Description=Additional drive
[Mount]
What=/dev/disk/by-uuid/XXXXXXXX-XXXX-XXXX-XXXX-XXXXXXXXXXXX
Where=/mnt/driveone
Type=ext4
Options=defaults
[Install]
WantedBy=multi-user.target
```

104.4 — Trabalhando com Quotas de Disco

Este tópico foi removido da prova LPIC 101 versão 5.0.

104.5 - Gerenciamento de Permissões e Propriedade

Como o Linux é um sistema operacional multiusuário, as permissões de acesso a arquivos, diretório e outros dispositivos são necessárias para garantir que os usuários tenham acesso somente aos recursos para os quais eles podem utilizar.

Estes recursos podem ser desde um simples arquivo até uma impressora ou um gravador de CD-ROM.

Cada arquivo no Linux tem definido o seu controle de acesso. Este controle é definido por três classes:

- **Permissões de usuário**: Definem a permissão para o usuário que é o "dono" do arquivo, quem o criou e o mantém;
- **Permissões de grupo**: Definem a permissão para o grupo de usuários ao qual o arquivo pertence;
- **Permissões para outros usuários**: Definem a permissão para todos os outros usuários (não dono e não faz parte do grupo grupo).

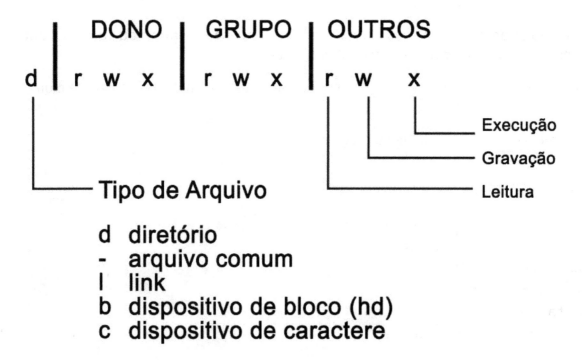

Figura 20 – Classes de Permissões

E para cada classe podemos definir três tipos de acesso: leitura (**r**), escrita (**w**) e execução (**x**). Quando não há o acesso para aquele determinado tipo, o sistema sinaliza com um traço "-".

As três primeiras posições da esquerda representam as permissões para o usuário dono do arquivo. Quem cria o arquivo é seu dono.

As três outras representam as permissões relativas a um grupo (pode ser que o usuário dono pertença ao grupo ou não).

As três últimas permissões representa os outros (que não é o usuário dono do recurso e não pertence ao grupo).

Então, ao tentar acessar um recurso, ou você é o dono do arquivio, ou faz parte do grupo a qual o arquivo pertence, ou você é "os outros".

Como no Linux tudo é um arquivo, isto facilita muito trabalhar com as permissões, já que o esquema é o mesmo para tudo. Não importa se você está falando de um arquivo, diretório, ou recurso de hardware.

Esta divisão cobre praticamente todas as necessidades em termos de segurança.

A opção "-l" do comando ls mostra as permissões dos arquivos:

Figura 21 – ls

Os arquivos podem ser classificados pelo seu tipo:

- (-) Arquivo comum
- (d) Diretório
- (b) Dispositivo de Bloco
- (c) Dispositivo de Caractere
- (s) Socket
- (p) Pipe (condutores)
- (l) Link Simbólico

A primeira letra que aparece na esquerda do "ls -l" indica o tipo de arquivo. Quando não há letra, mas um traço, o arquivo é comum.

O número logo após as permissões indicam para arquivos comuns a quantidade de links físicos que ele tem. Como há pelo menos um link físico que é o próprio nome do arquivo, a contagem começará em 1.

Para diretórios, a contagem é 2+N, onde N é o número de arquivos na raiz do diretório;

Veja as permissões de alguns arquivos:

```
-rwxrwxr-x 1 uira     users      333 set 11 10:46 backup.sh
drwxrwxr-x 4 carla    users     4096 mai  7  2016 funnel
```

No caso do arquivo **backup.sh:**

- É um arquivo comum, pois seu tipo é um traço "-";
- Existe apenas 1 link físico para ele (1);
- Tem permissões de leitura, gravação e execução (rwx) para o Dono;
- Tem permissões de leitura, gravação e execução (rwx) para o Grupo;
- Permissões de leitura e execução (r-x) para Outros;
- Seu dono é o usuário uira;
- Faz parte do grupo users;
- Tem 333 bytes;
- Foi alterado pela última vez em 11 de setembro às 10:46.

No caso do arquivo **funnel:**

- É um diretório, pois seu tipo é "d";
- Existem 2 arquivos no diretório (2+2);
- Tem permissões de leitura, gravação e execução (rwx) para o Dono;
- Tem permissões de leitura, gravação e execução (rwx) para o Grupo;
- Permissões de leitura e execução (r-x) para Outros;
- Seu dono é o usuário carla;
- Faz parte do grupo users;
- Tem 4096 bytes;
- Foi alterado pela última vez em 7 de maio de 2016

As definições de leitura, escrita e execução têm nuances diferentes para arquivos e diretórios. Veja o quadro a seguir:

Objeto	Leitura (r)	Escrita (w)	Execução (x)
Arquivo	Permite ler o conteúdo do arquivo.	Permite alterar o conteúdo do arquivo.	Permite executar o arquivo como um programa

Objeto	Leitura (r)	Escrita (w)	Execução (x)
Diretório	Permite listar o conteúdo do diretório.	Permite criar e apagar arquivos no diretório.	Permite ler e gravar arquivos no diretório.

As permissões são gravadas em forma binária, com 12 bits para cada arquivo no sistema, conforme a figura a seguir:

Figura 22 – Bits de Permissões

Os três primeiros bits da esquerda para a direita são bits de atributos especiais, a saber:

SUID (Set User ID): O bit de SUID afeta somente os arquivos executáveis. Normalmente os programas são executados com a permissão do usuário que os executou. O SUID muda esta condição, fazendo com que o programa seja executado sob as permissões do usuário Dono do arquivo, não importando quem o chamou. O SUID geralmente é utilizado para dar a um programa permissões de root. É preciso que o administrador tenha muito cuidado ao utilizar o SUID, pois um programa mal- intencionado pode ter acesso elevado ao sistema;

SGID (Set Group ID): O bit de SGID funciona como o bit SUID. Ele faz com que os programas executem sob a permissão de grupo do dono do arquivo. Se aplicado em um diretório, o SGID vai fazer com que todos os arquivos criados debaixo deste diretório tenham o mesmo grupo do diretório;

Sticky (Colado na memória): O bit especial chamado de sticky ou bit de colado na memória originalmente fazia com que os programas permaneçam na memória mesmo depois de terminados. Isto fazia com que os programas executem mais rapidamente da próxima vez que forem chamados. Este bit quando aplicado em diretórios faz com que somente o dono do diretório, o dono do arquivo ou o root possam renomear ou apagar arquivos neste diretório.

Nas implementações recentes no Linux e Unix este bit já não é mais usado para "colar na memória", mas para evitar que arquivos que o tenham habilitado de serem apagados por usuários que não sejam seu dono. Se habilitado em um diretório este bit confere que seu conteúdo possa somente ser apagado pelos respectivos donos dos arquivos nele contidos, o próprio dono do diretório ou o root.

Logicamente, o administrador não precisa escrever as permissões em 12 bits. Desta forma, as permissões podem ser representadas por letras ou em octetos conforme a tabela a seguir:

Octal	Binário	Letras	Descrição
0	000	—	Sem acesso
1	001	—x	Somente Execução
2	010	-w-	Somente Escrita
3	011	-wr	Somente Escrita e Execução
4	100	r—	Somente Leitura
5	101	r-x	Somente Leitura e Execução
6	110	rw-	Somente Leitura e Escrita
7	111	rwx	Leitura, Escrita e Execução

Esta representação pode ser utilizada para cada classe (Dono, Grupo e Outros), bem como para os bits especiais (SUID, SGID, Sticky).

Exemplo:

```
rwxr-x--- root        users        Script.sh
```

No exemplo, o arquivo Script.sh tem permissões de leitura, gravação e execução para o usuário root, permissões de leitura e execução para o grupo users e nenhuma permissão para outros usuários que não sejam do grupo users.

As permissões do arquivo Script.sh podem ser representadas pelos octetos 750, sendo 7 para as permissões do dono do arquivo (rwx), 5 para as permissões do Grupo (r-x) e 0 para as permissões de Outros (—).

Como os bits de permissão especiais são utilizados com pouca frequência, e sob condições especiais, eles são representados pela letra (**s**) no lugar do (x) de execução para os bits SUID e SGID nas classes de Dono do arquivo e Grupo, e (**t**) no lugar do (x) para o bit sticky na classe de Outros.

Veja o Exemplo:

```
rwsr-x--- root users Firewall
```

O arquivo Firewall tem permissão de leitura, escrita e execução para o usuário root, leitura e execução para usuários do grupo users e nenhuma permissão como Outros.

E ainda possui o bit de SUID habilitado (o "s" no lugar de "x" para o Dono do arquivo).

Desta forma, o programa Firewall tem poderes de superusuário quando executado, já que o seu dono é o root. As permissões dele também podem ser representadas pelo octeto 4750.

Você não precisa decorar a tabela de permissões.

Basta decorar que as permissões de Leitura tem sempre o valor 4.

As permissões de Gravação tem sempre o valor 2 e as permissões de execução sempre o valor 1.

As três classes de permissões (Dono, Grupo e Outros) são representadas por 3 números.

Se você decompor cada número, vai encontrar as permissões de cada classe. Veja a figura a seguir:

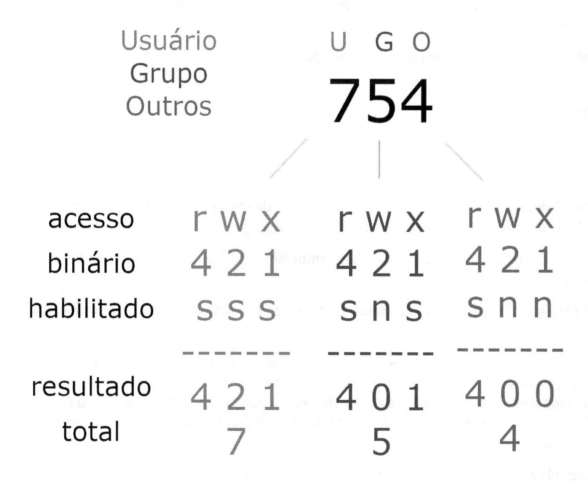

Figura 23 – Permissões em Octetos

umask

$ umask [modo]

Quando novos arquivos são criados no sistema, eles são criados com permissões definidas gravadas no perfil de cada usuário e configuradas pelo comando umask.

Criando novos arquivos

O comando umask mostra a máscara das permissões quando os arquivos são criados e aceita como argumento um número inteiro de três dígitos para configurar as permissões.

No Linux, as permissões padrão para criação de arquivos e diretórios para todos os usuários são 666 (rw-rw-rw) e 777 (drwxrwxrwx) respectivamente.

Através do comando umask as permissões de criação dos arquivos e diretórios são alteradas tomando como base as permissões padrão.

Como o umask recebe como argumento um número inteiro de três dígitos, cada dígito representa uma máscara para as permissões de Dono dos Arquivos, Grupo e Outros na mesma ordem.

Depois de definida a máscara de criação dos arquivos, ela deve ser subtraída das permissões padrão:

Por exemplo:

```
$ umask 27
```

O número 27 deverá ser lido como 027, e define os bits da máscara como 000 para Dono do Arquivo, 010 para Grupo e 111 para Outros.

Como o umask define uma máscara, o seu entendimento fica mais fácil fazendo essa analogia.

Uma máscara esconde parte do rosto, deixando transparecer somente aquilo que desejamos mostrar.

Se estamos a criar um arquivo, o "rosto" será sempre definido por "666", que são as permissões rw-rw-rw. Se aplicarmos neste rosto a máscara **027**, o **0** não esconde o primeiro 6, o **2** esconde parte do segundo 6, deixando aparecer só um 4, e o **7** esconde todo o último 6, não deixando aparecer nada. Desta forma, os arquivos criados com a máscara 027 terão a permissão 640 (rw-r-----).

Veja o exemplo ao se criar um arquivo com a máscara configurada para 027:

```
$ umask 027
$ umask
0027
$ touch arquivo
$ ls -l arquivo
-rw-r-----. 1 uira uira    0 Set 18 10:50 arquivo
```

O arquivo terá as permissões resultantes da aplicação da máscara (666 -027) = 640.

O mesmo raciocínio vale quando se cria diretórios. Mas neste caso, o "rosto" sempre será "777". Então uma máscara **027** quando aplicada ao se criar um diretório, o **0** não irá esconder o primeiro 7, o **2** irá esconder parte do 7, deixando aparecer um 5, e o **7** irá esconder todo o último 7 do rosto. Veja o exemplo:

```
$ mkdir diretorio
$ ls -l
drwxr-x---. 2 uira uira    6 Set 18 11:01 diretorio
```

Deste forma, o diretório criado com a máscara 027 terá permissão 750.

É muito importante dizer que o comando umask é configurado em algum script de carga do sistema, geralmente no arquivo **/etc/profile**.

O usuário pode mudar a máscara quando desejar com o comando umask, mas que será válida somente naquela sessão do shell, a menos que o usuário altere o valor do umask no script de carga do sistema.

Vamos ver agora os comandos que gerenciam as permissões, propriedade e grupos.

Modificando as Permissões de Arquivos

O comando utilizado para modificar as permissões de arquivos é o chmod. Este comando aceita a representação das permissões através de letras ou octetos.

chmod

$ chmod [opções] { letras, octal } arquivo

O comando chmod serve para alterar as permissões de arquivos e diretórios.

Ele aceita como parâmetro das permissões:

- **Octetos:** representando as três classes: 777, 750, 640, etc.
- **Letras:** As letras **u** para usuáro dono, **g** para grupo e **o** para outros para representar as classes, seguido de símbolos de adição (+), subtração (-) e igualdade (=) para as operações, e as letras **r**, **w**, **x**, **X**, **s** e **t**.

O esquema de configurar as permissões por octetos é mais simples, pois se usa apenas três números para configurar as permissões.

Para utilizar letras para configurar as permissões, veja a Tabela Letras para Representar as

Classes:

Letra	Descrição
u	Dono do Arquivo (Usuário)
g	Grupo
o	Outros
a	Todos

Deve usar um operador, para adicionar, subtrair ou igualdade paraconfigurar as permissões exatas:

Símbolo	Descrição
+	Adicionar uma permissão, sem alterar as demais
-	Subtrair uma permissão, sem alterar as demais
=	Configurar as permissões com exatidão

E por fim, as permissões podem ser representadas pelas letras que você já conhece (rwx), adicionando o **X**, **s** e **t**:

Permissão	Descrição
r	Leitura (Read)
w	Gravação (Write)
x	Execução (eXecute)
X	Configura o bit de execução para outras classes para arquivos que já possuem o bit (x)
s	SUID ou SGID
t	Sticky

O comando chmod pode ser utilizado com as seguintes opções:

- -v: Reporta as permissões dos arquivos, inclusive as permissões alteradas;
- -c: Reporta somente as permissões que foram alteradas;
- -R: Muda as permissões de todos os arquivos e diretórios recursivamente dentro da mesma hierarquia.

Exemplos de mudança de permissões:

```
$ chmod 755 Leiame.txt
```

Muda as permissões do arquivo Leiame.txt para rwx (7) para o Usuário, r-x (5) para o Grupo e r-x (5) para Outros.

A mesma permissão poderia ser configurada como:

```
$ chmod u=rwx,go=rx Leiame.txt
```

Neste exemplo, usou-se o símbolo = para igualar as permissões as letras indicadas.

Para colocar permissões de execução num arquivo, pode-se simplesmente adicionar a permissão de execução. Como nenhuma classe foi informada, ele irá adicionar as permissões de execução para todas as classes:

```
$ chmod +x Backup.sh
```

Se quisermos adicionar permissões de escrita para o grupo do arquivo, pode-se adicionar a permissão de escrita:

```
$ chmod g+w arquivo.txt
```

Dessa forma o grupo a que pertence este arquivo passa a ter permissão de gravação no mesmo.

É possível mudar mais de uma permissão ao mesmo tempo, bastando indicar as letras das permissões (rw):

```
$ chmod o+rw contabilidade
```

Também é possível mudar permissões de uma só vez para diversas classes. Neste exemplo as permissões de escrita e execução são retiradas de todas as classes:

```
$ chmod ugo-wx arquivosomenteleitura
```

Fique atento as permissões que usam os operadores de adição (+) e subtração (-), pois eles adicionam ou subtraem permissões, alterando as permissões que já existem para o arquivo. Já o operador de igualdade (=) coloca as permissões exatamente como indicado.

Aos usuários comuns, o chmod somente permite que o dono do arquivo ou diretório altere as suas permissões. Já o root pode alterar as permissões de qualquer arquivo ou diretório.

Deve-se ter muito cuidado ao alterar as permissões dos arquivos e diretórios, pois permissões mal configuradas é um prato cheio para malwares e invasores.

Alterando o Dono dos Arquivos e Grupos

Os comandos chown e chgrp alteram o dono dos arquivos e diretórios assim como o grupo ao qual o arquivo pertence.

chown

$ chown [opções] usuário.grupo arquivo

O comando chown altera o dono do arquivo e pode também alterar o grupo a que este arquivo pertence.

Ele permite as seguintes opções:

- -v: Reporta o dono dos arquivos, inclusive as mudanças de dono;
- -c: Reporta somente a mudança de dono;
- -R: Muda o dono de todos os arquivos e diretórios recursivamente dentro da mesma hierarquia.

O comando chown pode receber como parâmetro:

Login
Se somente for informado o login do usuário, a propriedade do Dono do arquivo muda, mas a propriedade do grupo permanece inalterada.
Login:grupo
Se for informado um "login:grupo" ou "login.grupo", tanto a propriedade do dono do arquivo quanto o grupo são alterados.
Login:
Se for informado um "login:" ou "login." sem informar o grupo, o dono do arquivo é alterado, e o grupo é alterado para o grupo em que o login indicado faz parte.
:grupo
Se for informado ":grupo" ou ".grupo" sem informar o login, o chown vai agir como o comando chgrp, alterando somente o grupo do arquivo.

Exemplos:

Altera o dono do arquivo Leiame.txt para o usuário uira:

```
$ chown uira Leiame.txt
```

Altera o dono do arquivo Leiame.txt para o usuário uira e o grupo do arquivo para o grupo do usuário:

```
$ chown uira. Leiame.txt
```

Altera o dono do arquivo Leiame.txt para o usuário uira e o grupo para users:

```
$ chown uira:users Leiame.txt
```

Altera o grupo do arquivo para users e deixa inalterado o dono do arquivo:

```
$ chown .users Leiame.txt
```

Altera o dono de todos os arquivos e diretórios dentro de /home/uira para o usuário uira:

```
$ chown —R uira /home/uira
```

Um usuário comum somente pode passar a propriedade de arquivos e diretórios dos quais ele é dono. O usuário root pode alterar a propriedade de qualquer arquivo ou diretório.

chgrp

$ chgrp [opções] grupo arquivo

O comando chgrp altera o grupo dos arquivos e diretórios.

Pode ser utilizado com as seguintes opções:

- -v: Reporta o grupo dos arquivos, inclusive as mudanças de grupo;
- -c: Reporta somente a mudança de grupo;
- -R: Muda o grupo de todos os arquivos e diretórios recursivamente dentro da mesma hierarquia.

Exemplo:

```
$ chgrp —R users /home
```

Altera recursivamente o grupo de todos os arquivos e diretórios dentro de /home para users.

104.6 - Links Simbólicos e Hard Links

Os links são arquivos especiais que funcionam como um atalho para outros arquivos e diretórios. São especialmente úteis quando você deseja espelhar o conteúdo de um arquivo ou diretório em outro ponto do seu sistema de arquivos.

Os links podem ser de dois tipos:

Links Simbólicos

É um arquivo especial que contém um ponteiro que aponta para outro arquivo. Eles consomem pouco espaço em disco e possuem a versatilidade de poderem apontar para arquivos de outro sistema de arquivos, até mesmo quando mapeado de outro computador em rede.

O link simbólico não tem permissões de acesso próprio, mas assume as permissões do arquivo original.

Se o arquivo apontado for apagado, o link simbólico fica quebrado, deixando de funcionar.

Podemos fazer uma analogia com o "atalho" do Windows. Os links simbólicos ocupam espaço em disco, mesmo que pouco.

Hard Links ou Links Físicos

Os links físicos são na verdade cópias de um mesmo arquivo, mas com nomes diferentes e possivelmente em diretórios diferentes.

Eles possuem em comum o mesmo conteúdo e as mesmas permissões. É como se um arquivo tivesse dois nomes.

Se o arquivo original é apagado, o link permanece.

Os links físicos somente podem ser criados para arquivos e em um mesmo sistema de arquivos, já que eles apontam para o mesmo inode do arquivo original.

O comando que cria links simbólicos e físicos é o ln.

ln

$ ln [opções] arquivo link

O comando ln pode ser usado para criar links simbólicos ou físicos.

As opções mais utilizadas para o comando ln são:

- -s Cria um link simbólico. O padrão do comando ln são links físicos.

- -f Força a criação de um link mesmo que este já exista.

Os links simbólicos podem ser criados entre arquivos, ou entre diretórios, mesmo em discos e sistemas de arquivos diferentes.

Já os links físicos somente podem ser criados entre arquivos de um mesmo sistema de arquivos em um mesmo volume físico (disco).

Exemplos:

Observe o arquivo quintana, ele tem o contado de links físicos igual a 1:

```
$ ls -l
-rw-rw-r--. 1 uira uira 177 Set 18 15:09 quintana
```

Vamos criar o link físico entre arquivo quintana com o nome poema:

```
$ ln quintana poema
```

Se observarmos com o ls -l, veremos que o contador de links físicos destes arquivos passou de 1 para 2.

A contagem de links é a maneira de saber se um arquivo tem um link físico.

```
$ ls -l
-rw-rw-r--. 2 uira uira 177 Set 18 15:09 poema
-rw-rw-r--. 2 uira uira 177 Set 18 15:09 quintana
```

Desta forma, é como se o mesmo conjunto de bytes no disco tivessem dois nomes, um chamado **poema** e outro chamado **quintana**. O conteúdo dos dois é o mesmo, e se alteramos o conteúdo de um, do outro também será alterado, já que o conjunto de bytes do arquivo é o mesmo.

Observe que ambos os arquivos tem as mesmas permissões, mesmos proprietários, mesmo tamanho e mesma hora.

Se o arquivo quintana for apagado, o arquivo poema permanece, e nenhum dado é perdido:

```
$ rm quintana
$ ls -l
-rw-rw-r--. 1 uira uira 177 Set 18 15:09 poema
```

Vamos agora criar um link simbólico chamado poesia do arquivo poema:

```
$ ln -s poema poesia
```

```
$ ls -l
-rw-rw-r--. 1 uira uira 177 Set 18 15:09 poema
lrwxrwxrwx. 1 uira uira   5 Set 18 15:20 poesia -> poema
```

Veja que o link simbólico cria um apontador para o arquivo original. Ele terá sempre as permissões "lrwxrwxrwx", e seu tamanho será sempre pequeno (5 bytes).

A seta " -> " e o tipo de arquivo "l" indicam que o arquivo se trata de um link simbólico.

Você pode editar e alterar o link simbólico como se estivesse alterando o próprio arquivo, sem problema algum.

Se você apagar o arquivo original, o link ficará quebrado, e deixará de funcionar. Geralmente o sistema indica colorindo o arquivo original com fundo preto e o link fica piscando.

```
$ rm poema
```

```
$ ls -l
lrwxrwxrwx. 1 uira uira 5 Set 18 15:20 poesia -> poema
```

Os links simbólicos ajudam muito a administração do sistema, uma vez que permitem que "atalhos" para os arquivos sejam criados sem a necessidade direta de se fazer cópias.

O uso de um link físico permite que vários nomes de arquivos sejam associados ao mesmo arquivo, uma vez que um link físico aponta para o inode de um determinado arquivo. É como fazer uma cópia, mas sem de fato duplicar o espaço em disco.

104.7 – Procurando por Arquivos e sua Posição Correta no Sistema

A necessidade de guardar informações em objetos que pudessem ser acessados posteriormente de uma forma organizada vem de longe nos sistemas operacionais. Para isso foram criados os sistemas de arquivos.

Nos sistemas de arquivos de uma forma geral, os objetos são organizados de uma forma hierárquica e cada objeto possui uma identificação única dentro de uma tabela.

Como exemplo, vejamos o sistema operacional Windows da Microsoft: ele organiza seus arquivos em uma partição nomeada como drive "C:\", e nela temos o diretório Windows, que contém o sistema operacional; o diretório "Arquivos de Programas", que contém a maioria dos produtos instalados, e assim por diante. Os arquivos ficam divididos em diretórios e subdiretórios diferentes por uma questão de afinidade e organização. Da mesma maneira temos uma organização no Linux.

A identificação dos objetos de um sistema de arquivo no Linux é conhecida como inode. Ele carrega as informações de onde o objeto está localizado no disco, informações de segurança, data e hora de criação e última modificação dentre outras. Quando criamos um sistema de arquivos no Linux, cada dispositivo tem um número finito de inodes que será diretamente proporcional ao número de arquivos que este dispositivo poderá acomodar.

Basicamente no Linux tudo é um arquivo, que dependendo do seu tipo, pode se tornar um arquivo comum, um diretório, um link, um socket, um condutor, um descritor de dispositivos, etc.

Comparando com o Windows, a organização dos diretórios no Linux é um pouco mais complexa. O sistema de arquivos no Linux é semelhante a uma árvore de cabeça para baixo. No topo da hierarquia do Linux existe um diretório raiz nomeado simplesmente como root e identificado como o sinal "/". Não confunda diretório raiz (root) com o superusuário root.

A estrutura do sistema de arquivos do Linux é definida por um padrão de mercado chamado Filesystem Hierarchy Standard ou FHS, criado pela comunidade Linux em 1994 e mantida pela Linux Foundation. Atualmente a FHS está na versão 3.0. As distribuições não são obrigadas a seguir este padrão, mas elas entendem a importância da localização dos arquivos e diretórios padronizados.

Toda a estrutura de diretórios do sistema é criada abaixo do root:

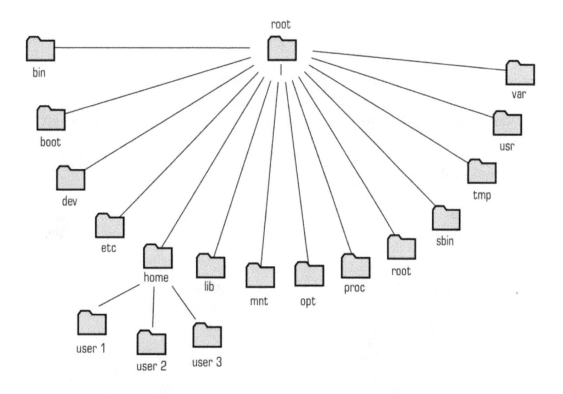

Figura 24 – FHS

/

Diretório raiz do sistema de arquivos;

/bin

Contêm os comandos que podem ser utilizados pelos usuários e pelo administrador do sistema. São requeridos no modo monousuário ou de manutenção (single-user mode) e também podem conter comandos que são utilizados indiretamente por alguns scripts. Nele ficam os arquivos executáveis, tais como: cat, chgrp, chmod, chown, cp, date, dd, df, dmesg, echo, hostname, kill, ln, more, mount, mv, ps, pwd, rm, rmdir, sed, su, umount e uname;

/boot

Arquivos estáticos necessários à carga do sistema. É onde fica localizada a imagem do Kernel, initramfs e alguns arquivos do Grub. Este diretório contém tudo que é necessário para carregar o sistema, exceto os arquivos de configuração e o gerenciador de boot. O /boot inclui o setor master de carga do sistema (master boot sectors) e arquivos de mapa de setor.

/dev

Abstração do Kernel onde ficam os arquivos para acesso dos dispositivos do sistema, como discos, cd-roms, pendrives, portas seriais, terminais, etc. Os arquivos são descritores que facilitam o acesso aos dispositivos. Este diretório é um pseudo-filesystem, e não existe no disco. Seu conteúdo, por exemplo, tem descritores de dispositivos como /dev/sda, /dev/cdrom, etc.

/etc

Arquivos necessários à configuração do sistema. São necessários para a carga do sistema operacional. Ele possui arquivos importantes tais como: fstab, exports, passwd, shadow, group, hosts, hosts.allow, hosts.deny, inittab, ld.so.conf, mtab, profile, services, etc. Nele também residem os arquivos de configuração nas interfaces de rede.

Tipicamente /etc possui dois subdiretórios:

/etc/X11: Arquivos de configuração para a interface gráfica do Linux (X Window System);

/etc/skel: Esqueletos da configuração usuários. No diretório /etc/skel ficam localizados os arquivos de "modelo" para os usuários. O conteúdo deste diretório é replicado para o diretório home dos novos usuários quando são criados no sistema.

/home

Geralmente é neste diretório onde ficam os diretórios home dos usuários. Neste diretórios localizam-se scripts de carga de perfil e do shell bash de cada usuário.

/lib

Arquivos de bibliotecas essenciais ao sistema, utilizadas pelos programas em /bin e módulos do Kernel. É comum existir um diretório /lib[arquitetura]. Nos processadores de 64 bits, existe o diretório /lib64. Nos processadores de 32 bits, deve existir um diretório /lib32.

/mnt

Diretório vazio utilizado como ponto de montagem de dispositivos na máquina. Usado pelo administrador para montar discos.

/media

Diretório vazio utilizado como ponto de montagem de dispositivos na máquina, tais como cdrom, dvd, pendrives, etc.

/proc

Informações do Kernel e dos processos. É um pseudo-filesystem e não existe realmente no disco. Neste diretório ficam as abstrações de descritores de tudo quanto há no Kernel do sistema. É possível não só ler os dados, bem como fazer alterações no comportamento do Kernel alterando o conteúdo de arquivos em /proc.

/opt

Neste diretório ficam instalados os aplicativos que não são da distribuição do Linux, como por exemplo, banco de dados de terceiros, software de vetores Cad, etc.

/root

Diretório home do superusuário root. Dependendo da distribuição pode estar presente ou não;

/run

Este diretório contém informações do sistema desde a última carga. Os arquivos deste diretório são apagados ou zerados no início do processo de boot. Arquivos como aqueles que indicam o PID do processo em execução devem residir neste diretório.

/sbin

Arquivos essenciais ao sistema, como aplicativos e utilitários para a administração da máquina. Normalmente só o superusuário tem acesso a estes arquivos, tais como: fdiskm fsck, ifconfig, init, mkfs, mkswap, route, reboot, swapon e swapoff.

/tmp

Diretório de arquivos temporários. Em algumas distribuições este diretório é montado em memória. Recomenda-se que seu conteúdo seja apagado de tempos em tempos ou a cada reboot.

/usr

Arquivos pertencentes aos usuários e a segunda maior hierarquia de diretórios no Linux. Seu conteúdo pode ser distribuído via rede para diversos sistemas Linux da mesma distribuição sem problema algum. Ele tem alguns subdiretórios a saber:

/usr/bin: Ferramentas e comandos auxiliares de usuários, bem como interpretadores de programação, como o perl, python, etc;

/usr/include: Cabeçalhos e bibliotecas da linguagem C;

/usr/lib e **/usr/lib64**: bibliotecas de aplicações de usuários;

/usr/libexec: binários que não são executados normalmente por usuários;

/usr/local: hierarquia de diretórios para instalação de aplicativos locais no sistema. Possui vários subdirtórios como bin, etc, include, lib, man, sbin, share e src;

/usr/sbin: contém ferramentas não essesnciais, mas exclusivas da administração do sistema.

/usr/share: arquivos de somente leitura de arquitetura independente. São arquivos que podem ser compartilhados entre distribuições de Linux iguais, independente da arquitetura. O diretório man por exemplo é onde residem os manuais dos comandos e fica em /usr/share.

/usr/src: pode conter arquivos de código fonte de programas.

/var

Diretório onde são guardadas informações variáveis sobre o sistema, como arquivos de log, arquivos de e-mail etc. Possui subdiretórios importantes, a saber:

/var/cache: mantém informações de cache das aplicações como cálculos, etc;

/var/lib: mantém informações de estado das aplicações;

/var/lock: mantém arquivos de trancamento que retém dispositivos para uso exclusivo de alguma determinada aplicação;

/var/log: mantém os arquivos de log do sistema, tais como messages, lastlog e wtmp.

/var/mail: mantém os diretórios de contas de email dos usuários;

/var/opt: mantém os arquivos variáveis das aplicações;

/var/run: a funcionalidade deste diretório foi movida para o /run.

/var/spool: mantém dados de processos que mantém filas de arquivos, tais impressão e saída de email;

/var/tmp: mantém os arquivos temporários das aplicações que precisem ser

preservados entre o reboot do sistema

No último tópico da prova 101, o candidato deve demonstrar não só a proficiência da estrutura de diretórios, bem como a localização dos arquivos nesta estrutura. Alguns comandos de localização de arquivos também são requeridos.

locate

$ locate arquivo

O comando locate pode ser usado para encontrar arquivos no sistema através de um banco de dados de arquivos que o comando locate mantém. Como ele faz a busca em uma base de dados, o resultado é instantâneo. Porém, a base de dados precisa ser atualizada de tempos e tempos para corresponder com a realidade.

Nem sempre o comando locate é instalado como padrão nas distribuições.

```
$ locate passwd
/etc/passwd
/etc/passwd-
/etc/pam.d/passwd
/etc/security/opasswd
/usr/bin/gpasswd
( ... )
```

updatedb

$ updatedb

O comando updatedb atualiza a base de dados do locate com o caminho e nome dos arquivos e diretórios do sistema de arquivos.

A base de dados geralmente fica em /var/lib/slocate/slocate.db e é executada no cron (sistema de agenda de tarefas).

O updatedb possui um arquivo de configuração em /etc/updatedb.conf. Basicamente este arquivo informa locais que não devem fazer parte do banco de dados do updatedb.

Geralmente o superusuário root é quem tem permissão para rodar manualmente o updatedb:

```
# updatedb
```

whereis

$ whereis palavra

Procura nos diretórios especificados na variável $PATH e $MANPATH por executáveis, código-fonte ou manuais de uma palavra especificada.

Suas opções mais comuns são:

- -b: procura somente por binários;
- -m: procura somente por manuais;
- -s: procura somente por código-fonte

Exemplo:

```
$ whereis ifconfig
ifconfig: /sbin/ifconfig /usr/share/man/man8/ifconfig.8.gz
```

which

$ which comando

O comando which recebe como argumento o nome de um comando e trás como resultado a localização no disco deste comando.Ele é especialmente útil quando você estiver testando diversas versões de um comando e deseja ter certeza de que está executando a versão correta.

Exemplo:

```
$ which httpd
/usr/local/apache/bin/httpd
```

Resumo dos Comandos

Comando	Sintaxe	Exemplo	O que faz
apt-cache	# apt-cache comando [nome do pacote]	$ apt-cache search atari	O utilitário apt-cache é para manipular e obter informações sobre os pacotes no cache do apt.
apt-get	# apt-get [opções] [comando] [nome do pacote]	# apt-get install airsnort	O comando apt-get (Advanced Package Tool) é um gerenciador avançado de pacotes. Ele pode utilizar arquivos locais ou remotos para realizar instalação ou atualização de pacotes. Desta maneira é possível atualizar todo o sistema Debian via ftp ou http. Este gerenciador também mantém informações dos pacotes e suas dependências.
bg	$ bg [número da tarefa]	$ bg	Serve para colocar um comando em segundo plano.
blkid	# blkid [opções] dispositivo	# blkid	O comando blkid mostra que tipo de conteúdo um dispositivo de bloco (discos) contém e os seus atributos como nome do dispositivo, e outras metadados.
bzcat	$ bzcat arquivo.bz2	$ bzcat arquv.bz2	Utilizado para ver o conteúdo de arquivos .bz2.
bzip2 e bunzip2	$ bzip2 arquivo	$ bzip2 arquivo	O compactador bzip2 compacta arquivos utilizando o algoritmo de Burrows-Wheeler e Huffman. Esta técnica opera em blocos de dados grandes. Quanto maior o tamanho dos blocos, maior a taxa de compressão atingida. Ele é considerado melhor que os compressores convencionais de dados. Ao compactar um arquivo, o bzip2 adiciona o sufixo .bz2.
cat	$ cat [opções] arquivo	$ cat > teste.txt	O comando cat concatena arquivos, imprime seu conteúdo de tela e ainda pode receber texto digitado pelo teclado para um arquivo.
chgrp	$ chgrp [opções] arquivo	$ chgrp —R users /home	O comando chgrp altera o grupo dos arquivos e diretórios.
chkconfig	# chkconfig [opções]	# chkconfig --level 3 httpd on	Serve para adicionar ou retirar um determinado script ou serviço de um determinado Runlevel é com o comando chkconfig. O que ele faz é ler o conteúdo dos diretórios /etc/rc.d, criar ou apagar os links simbólicos.

Comando	Sintaxe	Exemplo	O que faz
chmod	`$ chmod [opções] { letras, octal } arquivo`	`$ chmod 755 Leiame.txt`	Altera as permissões de um arquivo ou diretório.
chown	`$ chown [opções] usuário.grupo arquivo`	`$ chown uira Leiame.txt`	O comando chown altera o dono do arquivo e pode também alterar o grupo a que este arquivo pertence.
cp	`$ cp [opções] origem destino`	`$ cp arquivo1 arquivo2`	O comando cp copia os arquivos para outros arquivos ou para diretórios. O comando cp pode copiar um arquivo ou múltiplos arquivos.
cpio	`$ cpio -o [parâmetros] < arquivo > saída`	`$ cpio -itvf < nome_do_arquivo`	O comando cpio é o programa original do UNIX para a troca de arquivos entre máquinas por meio de mídias magnéticas. Ele permite gravar sistemas de arquivos de diferentes formatos e o redirecionamento dos dados para outros programas.
cut	`$ cut [opções] arquivo`	`$ cut —d : -f 1 /etc/passwd`	Divide um arquivo em colunas procurando por um delimitador.
dd	`$ dd if=entradadedados of=saidadedados`	`$ dd if=/dev/sr0 of=/tmp/disco1.img`	O comando dd converte e copia arquivos, discos e partições para um arquivo, para um disco e dispositivos de bloco. Ele é muito útil para produzir cópias de partições e discos inteiros em imagens, bem como o inverso: gravar imagens em discos.
df	`$ df [opções] [diretórios]`	`$ df /`	O comando df (disk free) mostra a capacidade utilizada de um sistema de arquivos em termos de espaço e inodes.
dmesg	`$ dmesg [opções]`	`$ dmesg`	O dmesg é o utilitário capaz de ler o buffer (pequena área de memória) das telas do processo de carga do sistema, chamado de dmesg. Após o processo de carga do sistema este utilitário irá mostrar as mensagens de carga do sistema, mas ele é capaz de ler qualquer mensagem importante que o Kernel armazene em seu buffer.
dnf	`# dnf [opções] [comando] [nome do pacote]`	`# yum install dnf`	A distribuição Linux Fedora fez o seu próprio gerenciador de pacotes baseado em Red Hat, chamado DNF.
dpkg	`# dpkg [opções] ação`	`# dpkg -i acct_6.3.5-32_i386.deb`	O utilitário dpkg é responsável pelo gerenciamento de pacotes em sistemas Debian.

Comando	Sintaxe	Exemplo	O que faz
dpkg-reconfigure	# dpkg-reconfigure [nome do pacote]	# dpkg-reconfigure debconf	O comando dpkg-reconfigure reconfigura um pacote já instalado no sistema. Ele tem o mesmo efeito da re-instalação do pacote.
du	$ du [opções] [diretórios]	$ du –h /home	O comando du (disk usage) vai fornecer uma lista detalhada sobre a utilização do disco.
e2fsck	# e2fsck [opções] dispositivo	# e2fsck /dev/xvdb1	O comando e2fsck é usado para checar o sistema de arquivos ext2, ext3 e ext4. Ele é a versão do fsck para os sistemas de arquivos baseados no sistema de arquivos ext.
echo	$ echo parâmetro	$ echo "Bom dia"	O comando echo imprime algo na tela ou na saída padrão. Ele também pode ser usado para imprimir os valores de variáveis.
egrep	$ egrep [opções] expressão-regular arquivos	$ egrep "^[0-9]{4}-05-[0-9]{2}" datas	O comando egrep funciona como a opção -E do grep.
emacs	$ emacs [comandos] [arquivo]	$ emacs arquivo	O Emacs é um editor de texto, usado por programadores e usuários que necessitam desenvolver documentos técnicos, em diversos sistemas operacionais. A primeira versão do Emacs foi escrita em 1976 por Richard Stallman.
env	$ env VARIAVEL=valor programa	$ env HOME=/home/convidado2 programax	O comando env é utilizado para executar um programa enviando para ele uma variável ambiental.
export	$ export [variável]	$ export LIVRO="Certificação Linux"	O comando export serve para exportar as variáveis criadas para todos os processos filhos do bash em que as variáveis foram criadas. Se não for informada uma variável ou função como parâmetro, ele mostra todas as variáveis exportadas. Ele também pode ser usado para se criar uma variável e exporta-la ao mesmo tempo.
fdisk	# fdisk [dispositivo]	# fdisk /dev/xvdb	O fdisk é um utilitário para criar, listar, alterar e apagar partições de disco. Ele é muito robusto e possibilita criarmos uma lista grande de tipos de partições para o Linux e diferentes sistemas operacionais. O fdisk funciona em modo texto na forma de diálogo amigável.

Comando	Sintaxe	Exemplo	O que faz
fg	`$ fg [número da tarefa]`	`$ fg`	O comando fg faz exatamente o oposto do comando bg, colocando a tarefa ou processo em segundo plano em primeiro plano e ligada a um terminal.
fgrep	`$ fgrep [opções] chave-procura arquivos`	`$ fgrep batata *`	O comando fgrep também é parecido com o grep, mas ele não suporta expressões regulares, procurando somente uma chave de busca ou um texto comum nos arquivos.
file	`$ file [opções] arquivo`	`$ file teste1.c`	O comando file é utilizado para se determinar qual é o tipo de arquivo informado como parâmetro.
find	`$ find [caminho] [expressão]`	`$ find / -name uira`	O comando find procura por arquivos e diretórios no sistema de arquivos. Dependendo do tamanho do sistema de arquivos, esse comando pode ser muito demorado.
free	`$ free [opções]`	`$ free -h`	Mostra a quantidade de memória total disponível, quantidade em uso e quantidade disponível para uso.
fsck	`# fsck [opções] [-t tipo] [opções do tipo] dispositivo`	`# fsck /dev/xvdf1`	O comando fsck é na verdade um "wrapper" que serve para chamar outros comandos que são variações do fsck para vários tipos de sistemas de arquivos.
gdisk	`# gdisk [opções] dispositivo`	`# gdisk /dev/xvdb`	O comando gdisk é similar ao fdisk e permite manipular e criar partições. Ele foi especialmente criado para lidar com partições GPT.
grep	`$ grep [opções] expressão-regular arquivos`	`$ grep uira /etc/passwd`	O comando grep é largamente usado no dia a dia das tarefas administrativas em Linux. Ele filtra as linhas de um determinado arquivo procurando por uma expressão regular como padrão. O grep pode ler um ou mais arquivos que são passados como argumento ou pode receber na entrada padrão o redirecionamento da saída de outro processo. Se o grep receber mais de um arquivo ou um wildcard como argumento para efetuar a sua busca, ele vai indicar o nome do arquivo seguido de dois pontos e a linha encontrada.

Comando	Sintaxe	Exemplo	O que faz
grub-install	`# grub-install [opções] partição`	`# grub-install /dev/sda`	Este comando instala o GRUB 1 como gerenciador de boot no MBR do primeiro disco e cria o diretório /boot/grub. Este diretório contém os arquivos necessários para o seu funcionamento.
gzip e gunzip	`$ gzip arquivo`	`$ gzip arquivo`	O primeiro compressor de dados muito utilizado é o gzip. Ele utiliza um algoritmo de compreensão chamado Lempel-Ziv. Esta técnica encontra caracteres duplicados nos dados de entrada. A segunda ocorrência dos caracteres é substituída por ponteiros para a referência anterior, na forma de pares de distância e comprimento. Ao compactar um arquivo, o gzip adiciona o sufixo .gz.
head	`$ head [opções] arquivo`	`$ head —n 50 LEIAME.TXT`	Suponha que você quer ler somente as primeiras linhas de um arquivo.
history	`$ history numero`	`$ history 10`	O comando history serve para listar o conteúdo do ~/.bash_history do usuário logado, e enumera as linhas do histórico de comandos.
jobs	`$ jobs [opções] [número_da_tarefa]`	`$ jobs -l`	O comando jobs lista os processos que estão em execução em segundo plano. Se um número da tarefa é fornecido o comando retornará as informações pertinentes somente à tarefa em questão.
kill	`# kill [-sinal | -s sinal] PID`	`# kill -1 1978`	O comando kill envia sinais para os processos.
killall	`# killall [—sinal] NOME_DO_PROCESSO`	`# killall -1 httpd`	O comando killall envia sinais para os processos e recebe como parâmetro não o PID do processo, mas seu nome. Ele é usado geralmente para terminar a execução de processos que possuem diversos processos filhos executando ao mesmo tempo.
ldconfig	`# ldconfig [opções] diretório_de_bibliotecas`	`# ldconfig`	O utilitário ldconfig cria os links e refaz o índice das bibliotecas dinâmicas do arquivo /etc/ld.so.cache. Ele procura por bibliotecas nos diretórios /usr/lib e /lib, assim como nos diretórios listados em **/etc/ld.so.conf**, bem como o diretório informado na linha de comando.

Comando	Sintaxe	Exemplo	O que faz
ldd	`$ ldd programa`	`$ ldd /bin/bash`	O comando **ldd** – List Dynamic Dependencies – fornece uma lista das dependências dinâmicas que um determinado programa precisa. Ele irá retornar o nome da biblioteca compartilhada e sua localização esperada.
less	`$ less [opções] arquivo`	`$ less /var/log/messages`	Imagine agora que você quer ver o conteúdo de um arquivo grande. O comando **less** serve para paginar o conteúdo de um arquivo, e permite que você navegue para frente e para trás.
ln	`$ ln [opções] arquivo link`	`$ ln -s origem link_simbolico`	O comando ln pode ser usado para criar links simbólicos ou físicos.
locate	`$ locate arquivo`	`$ locate passwd`	O comando locate pode ser usado para encontrar arquivos no sistema através de um banco de dados de arquivos que o comando locate mantém. Como ele faz a busca em uma base de dados, o resultado é instantâneo. Porém, a base de dados precisa ser atualizada de tempos e tempos para corresponder com a realidade.
ls	`$ ls [opções] [arquivo]`	`$ ls -m /boot/*138*`	O comando ls é sem dúvida um dos mais utilizados. Ele server basicamente para listar arquivos e conteúdo de diretórios.
lsblk	`$ lsblk [opções] [dispositivo]`	`$ lsblk`	O comando lsblk mostra informações de todos os dispositivos conectados no sistema.
lsmod	`$ lsmod`	`$ lsmod`	O lsmod é um utilitário simples que formata o conteúdo do diretório /proc/modules, mostrando os módulos do Kernel que estão carregados na memória.
lspci	`$ lspci [opções]`	`$ lspci`	Durante o processo de carga do sistema, o Kernel detecta os dispositivos PCI conectados no micro. A lista das placas de expansão encontradas poderá ser lida através do comando lspci.
lsusb	`$ lsusb [opções]`	`$ lsusb`	O lsusb é útil para mostrar todas as informações sobre os dispositivos USB conectados a este tipo de barramento.

Comando	Sintaxe	Exemplo	O que faz
man	`$ man [sessão] comando`	`$ man passwd`	O comando man oferece um manual de vários comandos do GNU Linux, bem como manual de outros programas de terceiros. O man oferece uma interface simplificada para os programadores oferecerem um manual de seus programas.
md5sum	`$ md5sum [opções] arquivo`	`$ md5sum imagem.iso`	O programa md5sum serve para fazer a mesma coisa que o sha256sum, mas com a soma de verificação usando o algorítimo MD5. Apesar de ser menos confiável que o SHA-256 e SHA-512, o md5sum está disponível em versões para Windows e Mac OS.
mkdir	`$ mkdir [opções] diretório`	`$ mkdir documentos`	O comando mkdir cria um ou mais diretórios abaixo do diretório local. Você precisa ter permissões para escrita no diretório para executar o mkdir.
mkfs	`# mkfs [-t tipo] [opções] dispositivo`	`$ ls -l /usr/sbin/mk*`	O comando mkfs formata a partição criada pelo fdisk / gdisk / parted com o sistema de arquivos.
mkswap	`# mkswap [opções] dispositivo [tamanho]`	`# mkswap /dev/sdb1`	O comando mkswap prepara o dispositivo para ser usado como área de memória virtual (swap).
modprobe	`# modprobe`	`# modprobe ipv6`	O modprobe adiciona ou remove um módulo no Kernel do Linux. Ele procura por módulos no diretório /lib/modules/versão_do_kernel. Estes módulos podem ser drivers de dispositivos, suporte a sistemas de arquivos ou mesmo funções específicas, como criptografia.
mount	`# mount [opções] {dispositivo} {diretório}`	`# mount /dev/xvdb1 /media/documentos`	O comando mount é utilizado para montar um dispositivo na hierarquia do sistema de arquivos do Linux de forma manual.
mv	`$ mv [opções] origem destino`	`$ mv arquivo1 arquivo2`	O mv move ou renomeia arquivos e diretórios. Ele não altera os atributos dos arquivos ou diretórios movidos se a transferência for o mesmo sistema de arquivos. Se o destino para onde os arquivos ou diretórios forem movidos não existir, o comando renomeia a origem, senão os dados são gravados por cima.

Comando	Sintaxe	Exemplo	O que faz
nano	`$ nano arquivo`	`$ nano supermercado`	O nano é um editor pequeno e amigável. Ele não tem modo de comando. Tudo é simples como editar um textos no Bloco de Notas do Windows.
nice	`$ nice [-n ajuste de prioridade] [comando]`	`$ nice updatedb &`	O comando nice ajusta o tempo disponível de CPU de um processo para mais ou para menos prioridade.
nl	`$ nl [opções] arquivo`	`$ nl arquivo`	O comando nl (numerar linhas) é utilizado para numerar as linhas de um arquivo.
nohup	`$ nohup [comando]`	`$ nohup find / -name uira* > arquivos_econtrados &`	Evita dos processos terminarem por desconexão.
od	`$ od [opções] arquivo`	`$ od arquivo.txt`	O comando od (**O**ctal e **D**emais formatos) é utilizado para visualizarmos o conteúdo de um arquivo nos formatos hexadecimal, octal, ASCII e nome dos caracteres.
parted	`# parted [opções] [dispositivo [comando] [opções]]`	`$ parted /dev/xvdb mklabel gpt`	O comando parted foi desenvolvido para particionar e redimensionar partições de discos. Ele permite criar, destruir, redimensionar, mover e copiar partições do tipo ext2, Linux-swap, FAT, FAT32, reiserFS e HFS. Ele é muito útil para reorganizar o uso do disco, bem como copiar dados para novos discos.
paste	`$ paste [opções] arquivo1 arquivo2`	`$ paste arquivo1 arquivo2`	O comando paste (colar) é utilizado para concatenar as linhas de diversos arquivos em colunas verticais.
pgrep	`$ pgrep [expressão]`	`$ pgrep nginx`	O comando pgrep permite que se procure por expressões na lista de processos em execução e retorna o PID do processo em questão. Ele também permite que sinais sejam enviados para esses processos elencados na expressão de busca.
ps	`$ ps [opções]`	`$ ps aux`	O comando ps gera uma lista com todos os processos em execução e seus atributos.
pwd	`$ pwd [opção]`	`$ pwd`	O comando pwd informa o diretório absoluto corrente. Por absoluto entende-se que ele mostra o caminho completo desde a raiz do sistema.
renice	`$ renice [+/-] ajuste prioridade [opções] PID/Usuário`	`# renice -1 987 -u daemon root -p 32`	O comando renice ajusta a prioridade de execução de processos em execução.

Comando	Sintaxe	Exemplo	O que faz
rm	`$ rm [opções] arquivo`	`$ rm arquivo1`	O comando rm é utilizado para remover arquivos.
rmdir	`$ rmdir [opções] diretório`	`$ rmdir favoritos`	O comando rmdir remove um ou mais diretórios vazios do sistema.
rpm	`# rpm [modo] [opções] [pacotes]`	`# rpm -Uvi bind9.rpm`	O comando rpm é responsável pela instalação, remoção, atualização, conversão dos pacotes. Este comando é organizado primeiro em modos de operação, que podem ser: consulta, verificação, integridade, instalação, remoção, atualização e reconstrução do banco de dados rpm. Cada modo de operação pode ou não conter várias opções disponíveis.
rpm2cpio	`# rpm2cpio [pacote]`	`# rpm2cpio httpd.rpm`	O comando rpm2cpio converte um pacote RPM em um arquivo formato cpio. Este tipo de arquivo é muito utilizado para operações de backup, originalmente utilizado no Unix para operações em fitas magnéticas. Ele irá gerar uma saída cpio diretamente no terminal.
screen	`$ screen [comando [ parâmetros ] ]`	`$ screen`	O comando screen é um poderoso gerenciador de janelas que multiplexa um terminal físico entre diversos processos. Ele permite que o usuário abra diversas instâncias de terminais diferentes em um mesmo terminal físico. Você ainda pode compartilhar seu terminal com outros usuários.
sed	`$ sed [opções] {script} [arquivos]`	`$ sed "s/velho/novo/" arquivo`	O comando sed é um editor de textos simples utilizado para fazer pequenas transformações no conteúdo dos arquivos. Ele utiliza o padrão POSIX ERE para expressões regulares.
service	`# service script comando`	`# service httpd stop`	Para iniciar ou parar um serviço de forma elegante no System V, devemos usar o comando service.
set	`$ set [variável]`	`$ set`	O comando set informa uma lista de todas as variáveis locais, variáveis ambientais e funções do shell.
sha256sum	`$ sha256sum [opções] arquivo`	`$ sha256sum ubuntu-19.04-desktop-amd64.iso`	Serve para gerar hashes de 256 bits de um arquivo.

Comando	Sintaxe	Exemplo	O que faz
sha512sum	`$ sha512sum [opções] arquivo`	`$ sha512sum arquivo.iso`	O programa sha512sum faz a mesma coisa que o sha256sum, mas com hashes de 512 bits. Ele aumenta a confiabilidade do hash, especialmente em arquivos grandes.
shutdown	`# shutdown [opções] horário [mensagem]`	`# shutdown -r now`	O comando shutdown é utilizado para desligar ou reiniciar o sistema com horários determinados. Durante este procedimento, ele desabilita o sistema de login para impedir que novos usuários entrem no sistema e envia mensagens personalizadas nos terminais para todos os usuários conectados avisando que o sistema será desligado.
sort	`$ sort [opções] arquivo`	`$ sort arquivo`	O comando sort ordena as linhas de um arquivo.
split	`$ split [opções] arquivo entrada [sufixo do nome do arquivo_saida]`	`$ split -2 supermercado lista`	O comando split (dividir) é usado para dividir grandes arquivos em n-arquivos menores. Os arquivos de saída são gerados de acordo com o número de linhas do arquivo de entrada. O padrão é dividir o arquivo a cada 1000 linhas. Os nomes dos arquivos de saída seguem o padrão arquivo**aa** arquivo**ab** arquivo**ac**, assim por diante. É possível especificar um sufixo para o arquivo de saída.
systemctl	`$ systemctl [opções] comando [nome]`	`# systemctl status cron`	O comando **systemctl** é quem comanda o show do sistema de gerenciamento de serviços do systemd.
tail	`$ tail [opções] arquivo`	`$ tail -n 50 /var/log/messages`	O inverso do head também é possível. O comando tail (do inglês cauda) visualiza as últimas 10 linhas de um arquivo.
tar	`$ tar [ctxurgjJzpvfNCMF] [destino] [fonte]`	`$ tar cvzf /var/backup/mysql.tar.gz /var/mysql`	O nome deste comando provém de "Tape-ARchive". Ele lê arquivos e diretórios e salva em fita ou arquivo.
tee	`$ tee [opções] arquivos`	`$ folha pagamento	tee folha.txt	imprime boleto	tee boleto.txt	lpr 2> erros.log`	O comando tee recebe dados de uma entrada padrão, grava o que recebeu em um arquivo e ainda envia para sua saída padrão. É utilizado para gravar a saída padrão de um comando em um arquivo e ainda enviar esta saída para outro comando.

Comando	Sintaxe	Exemplo	O que faz
tmux	`$ tmux [opções]`	`$ tmux`	O tmux é outro multiplexador de terminal. Ele permite que múltiplos terminais possam ser criados, acessados e controlados de uma única janela.
top	`$ top [opções]`	`$ top`	Outra forma interessante de ver os processos em execução é com o comando top.
touch	`$ touch [opções] arquivo`	`$ touch config.txt`	Todo arquivo contém informações de metadados, como o seu nome, data de criação, data de modificação e data de último acesso, dentre outras informações. O comando touch serve para alterar os metadados de tempo dos arquivos, modificando a data de último acesso ou de modificação dos arquivos.
tr	`$ tr [opções] variável busca variável_troca`	`$ cat supermercado	tr a-z A-Z`	O comando tr faz a troca de uma variável por outra especificada. Este comando não trabalha diretamente com arquivos, portanto deve ser utilizado com a saída padrão de outro comando, com o condutor pipe.
tune2fs	`# tune2fs [opções] dispositivo`	`$ tune2fs -l`	O comando tune2fs ajusta vários parâmetros nos sistemas de arquivo ext2, ext3, or ext4.
type	`$ type palavra`	`$ type bash`	O comando type é utilizado para descrever alguma nome informado como parâmetro, como comando interno do bash, programa, função, apelido ou arquivo. Se nenhum nome for informado, ele não faz nada.
umask	`$ umask [modo]`	`$ umask 27`	Quando novos arquivos são criados no sistema, eles são criados com permissões definidas gravadas no perfil de cada usuário e configuradas pelo comando umask.
umount	`$ umount [opções] { dispositivo	ponto de montagem }`	`$ umount /mnt`	O comando umount é utilizado para desmontar dispositivos montados pelo comando mount.
uname	`$ uname [opções]`	`$ uname -a`	O comando uname pode ser utilizado para mostrar diversas informações sobre o sistema, tais como nome e versão do Kernel, hostname, tipo de hardware e processador.

Comando	Sintaxe	Exemplo	O que faz
uniq	`$ uniq [opções] [Arquivo Entrada] [Arquivo_Saída]`	`$ uniq supermercado`	O comando uniq remove as linhas duplicadas de um arquivo ordenado. Por isso ele é muito usado em conjunto com o comando sort.
unset	`$ unset [variável]`	`$ unset LIVRO`	O comando unset apaga uma variável ambiental da memória.
updatedb	`$ updatedb`	`# updatedb`	O comando updatedb atualiza a base de dados do locate com o caminho e nome dos arquivos e diretórios do sistema de arquivos.
uptime	`$ uptime [opções]`	`$ uptime`	O comando uptime mostra quanto tempo o sistema está no ar, a quantidade de usuário logados e a carga da CPU.
vi	`$ vi [opções] arquivo`	`$ vi nomedoarquivo`	O vi é um editor de textos ASCII poderoso e muito usado na interface de caractere do Linux para edição de arquivos e programas. Seu uso não é muito intuitivo à primeira vista, mas a edição simples de textos pode ser feita usando poucos comandos.
wall	`$ wall   [mensagem]`	`$ wall "Hora do Café Pessoal"`	O comando wall é utilizado para transmitir uma mensagem para todas as pessoas conectadas aos terminais do Linux. A mensagem pode ser passada como parâmetro ou digitada no terminal seguida do EOF (control-D).
watch	`$ watch [opções] comando`	`$ watch -n 1 ss -t`	Executa um comando de forma periódica.
wc	`$ wc [opções] [arquivo]`	`$ wc /etc/passwd`	Conta o número de linhas, palavras ou caracteres de um arquivo. O comando wc pode ser usado para contar as linhas, palavras e caracteres de um ou mais arquivos. Se mais de um arquivo for passado como argumento, ele irá apresentar as estatísticas de cada arquivo e também o total.
whereis	`$ whereis palavra`	`$ whereis ifconfig`	Procura nos diretórios especificados na variável $PATH e $MANPATH por executáveis, código-fonte ou manuais de uma palavra especificada.

Comando	Sintaxe	Exemplo	O que faz
which	`$ which comando`	`$ which php`	O comando which é utilizado para informar o caminho completo de um comando que esteja no PATH do shell. Ele é útil quando existem várias versões do mesmo programa, e você quer saber qual é executado quando não se informa o caminho do programa.
xargs	`$ xargs comando [opções] argumento`	`$ cat supermercado | xargs echo`	O xargs executa o comando ou programa e passa como argumento para esse comando o que foi recebido como entrada padrão.
xfs_db	`# xfs db [opções] dispositivo`	`# xfs_db -x /dev/sdg2`	O comando xfs_db faz um debug nos sistemas de arquivo XFS.
xfs_fsr	`# xfs fsr [opções] dispositivo`	`# xfs_fsr /dev/xvdb1`	O comando xfs_fsr melhora a organização dos sistemas de arquivos XFS montados. O algoritmo de reorganização opera em um arquivo por vez, compactando ou melhorando o layout das extensões do arquivo (blocos contíguos de dados do arquivo). Funciona como o desfragmentador de arquivos do XFS.
xfs_repair	`# xfs_repair [options] device`	`# xfs_repair /dev/xvdb1`	O comando xfs_repair é o fsck do sistema de arquivos XFS.
xz e unxz	`$ xz arquivo`	`$ xz arquivo`	Ainda, temos o compressor de dados xz, que utiliza o algoritmo similar ao gzip. Ele produz arquivos com a extensão .xz ou .lzma.
xzcat	`$ xzcat arquivo.xz`	`$ xzcat arquivo.xz`	O utilitário xzcat faz a mesma coisa que o zcat, mas utiliza o algoritmo de compressão de dados LZMA/LZMA2. O xz implementa uma compressão com taxas de compressão muito elevadas e normalmente superiores às obtidas pelos utilitários gzip e bzip2.
yum	`# yum [opções] [comando] [nome do pacote]`	`# yum install httpd`	Devido a dificuldade de se lidar com gerenciamento de pacotes utilizando o comando rpm, as distribuições Linux baseadas em Red Hat usam o utilitário **yum**.
zcat	`$ zcat arquivo.gz`	`$ zcat arquivo.gz`	Imagine que você tem um arquivo texto compactado, e você deseja ver seu conteúdo sem a necessidade de descompactar o arquivo. O zcat é um utilitário que pode ser usado para esse finalidade.

Comando	Sintaxe	Exemplo	O que faz
zypper	`# zypper [opções globais] comando [opções do comando] [argumentos]`	`# zypper install squid`	Assim como o Fedora fez seu próprio gerenciador de pacotes, o OpenSuSE fez o seu gerenciador chamado Zypper.

"A suspeita sempre persegue a consciência culpada; o ladrão vê em cada sombra um policial"

-- William Shakespeare

Índice Remissívo